图解经典 32

以现代手法诠释中医千古经典

图解黄帝八十一难经

回归中医养生之道

（战国）秦越人 / 原著

阳墨春 / 编著

南海出版公司

2008·海口

扁鹊行医图

石像画　东汉　1958年出土于山东微山县两城山

《黄帝八十一难经》相传为战国时期的扁鹊所作。这幅珍贵的石像画则浮雕着一些无人知晓的神话题材，经有关专家研究，认为这些画面反映的正是扁鹊行医的情形，其中半鸟半人者便是扁鹊。

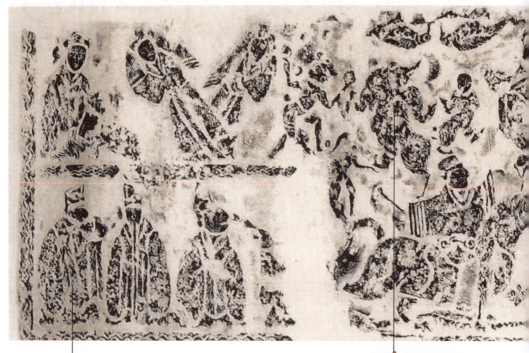

岐伯

虽然医学在黄帝时代以前便已存在，但岐伯仍然是当之无愧的医祖。也有专家认为岐伯与神医扁鹊为同一个人。

占脉

1954年出土于山东济南大观园的东汉画像石上，上古时期的神医扁鹊右向侧立，似乎一边审视手中的砭石，一边口中念念有词地进行着"占脉"。虽然上古扁鹊占脉行医的神话故事没有传下来，但是，东汉画像石上的形象依然给我们带来无限遐想。

砭石
古代多用较粗的石针为病人针灸，即砭石。

砭石刺法
砭石的使用方法不是刺入穴位中，而是抵压于人体的皮肤表面上，从而引发出循行性感觉，以达到治病的目的。

扁鹊针刺
上古神医扁鹊手拿细针，在采用连刺三针或五针的方法为患者治病。这种刺法不仅大量见于《缪刺论》，还见于《素问》等古医书中。

神医扁鹊
神医扁鹊为何被神化为一只鸟？专家们认为，这里的"鸟人"不会是战国时期的扁鹊，而应当是上古时期的神医扁鹊，也就是经常与黄帝谈论医学知识的岐伯。（详细内容见P20）

不读《难经》，必为庸医

《黄帝八十一难经》与《黄帝内经》、《伤寒杂病论》、《神农本草经》并称中国古代医学四大经典，也称《黄帝八十一难》、《八十一难经》、《八十一难》，《难经》是其最简约的称谓。它是一部古老的医学奇书，两千年来，一直是养生家、道家、气功内丹家、武术家、医家尤其针灸家必读的首选书籍。

如此重要的一部典籍，全文却不到一万二千字，并且还是一部断简残编，这不得不令人感到惊奇：难道后世就没有一部系统完备的医书可以取代它吗？答案是：确实没有任何一部医书有这个资格。

《难经》虽然字数不多，却对人体之生理、病理及诊疾治病之法等各种医学知识皆有论述。正如元·滑寿所说："今观一难至二十一难皆言脉，二十二难至二十九难论经络流注始终、长短度数、奇经之行及病之吉凶也。其间有云：脉者非谓尺寸之脉，乃经隧之脉也。三十难至四十三难言营卫、三焦、脏腑、肠胃之详。四十四、五难言七冲门乃人身资生之用，八会为热病在内之气穴也。四十六、七难言老幼癃寐以明气血之盛衰，言人面耐寒以以见阴阳之走会。四十八难至六十一难，言诊候、病态、脏腑、积聚、泄痢、伤寒、杂病之别，而继之望闻问切，医之能事毕矣。六十二难至八十一难言脏腑荥输用针补泻之法，又全体之学所不可无者。此记者以类相从始终之意备矣。"可见《难经》内容涵盖了以经络腧穴治病的方方面面，能读懂《难经》，即可参透养生保健原理和诊疾治病。正因为如此，我国古代才有"不读《内经》、《难经》，必为庸医"的说法。

《难经》虽然是一部脱漏颇多、错简严重的断简残编，然而两千年来，却没有任何一部医书可以取代它的地位。这主要是因为，我国古医书中，只有《内经》与《难经》保存有古老的中医理论。可是，《内经》是许多古医经的合集，里面的知识较为博杂，且亦有矛盾之处，读者要想在二十余万字的《内经》中获取完整而系统的古老医理，难度很大。而《难经》，正是对诸多古医经的难点进行解释的一本书。所以这两本书参照来读，才能掌握古老的中医理论。

自《难经》之后，方药学始盛，经络腧穴学渐衰，而古老的医学理论，也日益湮没。这主要是因为古老的中医理论威胁到了君权神授的统治地位。远古人类并非是向神灵求助才走向文明的，而是靠自己的头脑与双手最终成为地球的主宰。所以，远古人类的知识是极其朴素、唯物而实用的知识。我国的象数易学，最早亦起源于朴素唯物的古天文学。易学，是中国古代所有学术思想的根源，也是最完美的哲学。而古老的中医理论，亦来自于易学。可是，当医学知识要揭穿君权神授的伪装时，古代君王便要以极端的手段禁止这种知识的传播了。周朝以后，所有人都会认为"敲骨验髓，剖腹验子"的妲己，是个助纣为虐的狐狸精，可是人们为什么不客观地承认妲己很精通医术呢？因为周朝以后，这种医学已属妖术，是不允许人们学习的。《史记·扁鹊仓公传》中记载扁鹊受师于长桑君时说：长桑君"乃出其怀中药，饮以上池水，悉取其禁方书，尽以与扁鹊"。可见在战国时代，经络腧穴之类的先进医学还是属于禁止流传的"禁方"。自西晋至清朝，统治阶级一直禁止天文知识与象数易学在民间的传播，违者不是流放边地便是杀头，使源于易学的中医理论近于失传。而不懂易学的医家各抒己见，各持门派，则造成中医理论既博杂又矛盾，有些医理甚至属于臆测之说。所以，历代医学大家，都要从《内经》与《难经》中寻求最初的中医理论，溯本求源，以掌握中医理论的精髓。

另外，《难经》对奇经八脉理论、特定穴理论、配穴法与刺灸理论，也比《内经》论述得更为详细。

正是以上三大原因，使《难经》在今天依然在中医领域中具有极高的地位。为了让广大读者能够真正读懂这本垂万世之楷模的医学典籍，我们以图解的形式对原著进行全面而系统的诠释。当然，书中欠妥之处还有待于读者给予斧正，以便我们将此书补充得更加完善。

编者谨识

2008 年 2 月

目录

第贰章　第 23-29 难：论经络

第肆章 第 48-61 难：论疾病

本书内容导航

本节主标题
本节所要探讨的主题

《难经》问答序号
《难经》共八十一个问答，通过此序号翻阅查找相关内容，更加方便快捷。

正文
通俗易懂的文字，让你轻松阅读。

第五难 如何掌握切脉的轻重？

五种切脉力度

《难经》中将切脉力度由轻及重分为五种，这五种力度与五脏、五体一一对应，配合阴阳五行学说，成为诊断疾病的关键。

5

● **五脏与五体的对应关系**

中医将皮毛、血脉、肌肉、筋、骨，称为五体，并认为与肺、心、脾、肝、肾五脏一一对应。由于五体的排列次序是由体表至骨骼，由浅及深，所以，切脉时也按这种次序分为五种力度。

● **五种切脉力度**

此难说，手指以三颗黄豆的力度轻轻触及皮毛，便可感觉到脉动的，属于肺脉，因为肺主皮毛。手指以六颗黄豆的力度触及皮下的血脉，所感受到的脉动属于心脉，因为心主血脉。手指以九颗黄豆的力度深按至血脉下的肌肉，所感受的脉动属于脾脉，因为脾主肌肉。手指以十二颗黄豆的力度深达骨头上面的筋，所感受到的脉动属于肝脉，因为肝主筋。手指重按触及骨头，接着手指向上微抬减轻力度，则脉象急速而猛烈，正如肾气蒸动，勃不可遏，此为肾部脉象，因为肾主骨。这就是切脉时要掌握的轻重要领。

此难所说的轻重之法，有两层含义：

（1）指寸关尺某一部皆可以依次以五种力度来切脉。比如右手寸部，本应出现的是肺经的脉动或大肠经的脉动，以三颗黄豆的力度浮取即可感受到，可是当出现反常脉象时，右手寸部就会出现肝脉或肾脉等，所以此难讲的五种力度适合于寸关尺的每一部。也就是说寸关尺的每部皆会出现浮沉不同的脉象。（请参考上一难与第十难内容。）

（2）指切按左右腕的寸关尺时，有五种轻重的差别。即右寸肺脉为三颗黄豆的力度，左寸心脉为六颗黄豆的力度，右关脾脉为九颗黄豆的力度，左关肝脉为十二颗黄豆的重量……由肺及肾，力度依次加重。

此难将第四难讲的浮、中、沉三种脉象细分为五种力度。而后世医家往往不将肝脉归属于沉脉一类，但肝脉比脾脉略沉，亦不可不知。总的来说，切脉时，右手寸关尺的力度应当略轻于左手寸关尺的力度。

图解标题
针对内文所探讨的重点图解分析，帮助读者深入领悟。

切脉的力度

五脏与五体

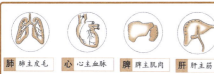

| 肺 肺主皮毛 | 心 心主血脉 | 脾 脾主肌肉 | 肝 肝主筋 | 肾 肾主骨 |

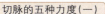

插图
较难懂的抽象概念运用具象图画表示，让读者可以尽量形象直观地理解原意。

切脉的五种力度（一）

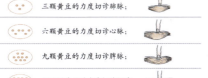

三颗黄豆的力度切诊肺脉；

六颗黄豆的力度切诊心脉；

九颗黄豆的力度切诊脾脉；

十二颗黄豆的力度切诊肝脉；

按至骨骼 按至骨骼切诊肾脉。

图表
将隐晦、生涩的叙述，以清楚的图表方式呈现。此方式是本书的精华所在。

切脉的五种力度（二）

左寸以切心脉，用六颗黄豆的力度。

左关以切肝脉，用十二颗黄豆的力度。

左尺以切肾脉，以重按触骨的力度。

右寸以切肺脉，用三颗黄豆的力度即可。

右关以切脾脉，用九颗黄豆的力度。

右尺或属命门或属心包，历来说法不一，但仍以重按至骨的力度切诊。

此两种切脉力度一定要灵活掌握，因为有时寸部之浮脉可见于尺部，尺部之沉脉亦可见于寸部。

特别提示

《难经》第四难说"各以其经所在，名病逆顺也"。其中的"逆"，指的是脉象与疾病不相应，如脉象浮却病在肾；"顺"指的是脉象与疾病相应，如脉象沉且病在肾。

特别提示
本书本章节中相关知识的介绍。

总论

总论

　　《黄帝八十一难经》（简称《难经》）与《黄帝内经》、《伤寒杂病论》、《神农本草经》并称中国古代医学四大经典。其中，《黄帝内经》与《难经》的地位最为突出，是养生家、道家、气功内丹家、武术家、医家，尤其针灸家必读的首选书籍。

本章图版目录

总论

一部解释古医知识难点的中医典籍

《难经》概述

虽然《难经》全文不到1万2千字，但至今仍然没有任何一本医书可代替它的地位。因为《难经》之后，中医理论日益纷乱，欲溯本求源，探明完整的古代医理，只得先读《内经》，而《内经》中亦有多处自相矛盾之处，怎么办？只有再读《难经》，别无他法。

● 关于书名

《难经》全称《黄帝八十一难经》，也称《黄帝八十一难》、《八十一难经》、《八十一难》，《难经》是其最简约的称谓。由于相传为战国时期的扁鹊所著，所以也称《扁鹊难经》。

《难经》之"难"字的含义与读音，历来有两种说法。有些医家认为应读 nán，为不易、难懂、难点之意。如，唐·杨玄操在《难经注·序》中说："名为八十一难，以其理趣深远，非卒易了故也。既弘畅圣言，故首称黄帝。……难，音乃丹切。"有些医家则认为"难"字应读 nàn，问难、诘难之意。如，宋·陈振孙说："难，当作去声读，……假设问答，以释疑难之义。凡八十一篇，故谓之八十一难经，医经之兴，始于黄帝，故系之黄帝者，以明其义。"

古时，医家读 nán 者居多；今天，则读 nàn 者居多。其实，应以读 nán 为正，因为《难经》只是对古医经的知识难点进行解释；如果要说其为诘难问对之文，那么《黄帝内经》亦应称为《黄帝难经》才是。

● 《难经》的成书

《难经》成书于何时，至今仍无准确的说法。因为《汉书·艺文志》只提到"《扁鹊内经》九卷、《外经》十二卷"，《扁鹊内经》是否指《难经》而言，已无据可查；且《史记·扁鹊仓公列传》也未提及扁鹊著《难经》之事，只是记载了扁鹊曾受师于长桑君之事：长桑君"乃出其怀中药，饮以上池水，悉取其禁方书，尽以与扁鹊"。

直到东汉末年张仲景著《伤寒杂病论》时，才在序文中首次提到《八十一难》。三国时吴太医令吕广是最早注解《难经》的人。吕广为赤乌年间（公元238～250年）人，他首次提出《难经》作者为秦越人，因此，研究者多认为:《难经》应成书于西汉末期至东汉之间。

《难经》寻源

"难" 字的读音

难 ── nán：疑难。表示解答古医经的难点。

　　── nàn：诘难。以诘难、提问的方式讲解古医经知识。

《难经》的传承

　　根据古籍上的记载，我们大致可以得到这样一个概念，即：《难经》的知识亦起源于黄帝时代的岐伯，直到战国时期的扁鹊秦越人，才编成书册。这种传承关系大致如下图所示：

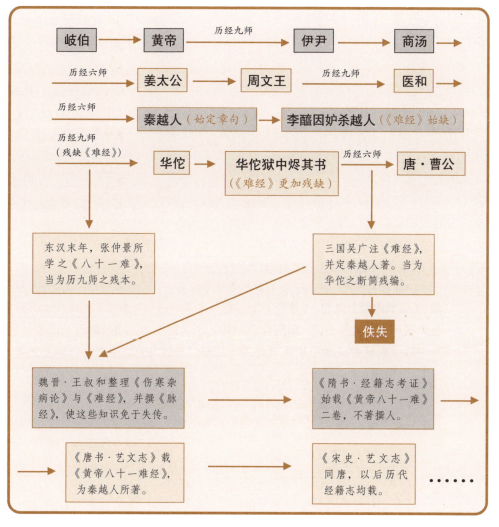

① 《难经》概述

17

总论

《隋书·经籍志考证》记载《黄帝八十一难》二卷，不著撰人。至《唐书·经籍考》、《唐书·艺文志》以及《宋史·艺文志》则均记载《黄帝八十一难》为秦越人所撰。

关于《难经》成书及传承经过，当首推唐·王勃的说法最全面："黄帝八十一难经，是医经之秘录也。昔者岐伯以授黄帝，黄帝历九师以授伊尹，伊尹以授汤，汤历六师以授太公，太公授文王，文王历九师以授医和，医和历六师以授秦越人，秦越人始定立章句，历九师以授华佗，华佗历六师以授黄公，黄公以授曹夫子。夫子讳元字真道，自云京兆人也。盖授黄公之术，洞明医道，至能遥望气色，彻视腑脏，浇肠剖胸之术，往往行焉。浮沉人间，莫有知者。"

由于扁鹊是被自知技不如人的秦太医令李醯因妒所杀，华佗是被曹操因禁狱中处死，所以后世医家多认为这是造成《难经》断简残编、错简衍文严重的原因。

● 《难经》的内容

《难经》虽然属于断简残编，错简衍文极其严重，但至今仍然是最重要的中医典籍之一。其内容包括诊脉、经络、脏腑、疾病、腧穴与针法六大部分，涉及到人体正常生理、解剖、疾病、证候、诊断、针灸与治疗，以及阴阳五行学说等各种疑难问题的论述，内容十分丰富，在阐发中医理论方面占有重要地位。

早期的《难经》分为上下两卷，上卷为 1 ～ 30 难，下卷为 31 ～ 81 难。其具体可分为：1 ～ 22 难为论诊脉，23 ～ 29 难为论经络，30 ～ 47 难为论脏腑，48 ～ 61 难为论疾病，62 ～ 68 难为论腧穴，69 ～ 81 难为论针法。故此，现今出版的《难经》一般以此为准将其分为六章。本书亦采用这一体例。

《难经》内容与人体

难经内容包括诊脉、经络、脏腑、疾病、腧穴与针法六大部分，而其实际的问答亦不止81个，勉强分为九九八十一难，可能与九为阳之极数有关。

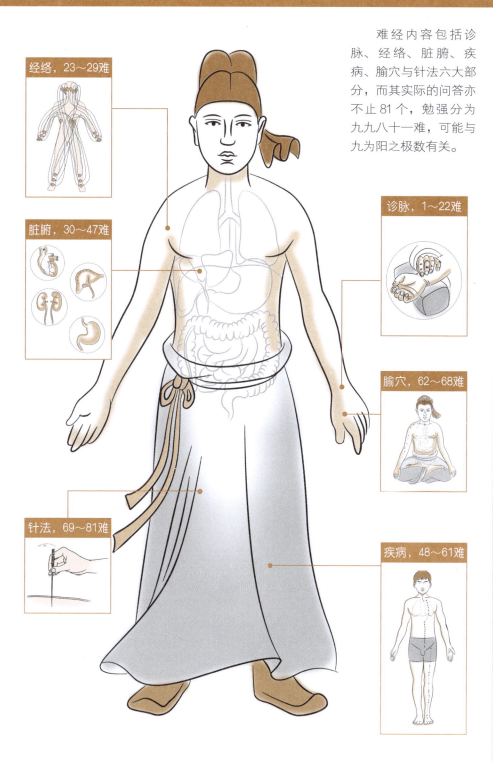

经络，23～29难

脏腑，30～47难

诊脉，1～22难

腧穴，62～68难

针法，69～81难

疾病，48～61难

不早于《黄帝内经》，承传者扁鹊

追根溯源

《难经》既然冠以黄帝之名，那么里面的知识是否来自于黄帝时代，或者与黄帝有关呢？随着考古学的突破，终于证明医学始于黄帝的说法并非只是虚无缥缈的神话。

● 《难经》与《黄帝内经》

从名字上看，《黄帝八十一难经》和《黄帝内经》似乎都与轩辕黄帝密切相关。可是，《黄帝内经》的成书时代最早只能上溯到春秋时代，《难经》的成书时代最早也只能上溯到秦汉之间。

在马王堆古医书出土以前（1973 年），《黄帝内经》一直是中国最古老的医学著作。由于《黄帝内经》通篇都是通过黄帝与岐伯等人的对话来讲述医学知识的，所以黄帝与岐伯两人便一直被称做中国的医祖。岐伯既是黄帝的师长又是他的军师，所以二人简称"岐黄"，他们阐述的各种知识，则被称为岐黄之术。

关于《难经》与《黄帝内经》的关系，大致存在两种观点：

传统观点认为，《难经》是阐释《黄帝内经》的羽翼之作，是对《黄帝内经》中的难点、重点及疑点进行解释的作品，并且对《黄帝内经》又有所补充和发挥。

现今较为普遍的观点是，《黄帝内经》是古代许多医学著作的合集，《难经》是对当时诸多古医经上的难点进行解惑，所以《难经》里大部分内容与《黄帝内经》吻合，却也有《黄帝内经》里不记载的知识。

总之，两种观点皆认为《难经》成书不远于《黄帝内经》，两者皆是现存最古老的医书。另外，也有学者认为，《黄帝内经》与《难经》根本不属于一个学派，前者为黄帝学派，后者为扁鹊学派。其实，这种说法只能属于政治过敏，《黄帝内经》与《难经》的思想是极其统一的，怎么就成两个学派了呢？

● 扁鹊其人

司马迁以"至今天下言脉者，由扁鹊也"作为《扁鹊传》的结尾，于是后世医家、学者皆认为切脉术始于战国时期的扁鹊秦越人。

其实，"脉"字在东汉以后至今所代表的是血管，但在马王堆帛书时期及以前，则代表着循行性感觉的走行路线，即经脉。切脉理论源自于十二经脉

传说中的医祖

由于《黄帝内经》中全是黄帝与岐伯的对话，所以黄帝与岐伯两人便一直被称作中国的医祖。中国古代的岐黄之学，指的便是《黄帝内经》中的学问；岐黄之术，则是与《黄帝内经》知识有关的医术及养生术。后来，人们则将所有的中医之学，也简称为岐黄。

岐伯

虽然医学在黄帝时代以前便已存在，但岐伯仍然是当之无愧的医祖，这位上古时代的神医扁鹊集前人医学之大成，对中国医学的继承与发展功不可没。

黄帝

传说黄帝与他的大臣发明了许多东西，其实，黄帝唯一的大手笔，就是推翻了人人平等的母系制度，建立了私有制父系社会，使人与人之间出现了阶级。

②

岐黄

扁鹊其人

①扁鹊即砭石

日本学者森田三郎在《史记·扁鹊仓公列传译注》中说，扁鹊就是砭石的假托。按照这种说法，假托为砭石的扁鹊应比黄帝更为古老。

②扁鹊是鸟人

出土于山东微山县两城山的东汉画像石及济南大观园画像石上，其半鸟半人的神物手中拿着砭石正在为人治病的场面，说明其精通络脉医术。刘澄中教授通过考证认为，他就是上古时期的扁鹊，即岐伯。

③扁鹊是神医

扁鹊是黄帝时代的神医，以后各代皆将良医誉称为扁鹊，秦越人亦因此而被称为扁鹊。

④扁鹊是秦越人

《史记·扁鹊仓公列传》中说，扁鹊是秦越人。

⑤扁鹊是指学他国医术的人

扁鹊是学印度医术的中原人或"乌有先生"。

黄帝　　　　　　岐伯（扁鹊）

循行的规律，一谈及经脉就要涉及到腧穴与砭、针、灸等治疗方法。所以东汉以前的脉学，是包括经络、腧穴与切脉法的针灸学。东汉后药方始盛，才使脉学单指为切脉术。

那么东汉以前的脉学，是否源自于扁鹊呢？对此，诸多学者通过研究，对扁鹊其人产生了多种观点。有人认为扁鹊是砭石的假托，有人认为扁鹊是黄帝时的名医，有人认为扁鹊是上身人形、下身鸟形的"鸟人"，还有人认为扁鹊是学习印度或西方医术的中原人士，甚至还有人认为扁鹊是"乌有先生"，根本没这个人。

诸多观点中，其实只有大连医科大学刘澄中教授的说法最令人信服。刘澄中教授通过多方考证，认为汉画石《扁鹊针灸行医图》中的鸟人扁鹊，就是向黄帝传授医术的岐伯；据《灵枢》的明·赵府居敬堂刊本，岐伯之"岐"字，应写作"歧"，意为足多趾，指鸟足。所以，与经络、腧穴相关的各种脉学，皆源于上古时期的扁鹊，即"歧伯"。而中古时期的扁鹊秦越人，则只是这种知识的一个传承者。

近些年考古挖掘出的许多医用石砭与骨针，距今有近万年的历史。所以说医学始于黄帝并非虚说，伏羲制九针、神农尝百草的传说亦有可信之处。

● 战国时期的扁鹊

战国时期的扁鹊（活动期公元前4世纪初），姓秦，名越人，齐国勃海郡郑（今河北任丘）人。我国已考古出距今近万年的砭石，这个扁鹊，自然不是中国传统医学的鼻祖。他只是上古神医扁鹊的继承者，因医术高明被誉为扁鹊。

秦越人学医于长桑君，医术高明，反对巫术，相信科学。但在宣扬君权神授的年代里，他所掌握的知识一直被列为"禁方"。所以，他只得遍游各地行医，在赵国为"带下医"（妇科），至周为"耳目痹医"（五官科），入秦则为"小儿医"（儿科），医名甚著。后因医治秦武王病，被秦医太令李醯心怀妒忌而杀害。

《史记》与《战国策》中均载有他的传记，《汉书·艺文志》所载的《扁鹊内经》九卷、《外经》十二卷与今天我们见到的《难经》是否为秦越人所著，尚无法确定，但他肯定是上古扁鹊医术的传承者，并且为这种医术的传承与发展作出了很大贡献。

扁鹊见齐桓公

②

追根溯源

《史记·扁鹊仓公列传》中，记载了扁鹊的三个医案。一个是晋国大夫赵简子五天昏睡不醒时，扁鹊脉诊后断定其三天内必醒；第二个是以针砭疗法使蹶尸而死的虢国太子死而复生；第三个便是著名的《扁鹊见齐桓公》。需要说明的是这个齐桓公不是春秋五霸的姜小白，而是战国时代创办"稷下学宫"的齐桓侯田午，死后谥为齐桓公。田午虽然算是一位有为的君王，却因三次不听扁鹊的劝诊而英年早逝。其经过为：

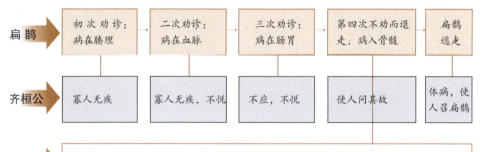

扁鹊 →	初次劝诊：病在腠理 →	二次劝诊：病在血脉 →	三次劝诊：病在肠胃 →	第四次不劝而退走：病入骨髓 →	扁鹊逃走
齐桓公 →	寡人无疾	寡人无疾，不悦	不应，不悦	使人问其故	体病，使人召扁鹊

结论 扁鹊曰："疾之居腠理也，汤熨之所及也；在血脉，针石之所及也；其在肠胃，酒醪之所及也；其在骨髓，虽司命无奈之何。今在骨髓，臣是以无请也。"

总论

阴阳知识概述

关于阴阳

阴阳是中国古代哲学的一对范畴，代表任何事物所包含的对立而统一的两个方面，是一切事物的根本法则。

● 阴阳的属性

阴阳理论，源于易学。古人说医易同源，那么医学与易学的源头是什么呢？它们的源头就是古天文学。

因为自从有了人类，就有了天文学。所以在那个遥远的年代，远古人类通过对白天、黑夜、太阳、月亮、寒来暑往等事物的观察与认识，总结出了早期的朴素的阴阳概念。将白天、太阳、温暖等归为阳类，将黑夜、月亮、寒冷等归为阴类。

随着人们对各种事物的不断认识，阴阳的概念也逐渐拓展而日益丰富。比如，人们渐渐总结出，天为阳，地为阴；日为阳，月为阴；昼为阳，夜为阴；火为阳，水为阴；男为阳，女为阴……凡是活动的、无形的、向外的、向上的、温暖的、明亮的、亢进的都属于阳；凡是沉静的、有形的、向内的、向下的、寒冷的、晦暗的、衰退的都属于阴。

远古人类观察认识各种事物并将其分为阴阳两类有什么目的吗？莫非是觉得这么分下去很好玩？不是。古人观察认识各种事物并将其分为阴阳两类，目的是为了更好地生存。简单概括起来，就是向阳而避阴。居住上，要朝阳而居，不能把门安置到有寒风的北面，否则就容易受寒而得病；外出活动狩猎要在白天进行，晚上要躲藏起来防止猛兽的袭击；近火可以避寒，近水则易患风湿病；天气转暖时人类生存就更加容易，天气转寒则要面临许多困境……

可是，过热的天气，人也容易致病；离火太近了，会把皮毛烤焦；总过白天，人不休息也不行。所以古人渐渐总结出**"孤阳不生，孤阴不长，阴阳贵在合和，阴阳贵在平衡"**的规律。比如天气不冷不热，这就是阴阳平衡；天冷了燃起炉火取暖，这就是阴阳合和；成年男性不会找不到异性伴侣，这就叫阴阳平衡；夜里成年男女睡在一起，这就叫阴阳合和；得到的猎物和野果子够吃，这就叫阴阳平衡……总之，通过这些阴阳属性，古人类可以很好地与自然相适应，从而更好地生存下来。比如，春天野兽都处于发情期，此时捕杀怀孕的雌兽会造成人与猎物之间的阴阳失衡，所以这段季节要减少狩

阴阳属性

阳	运动	外向	上升	温热	明亮	无形	功能	兴奋	推动	温煦
阴	静止	内守	下降	寒冷	晦暗	有形	物质	抑制	凝聚	滋润

将阴阳的相对属性引入医学领域，即是将对人体具有推动、温煦、兴奋等作用及特征的事物与现象统属于阳；对于人体具有凝聚、滋润、抑制等作用及特征的事物与现象统属于阴。

炎热、温暖为阳

寒冷、凉爽为阴

❶ 以寒暑而言

天气清轻、上升为阳

地气重浊、下降为阴

❷ 以天地而言

白昼光明为阳

夜晚黑暗为阴

❸ 以昼夜而言

内部难见阳光为阴

外部易显于阳光为阳

❻ 以内外而言

水性寒凉而滋润下行为阴

火性炎热而上腾为阳

❹ 以水火而言

功能无形而外显为阳

物质有形而内守为阴

❺ 以功能与物质而言

猎次数；秋天来了，野兽都很肥壮，各种果实也熟了，这又造成了一种失衡局面，所以要学会储藏，把坚果收藏起来，把兽肉腌制起来以备冬天所需。

正是由于古人欲通过适应自然以求得更好的生存，所以天人感应的思想便在这一时期产生了萌芽。而阴阳概念则在天人感应的思想下，一路发展下来，到伏羲发明了八卦时，阴阳理论已相当完备；至《易经》出现，阴阳理论则已经发展到了极致阶段。这种理论自然也渗透到了医学领域，成为解释生理及病理的一种辨证方法。

● 阴阳与人体

在中医理论中，处处体现着阴阳学说的思想。众医家以阴阳学说来说明人体组织结构、生理功能及病理变化，并用于指导疾病的诊断和治疗。

万物皆有阴阳，阴阳即是将事物一分为二地去看、去分析、去辨证。对于人体，亦有多种阴阳概念。比如：相对于头与足，则头为阳，足为阴；相对于左右身，则左侧为阴，右侧为阳；相对于手心与手背，则手背为阳，手心为阴；相对于脏腑，则五脏为阴，六腑为阳；单就某一脏腑来说，则其形质为阴，功能为阳。

阴阳无限可分，处处皆有一阴阳，并且阴中有阳，阳中有阴。如："背为阳，阳中之阳，心也；背为阳，阳中之阴，肺也。腹为阴，阴中之阴，肾也；腹为阴，阴中之阳，肝也；阴中之至阴，脾也。"（《素问》）再如：父精属阳，母血属阴；元神属阳，精血属阴；卫气为阳，营气为阴；精为阴，气为阳……正如《素问·阴阳离合论》所说："阴阳者，数之可十，推之可百，数之可千，推之可万。"

这么多阴阳要想凭记忆一一记住，是不可能的，但只要明白阴阳之理，便可随意推衍。而明白阴阳之理，对人体生理与病理的理解则会化繁为简，因为决定一个人健康与否只有一句话，即：阴阳平衡则生，阴阳失衡则病。

	阳	阴
大部位	上部．头部．体表（外部）	下部．腰．腰腹．体内（内部）
背腹四肢	背部．四肢外侧	腹部．四肢内侧
脏腑经络	六腑．手足三阳经	五脏．手足三阴经
五脏部位	心、肺	脾、肝、肾
五脏动能	心、肝	脾、肺、肾
脏腑	心阳．肾阳．胃阳……	心阴．肾阴．胃阴……

相对于体表而言：当人处于爬行状态时，太阳照射部位为阳，阴影部分为阴。

人体分为上下两部，则直立时腰以上为阳，腰以下为阴。

③

关于阴阳

五行知识概述

关于五行

五行即金、木、水、火、土。五行理论与阴阳理论构成一个科学而完善的哲学体系。阴阳五行是中国古代哲学思想的根，更是中医理论的根。

● 五行的起源

五行，即：金、木、水、火、土。其最早见于《尚书·洪范》："五行，一曰水、二曰火、三曰木、四曰金、五曰土……水曰润下，火曰炎上，木曰曲直，金曰从革，土爰稼穑。"《大禹谟》曰："水火金木土，谷惟修。"

而其真正的起源，则来自于河图、洛书之数。《易学启蒙》解释说："天一生水，地六成之；地二生火，天七成之；天三生木，地八成之；地四生金，天九成之；天五生土，地十成之。"由于河图、洛书皆为古天文图，所以，五行的起源极可能与木、火、土、金、水五星有关，只是那个遥远年代的天文知识已经失传，我们无法探知真实的原委。

另外，象数易学则认为五行源于太极阴阳，是与阴阳一同衍生出的概念。认为五行质具于地，行气于天，其一太极，一分为二、二分为四，天地各得四，又各有一个太极行于其中，便是两其五行。

从现在考古得到的证实是，在战国中叶五行学说已经相当完备了。因为《郭店楚墓竹简》中的《五行》为战国中期作品，其中已经用五行学说阐明儒家的"仁义礼信智"了。

由于阴阳五行理论是中国古代哲学思想最重要的组成部分，所以，要想了解中国古代文化，就必须懂得阴阳五行；学中医，更需要精通阴阳五行。

● 五行生克

五行的生克关系反映了古人对组成世界的五种基本物质的朴素直观感受。

五行相生，即：金生水，水生木，木生火，火生土，土生金。

金生水，是因为金属熔化后成为液体状态；水生木，是因为水可养树，树为木；木生火，是因为用木柴可以生火煮饭；火生土，是因为物质燃烧后成为灰烬；土生金，是因为金属物质皆产自地下土中。

五行相克，即：金克木，木克土，土克水，水克火，火克金。

金克木，是因为金属做成的刀器可以用来砍伐树木；木克土，是因为古人用木制的工具耕种田地；土克水，是因为土可阻止水之流淌，犹如今之水

五行 (1)

五行学说是以木、火、土、金、水等五种物质的基本特性作为分类依据，并以五行之间的相生、相克规律来认识世界、解释世界和探求自然规律的一种自然观和方法论。

相生与相克

生

金生水，水生木，木生火，火生土，土生金。

克

金克木，木克土，土克水，水克火，火克金。

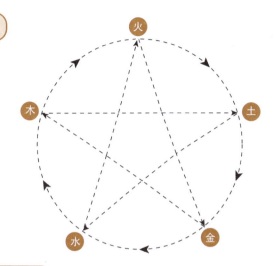

相生：互相滋生和助长

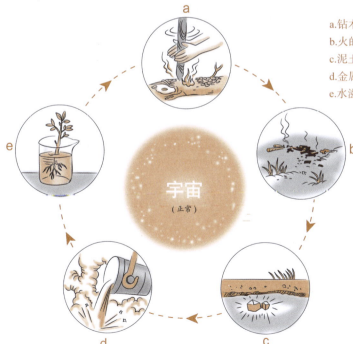

a.钻木取火——木生火
b.火的灰变成泥土——火生土
c.泥土蕴含矿物质及金属——土生金
d.金属熔后会有水——金生水
e.水滋养树木——水生木

相生与脏器

脾在五行中属土，它主管消化系统，负责提供人体所需的营养。而肺在五行中属金，它负责着人体的一身之气，有气人才有呼吸，才有生命力。所以按《内经》的五行理论，如果肺虚可以采用健脾的方法来治疗，这也就是培土生金法。

总论

库；水克火，是因为水能灭火；火克金，是因为火能熔化金属。

相对于人体而言，五行相生，形成了生生不息的生命之环，脏腑皆可正常运转；五行相克，则保证了五行之平衡，不会因脏腑过盛或过衰而致病。而脏腑之间的关系一旦失衡，则会打乱生生不息的生命之环，人体就会出现疾病。

其实，掌握阴阳五行理论，不单可以治病，亦可以治家治国治天下，其中道理，宜深体会。

● 五行相乘与相侮

五行相乘，亦称五行亢乘，指克者对被克者克制太过而造成的失衡现象。"乘"有以强凌弱、乘虚侵袭的意思。或者因为克者太强，或者因为被克者太弱，皆会导致相乘的发生。例如，强木克土、木克弱土或强木克弱土，皆为相乘。

五行相侮，亦称"五行反侮"，指被克者过于强盛而反克克者。打比方说，主欺弱奴，为乘；奴欺主，为侮。一般克者过弱或被克者过强，皆会出现相侮的现象。例如，弱木反受强土之反克，为强土侮弱木。

● 五行的平衡与失衡

天下万物皆在生克之中达到动态平衡，生到极点或是克到极点都会向相反的方向转化。现将《三命通会》中的观点列于下，以便读者深玩。

金赖土生，土多金埋；土赖火生，火多土焦；火赖木生，木多火炽；木赖水生，水多木漂；水赖金生，金多水浊。

金能生水，水多金沉；水能生木，木盛水缩；木能生火，火多木焚；火能生土，土多火晦；土能生金，金多土散。

金能克木，木坚金缺；木能克土，土重木折；土能克水，水多土流；水能克火，火炎水热；火能克金，金多火熄。

金衰遇火，必见销熔；火弱逢水，必为熄灭；水弱逢土，必为淤塞；土弱遇木，必遭倾陷；木弱逢金，必为砍折。

强金得水，方锉其锋；强水得木，方泄其势；强木得火，方化其顽；强火得土，方止其焰；强土得金，方制其重。

相克即相互制约与克制

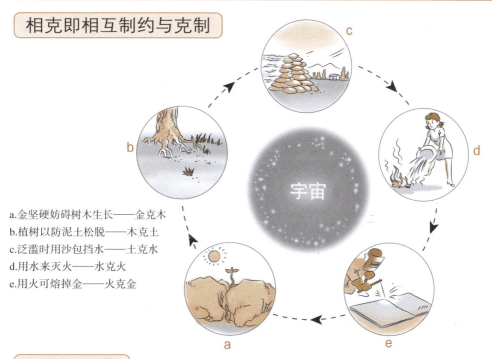

a.金坚硬妨碍树木生长——金克木
b.植树以防泥土松脱——木克土
c.泛滥时用沙包挡水——土克水
d.用水来灭火——水克火
e.用火可熔掉金——火克金

相乘与相侮

相乘即自上而下制约、克制；相侮即上方克制不了，反受下方之反克。

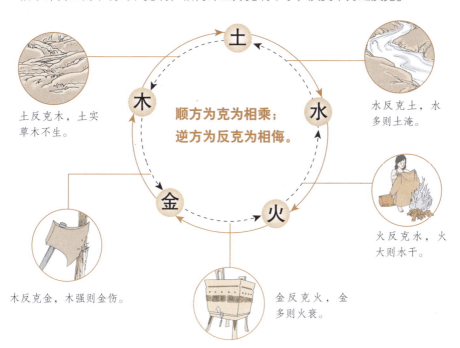

土反克木，土实草木不生。

水反克土，水多则土淹。

顺方为克为相乘；
逆方为反克为相侮。

火反克水，火大则水干。

木反克金，木强则金伤。

金反克火，金多则火衰。

第壹章

第 1～22 难

论诊脉

《难经》第一部分内容，是关于诊脉的知识，共 22 难。后世有人认为其"独取寸口诊脉法"，是秦越人首创的一种有别于《黄帝内经》的诊脉方法。这种观点其实主要受王叔和所注《难经》的误导所致。其实"独取寸口诊脉法"也包括颈动脉处的人迎，《黄帝内经》中亦有这种诊脉法。

另外，许多人认为《难经》属于切脉书籍，这也是错误的观点。诊脉依靠的是十二经循行原理，是经络学的一部分。《黄帝内经》与《难经》都属于经络针灸学书籍，以针灸治病，所以里面很少记载药方。

本章图版目录

1

第一难 切脉为何独取寸口？

寸口为脉之大会

寸口为"脉之大会"，所以通过寸口可以诊断出五脏六腑的各种疾病。

● 寸口切脉诊断原理

寸口，也称"脉口"、"气口"，是切脉部位的名称，位于腕关节桡动脉搏动处。以"中指同身寸"计算，寸口长度为一寸九分。（"中指同身寸"，指的是将中指尽力朝内侧弯曲，取中指中节内侧纹路两端距离为一寸。）

《难经》认为，寸口是人体十二经脉之气总会合处，是手太阴肺经经脉的搏动处。正常人每呼气一次，脉气运行三寸；每吸气一次，脉气运行三寸。一呼一吸为一息，一息则脉气运行六寸。人在一昼夜中，共有一万三千五百息，脉气则遍及全身循环五十次。

脉气运行就如同漏刻一样：漏水下注百刻为一昼夜，脉气运行五十次为一昼夜；漏水白天黑夜各五十刻（平均数），气血营卫在白天和黑夜各运行于全身二十五次；漏水以百刻为一循环，脉气五十次形成一个大周期（即一天）。所以，脉气运行五十次后，又会合于手太阴肺经的寸口。即是说，寸口是人体五脏六腑气血循环的起止点，因此，诊断人体五脏六腑的疾病，采用寸口切脉法即可。

寸口切脉法是《难经》提出的一种切脉法，在此之前，则主要有遍身诊法和三部诊脉法。这两种诊脉法与《难经》的脉诊法有很大区别，所以读《难经》时不可不知。

● 遍身诊脉法

这种诊脉法很古老，甚至在尚未形成十二经脉的概念时便已存在。据说，早期并非为了诊断疾病，而是一种选拔武士的方法。后来，随着经验的不断积累，才具有了诊断疾病的功能。

十二经脉皆有动脉（即搏动之处），故通过这些动脉分别诊候所属经脉的病况，乃是最直截了当的方法，所以这种诊脉法也可称为"分经候脉"法。

十二经的动脉分别为：（1）手太阴之中府、云门、天府和侠白；（2）手阳明之合谷、阳溪；（3）手少阴之极泉；（4）手太阳之天窗；（5）手厥阴之劳宫；（6）手少阳之和髎；（7）足太阴之箕门、冲门；（8）足阳明之冲阳、大迎、人迎、气冲；（9）足少阴之太溪、阴谷；（10）足太阳之委中；（11）足厥阴之太

寸口诊脉原理

十二经脉流注图

人呼吸 270 息，脉气运行 36 丈 2 尺，正好运行全身一周。脉气周遍全身 50 次，需要一昼夜的时间。每日寅时，脉气始循于手太阴肺经。由于寸口是十二经气血循环的起止点，所以可用寸口来诊断疾病。

寅时肺经，卯时大肠经，辰时胃经，巳时脾经，午时心经，未时小肠经，申时膀胱经，酉时肾经，戌时心包经，亥时三焦经，子时胆经，丑时肝经，周而复始，如环无缺。

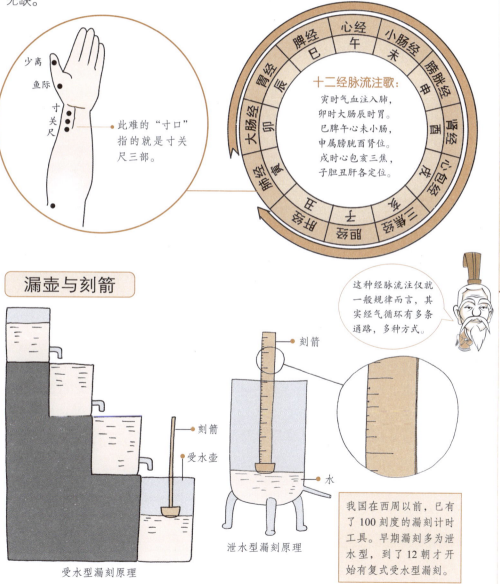

少离
鱼际
寸
关
尺

此难的"寸口"指的就是寸关尺三部。

十二经脉流注歌：
寅时气血注入肺，
卯时大肠辰时胃。
巳脾午心未小肠，
申属膀胱酉肾位。
戌时心包亥三焦，
子胆丑肝各定位。

漏壶与刻箭

受水型漏刻原理

刻箭

刻箭

受水壶

泄水型漏刻原理

刻箭

水

这种经脉流注仅就一般规律而言，其实经气循环有多条通路，多种方式。

我国在西周以前，已有了 100 刻度的漏刻计时工具。早期漏刻多为泄水型，到了 12 朝才开始有复式受水型漏刻。

冲、五里、阴廉；（12）足少阳之下关、听会。

● 三部诊脉法

三部诊脉法也称三部九候诊脉法，即《素问·三部九候论》所记载的诊脉法。此法将人体分为头、手、足三部，并且将每一部又分为天、地、人三候。即：

头部
- 天（头部上）——两额之动脉（太阳穴），候头角之气。
- 人（头部中）——耳前之动脉（耳门穴），候耳目之气。
- 地（头部下）——两颊之动脉（巨髎穴），候口齿之气。

手部
- 天（手部上）——手太阴脉（寸口），以候肺。
- 人（手部中）——手少阴脉（神门穴），以候心。
- 地（手部下）——手阳明脉（合谷穴），以候胸中之气。

足部
- 天（足部上）——足厥阴脉（五里穴、太冲穴），以候肝。
- 人（足部中）——足太阴脉（箕门穴、冲阳穴），以候脾胃。
- 地（足部下）——足少阴脉（太溪穴），以候肾。

除了三部诊脉法和遍身诊脉法，还有一些其他的诊脉方法，只是后世对此著述极少，基本上已近于失传。由于古代医家师承不同，所以对《难经》的注解亦不同，有些医家认为《难经》的"独取寸口"切脉法也包括足阳明胃经的人迎穴（颈动脉处）。有的医家，甚至认为切脉不应只取寸口，而应参考全身各处的动脉来诊断疾病。

值得一提的是，古人采用绵细匀长的腹式呼吸，每分钟才 9～10 次，而我们现代人是 16～20 次。其实，绵长的呼吸有助于心跳平稳——气平而心和，正是最重要的养生术。

三部诊脉法

头部：

天：两额之动脉，候头角之气。

人：耳前之动脉，候耳目之气。

地：两颊之动脉，候口齿之气。

手部：

天：寸口，以候肺。

人：神门穴，以候心。

地：合谷穴，以候胸中气。

足部：

天：五里，太冲，以候肝。

人：箕门，冲阳，以候脾胃。

地：太溪，以候肾。

遍身诊脉法

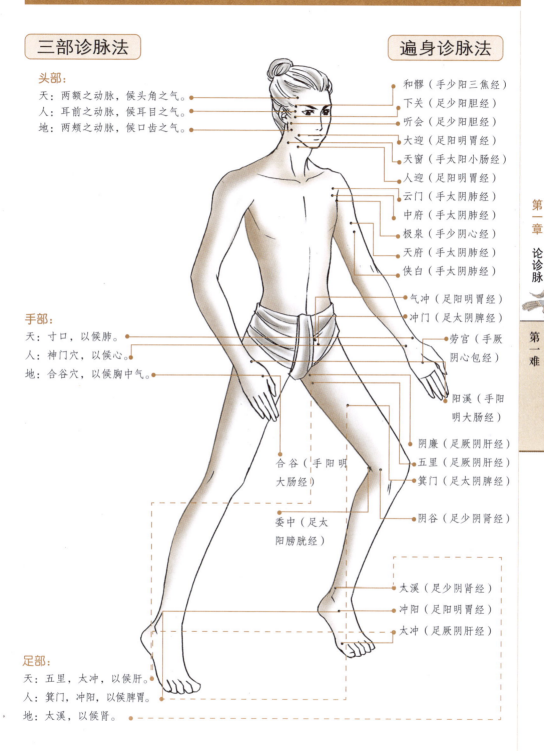

和髎（手少阳三焦经）

下关（足少阳胆经）

听会（足少阳胆经）

大迎（足阳明胃经）

天窗（手太阳小肠经）

人迎（足阳明胃经）

云门（手太阴肺经）

中府（手太阴肺经）

极泉（手少阴心经）

天府（手太阴肺经）

侠白（手太阴肺经）

气冲（足阳明胃经）

冲门（足太阴脾经）

劳宫（手厥阴心包经）

阳溪（手阳明大肠经）

阴廉（足厥阴肝经）

五里（足厥阴肝经）

箕门（足太阴脾经）

阴谷（足少阴肾经）

合谷（手阳明大肠经）

委中（足太阳膀胱经）

太溪（足少阴肾经）

冲阳（足阳明胃经）

太冲（足厥阴肝经）

第一章 论诊脉

第一难 切脉为何独取寸口？

第二难　尺、寸有何含义？

尺阴寸阳

《难经》将切脉部位分为寸、关、尺三部，并细致描述了三部的具体位置及阴阳属性。这是非常重要的知识，不掌握此要领，切脉便无从谈起。

● 积黍为尺

尺和寸，是一种非常古老的长度单位。

我国夏朝，将一粒横摆的黍子定为一分，将十粒横摆的黍子定为一寸，将百粒横摆的黍子定为一尺。这种尺度称为"横黍尺"。到了商朝，以纵放的黍子作为标准，称为"纵黍尺"，一纵黍尺约等于横黍尺的十二寸。周朝时，恢复夏制。以后各朝代不尽相同。然而，随着农耕水平的提高，黍子的颗粒不断增大，所以一尺的长度不断增长。秦汉时期一尺仅相当于 23.1 厘米，但到了清朝，已增至 32 厘米。

● 以拃为尺

在"积黍为尺"之前，我国先民以人体部位作为长度标准。即将掌下横纹至桡动脉处作为一寸，将一拃作为一尺，将八尺作为一丈。

"尺"字本身就是一个象形字，是人的大拇指和中指伸开，余指收回的样子。《说文》中对"咫"的解释是："中妇人手长八寸，谓之咫，周尺也。"其实，将拇指至中指的距离称为一尺并非起源于周朝，周朝当时既有古八进制尺寸单位又有夏朝才出现的十进制尺寸单位。

《说文》中对"寸"字的解释是："寸，十分也。人手却一寸，动脉谓之寸口，从又一。"其"又"，是手的象形；"一"，为指事符号，以指示寸口的部位。可见古人在造字时，对"寸"的定义便是手腕横纹至寸口处的距离。这也说明脉络学说在造字之时，便已经存在了。

父系社会早期实行野蛮的掠夺式婚姻，身高一丈的男人才有足够能力抢夺女人和保护自己的女人不被抢走，所以被称为"丈夫"。而这个"丈夫"并非身材高于众人，只是当时成年人的中等身材。

古人也称一丈为"一寻"。"寻常"一词，便是古代"丈夫"的身高标准，意思是：一般般，中等身材。那时候的"丈夫"身高，就相当于秦汉时期的"七尺男儿"，相当于今天的"五尺男儿"，换算为厘米是 166cm。

历代尺寸的不同

横黍尺与纵黍尺

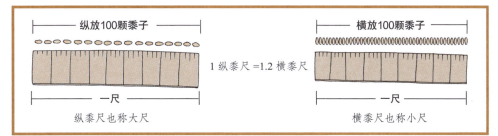

纵放100颗黍子

一尺

纵黍尺也称大尺

1 纵黍尺 =1.2 横黍尺

横放100颗黍子

一尺

横黍尺也称小尺

历代尺寸换算表

时代	制度	换算为公制（厘米）
夏	1 尺 =10 寸	1 尺 =24.63，1 寸 =2.463
商	1 尺 =10 寸，1 寸 =10 分	小尺：1 尺 =15.8，1 寸 =1.58
		大尺：1 尺 =31.1，1 寸 =3.11
周	1 丈 =10 尺，1 尺 =10 寸，1 寸 =10 分	小尺：1 尺 =19.7，1 寸 =1.97
		大尺：1 尺 =23(24)，1 寸 =2.3(2.4)
战国	1 丈 =10 尺，1 尺 =10 寸，1 寸 =10 分	1 尺 =23.1　1 寸 =2.31
秦	1 引 =10 丈，1 丈 =10 尺，1 尺 =10 寸，1 寸 =10 分	大尺：1 尺 =27.7，1 寸 =2.77；小尺：1 尺 =23.1，1 寸 =2.31　（小尺为秦朝所统一的尺寸）
汉	1 引 =10 丈，1 丈 =10 尺，1 尺 =10 寸，1 寸 =10 分	大尺：1 尺 =27.7，1 寸 =2.77
		小尺：1 尺 =23.1，1 寸 =2.31
三国	1 丈 =10 尺，1 尺 =10 寸，1 寸 =10 分	1 尺 =24.2，1 寸 =2.42
西晋	1 丈 =10 尺，1 尺 =10 寸，1 寸 =10 分	1 尺 =24.2，1 寸 =2.42
东晋及十六国	1 丈 =10 尺，1 尺 =10 寸，1 寸 =10 分	1 尺 =24.5，1 寸 =2.45
南北朝	1 丈 =10 尺，1 尺 =10 寸，1 寸 =10 分	小尺：1 尺 =24.5，1 寸 =2.45；大尺：1 尺 =29.6，1 寸 =2.96
隋	1 丈 =10 尺，1 尺 =10 寸，1 寸 =10 分	小尺：1 尺 =23.5，1 寸 =2.35（隋朝后期应用较多）
		大尺：1 尺 =29.6，1 寸 =2.96（隋朝前期应用较多）
唐	1 丈 =10 尺，1 尺 =10 寸，1 寸 =10 分	小尺：1 尺 =30，1 寸 =3；大尺：1 尺 =36，1 寸 =3.6
宋元	1 丈 =10 尺，1 尺 =10 寸，1 寸 =10 分	1 尺 =31.2，1 寸 =3.12
明	1 丈 =10 尺，1 尺 =10 寸，1 寸 =10 分	裁衣尺：1 尺 =34，1 寸 =3.4；量地尺：1 尺 =32.7，1 寸 =3.27；营造尺：1 尺 =31.1，1 寸 =3.11
清	1 丈 =10 尺，1 尺 =10 寸，1 寸 =10 分	裁衣尺：1 尺 =35.5，1 寸 =3.55；量地尺：1 尺 =34.5，1 寸 =3.45；营造尺：1 尺 =32，1 寸 =3.2
现代	1 丈 =10 尺，1 尺 =10 寸，1 寸 =10 分	1 尺 =33.3，1 寸 =3.33

"寻常"对古人精确计算尺寸很有用处，因为那时候的寸、尺、丈都是以"寻常"（即中等身材的人）为依据的。

关羽身高八尺，实际已超出古人"寻常"的范围，按东汉一尺等于23.04厘米换算，关羽身高为一米八五，确实个子不低。

孔子身高一丈，但却无法用春秋时一尺等于19厘米的公式换算出孔子的身高。因为周朝尺度既有十进制又有八进制，我们无法知道这一丈是相当于八尺还是十尺。比如"寻常"中的"常"字，本意为寻的两倍，即"倍寻为常"。远古时女人要以"一常"的布给自己的"丈夫"做衣服，所以"寻常"虽然是两个不同的尺寸，但形容人的身高时，指的只是身高"一丈"的普通身材。可到了周朝，既规定中等身材妇人的一拃为一尺（八寸为尺），又规定一寻为八尺、一常为一丈六，既有八进制又有十进制，尺寸标准非常混乱。

可以说，我国自从有历史开始，一直到清朝，尺寸标准一直是混乱的。

● 同身尺寸

在医学上，我国古人一直以人体部位作为长度标准，与"以拃为尺"略有不同的是，中医脉络学不以"寻常"为标准，而以人体比例作为标准。

也就是说，脉络学虽然以一拃为一尺，但这一尺只是本人身体的一个比例单位。我们不能以自己的一拃去测量别人的身体，每个人都只能以自己的一拃来测量自己的身体；每个人寸口处的一寸，也只对本人起作用。所以，我们将这种尺寸定义为"同身尺寸"。

理解了这些，便可以给大家讲解此难的寸关尺定位原理了。

● 寸、关、尺定位

寸关尺位于左右腕的桡动脉处，这里是五脏六腑脉气的会合之地。

切脉时，以食指、中指和无名指依次切按寸关尺三部，其要点在于：先要以中指确定好关部的位置。

关部其实即寸口之处，位于掌横纹下一寸处的桡骨凸起处内侧。"关"、"口"意思相近，原指边境出入的关口，如汉族走西口、走东口时的杀虎口和古北口。而人体的"寸口"与"关"，则指的是阴与阳的分界点。

以拃为尺的古人

在很早以前，我国古人以人体部位作为长度标准。即将掌下横纹至桡动脉处作为一寸，将八寸为一尺，正好相当于一拃，将八尺作为一丈。

原来，古代大丈夫也是三等残废呀！

远古时期，身高一丈的男子才有权力拥有配偶，所以称为"丈夫"。不过，那时候的"丈夫"身高，就相当于秦汉时期的"七尺男儿"，相当于今天的"五尺男儿"，相当于今天的 166 厘米。

实际身高 166 厘米

本人身高一丈，哪个妹妹嫁给我？！

反正我只织一常的布，只用一常的布给他做衣服。个矮的别找我！

"寻常"中的"常"字，本意为寻的两倍，即"倍寻为常"。远古时期，女人要以"一常"的布给自己的"丈夫"做衣服，所以一常虽然等于两丈，但"寻常"一词在形容人的身高时，指的只是身高"一丈"的普通身材。

41

2

阴：肘部微曲，肘窝横纹处有尺泽穴，尺泽距关（即寸口）正好一同身尺（即一拃）。根据易学中"外阳内阴"原理，将此一尺内的脉象定为阴部（即尺部），以诊断人体阴脉的病症。

阳：关部至腕下横纹处，正好为一同身寸。此一寸为阳部（即寸部），以诊断人体阳脉的病症。

从掌下横纹处至尺泽穴，共一尺一寸。而我们在切脉时，只取一寸九分的宽度作为切脉部位。即阳部取九分，阴部取一寸。亦即取尺部的一寸称为"尺"，取寸部的九分称为"寸"，这就是切脉部位的尺寸。也就是将食指、中指和无名指的指头密排于这一寸九分处，其按压力度依次为轻、中、重，轻则轻触即止，中则陷于肌肉，重则深达触骨，然后根据不同的脉象，即可诊断五脏六腑的疾病了。

● 腧穴定取方法

中医选取穴位使用的"同身尺寸"，可分为骨度分寸和指寸定位法。指寸定位法的尺寸与上面讲的"以拃为尺"出入不大，而骨度分寸则相对尺寸略小。

（1）骨度分寸法。骨度分寸法是以体表骨节为标志，将周身各部规定为若干尺寸，然后根据各部尺寸比例作为取穴的距离标准。此法源自《灵枢·骨度篇》，随着历代医家结合临床经验不断修正，其数据已有所改变。由于此法定取穴位较为准确，所以今天医书均以此法标注穴位相距的尺寸。

（2）指寸定位法。我国古人很早便有"布手知尺，布指知寸"的说法。布手知尺，即以拃为尺。布指知寸，有三种方法：①以拇指第一关节处的宽度作为一寸，此法称为拇指同身寸；②将中指弯曲，指尖触及拇指，以中指节侧面两横纹尽处算为一寸，此法称为中指同身寸；③将食指至小指的四指并拢，以中指中节横纹为标准，其横向宽度为三寸，此法称为横指同身寸。古时将四横指距离称为一扶，即四指并拢扶握东西的距离，所以此法也称为"一扶法"。又由于古"夫"通"扶"，所以亦称"一夫法"。

指寸定位法比骨度分寸法尺寸略大，不能应用于全身穴位的测量，大多应用于没有骨度分寸的部位。

寸关尺的定位

寸关尺的划分

　　寸关尺三部的划分有着精确的数字依据，正确掌握寸关尺的部位，是准确切脉的基础。

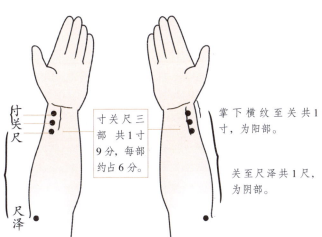

掌下横纹至关共1寸，为阳部。

关至尺泽共1尺，为阴部。

寸关尺三部共1寸9分，每部约占6分。

掌下横纹至关共1寸，为阳部。

关至尺泽共1尺，为阴部。

寸关尺

尺泽

诊他人之脉

　　为他人切脉时，依次以食指、中指、无名指按压寸关尺三部，其力度依次为浮（轻）、中、重。也有医师习惯以食指、中指、无名指依次按压尺关寸三部。

诊自己之脉

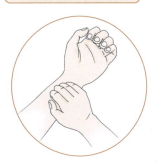

　　为自己诊脉时，将寸关尺部位朝自己，另一只手从外侧按压寸关尺三部：食指按压寸部，中指按压关部，无名指按压尺部。也可直接以食指、中指、无名指依次按压尺关寸三部。

指寸定位法

　　指寸定位法是以手指骨节作为尺寸比例，进行选取穴位的方法，可分为中指同身寸、拇指同身寸和横指同身寸三种测量方法。

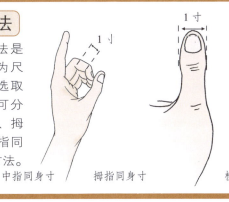

中指同身寸　　拇指同身寸

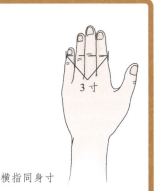

横指同身寸

除此之外，中医选取穴位还有不以尺寸为标准的体表标志法和简便取穴法。

体表标志法：可分为固定标志与活动标志两种定位法。固定标志定位法是指利用五官、发际、指甲、乳头、脐窝、骨节凸起或凹陷处、肌肉隆起等固定标志作为取穴依据。如鼻尖处取素髎穴，两眉中间取印堂等。活动标志定位法是指利用关节、肌肉、皮肤活动时出现的孔隙、凹陷及皱纹等活动标志来作为取穴依据。如耳门、听宫、听会应在张口时取穴，下关应闭口取穴，尺泽应在曲肘横纹处取穴等。

简便取穴法：此法为指寸定位法与活动标志定位法相结合的一种简便取穴法。如，将两手虎口自然平直交叉，则一手食指所按处为列缺穴，另一手拇指所按处为合谷穴；将拳半握，则中指指尖所按处为劳宫穴；站立时两手自然下垂，中指指尖处为风市穴；垂肩屈肘，肘尖处为章门穴，等等。

综合运用上述的各种取穴方法，多实践多练习，就会取穴更加快捷和准确。这和庖丁解牛的道理一样，庖丁先是"所见无非全牛者"，接着是"未尝见全牛也"，最后是"以神遇而不以目视"，中医脉络学也需要这样一个精进的过程。

骨度分寸定位法

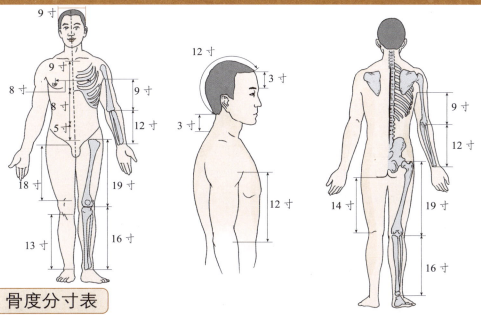

骨度分寸表

部位	起止点	比例尺寸	测量方法	说明
头部	前发际正中至后发际正中	12寸	直寸	若前后发际不明则从眉心至大椎作18寸
	耳后两乳突之间	9寸	横寸	用于头部横向选取穴位时，作为参照尺寸
	两额发际之间	9寸	横寸	同上
胸腹部	胸骨上窝至胸剑联合中点	9寸	直寸	胸部与胁肋部取穴，一般根据肋骨计算，每肋骨为1寸6分
	胸剑联合至脐中	8寸	直寸	同上
	脐中至耻骨联合上缘	5寸	直寸	同上
	两乳头之间	8寸	横寸	用于胸腹部横向取穴的参照尺寸比例
背腰部	肩胛骨脊柱缘至后中正线	3寸	横寸	肩胛骨下角平第七胸椎棘突，髂嵴平第四腰椎棘突，背部腧穴，根据脊椎定位。
	肩峰端至后中线	8寸	横寸	
侧胸部	腋窝顶点至第11肋游离端（章门）	12寸	直寸	
侧腹部	第11肋端至股骨大转子高点	9寸	直寸	
上肢部	腋前.后纹头至肘横纹	9寸	直寸	
	肘横纹至腕横纹	12寸	直寸	
下肢部	耻骨联合上缘至股骨内上髁上缘	18寸	直寸	用于足三阳经的骨度分寸
	胫骨内侧髁下缘至内踝尖	13寸	直寸	
	股骨大转子高点至腘横纹	19寸	直寸	用于足三阳经的骨度分寸
	臀横问纹至腘横纹	14寸	直寸	
	腘横纹至外踝尖	16寸	直寸	
	外踝尖至足底	3寸	直寸	

第三难　何为反常的脉象？

太过与不及

脉象有太过、不及、溢、覆等说法。脉象出现太过与不及，说明人体阴阳失衡；一旦出现溢脉或覆脉，则说明脏腑接近衰竭，会无病而亡。

● 脉象太过

　　关前九分为阳，如果此处经脉搏动的长度正好九分，脉象为浮象，则为正常。如果搏动长度超过了九分，为盛阴乘袭阳脉，称为脉象太过。

　　关后一寸为阴，如果此处经脉搏动长度正好一寸，脉象为沉象，则为正常。如果搏动长度超过了一寸，为盛阳乘袭阴脉，也称为脉象太过。

　　脉象太过，人体会因阴阳失衡而致病。

● 脉象不及

　　关前脉搏长度不到九分，或者关后脉搏长度不到一寸，称为脉象不及。关前不及，说明阳气极度虚弱；关后不及，说明肾阴极度亏损。

● 溢脉

　　关前脉象太过极为突出，脉搏长度已超过鱼际，称为溢脉。这说明阳气被关闭在外而阴气格据于内，是盛阴乘袭弱阳达到极至的表现。此时人即使没病，也会因脏腑功能自然衰竭而死亡。

● 覆脉

　　关后脉象太过极为明显，脉搏长度甚至达到了尺泽穴，称为覆脉。这说明阴气被关闭在内而阳气格据于外，是盛阳乘袭弱阴达到极至的表现。此时人即使没病，也会因脏腑功能自然衰竭而死亡。

　　覆脉与溢脉都是真脏脉，当人体脏腑功能极度衰竭后，便会出现这种脉象。所以，自然死亡的老人，也会出现这种脉象。

　　为了大家能正确分辨正常与反常的脉象，在此略述一下正常的脉象：正常脉象为脉动柔和、协调，往来均匀，不急不慢，不高不低，不阔不窄，一息之间搏动四至五次，这便是没有病的正常脉象。

正常脉

寸部脉动长度正好9分，为正常；　　　尺部脉动长度正好1寸，为正常。

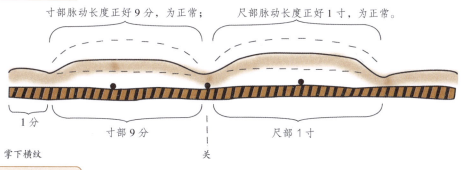

1分　寸部9分　关　尺部1寸

掌下横纹

不及

寸部脉动长度不到9分，为不及；　　　尺部脉动长度不到1寸，为不及。

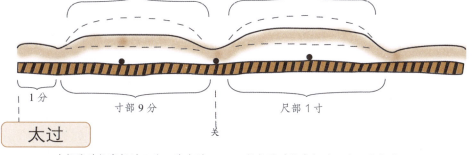

1分　寸部9分　关　尺部1寸

太过

寸部脉动长度超过9分，为太过；　　　尺部脉动长度超过1寸，为太过。

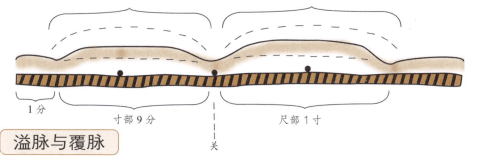

1分　寸部9分　关　尺部1寸

溢脉与覆脉

寸部脉动长度超过掌下横纹，甚至到达鱼际的，为溢脉，患者会因脏腑功能衰竭而死亡。　　　尺部太过极为严重，脉动长度甚至到达尺泽的，为覆脉，亦主死亡。

1分　寸部9分　关　尺部1寸

第四难　如何区分阳脉与阴脉？

浮、长、滑为阳，沉、短、涩为阴

浮脉、长脉、滑脉为阳脉，沉脉、短脉、涩脉为阴脉。而在临床实践中，常常会出现阴阳混合的脉象。

● 五脏脉象之阴阳

此难认为，向外呼气与心肺两脏有关，为阳；向里吸气与肝肾两脏有关，为阴；呼吸之间，脾脏为胃运化水谷精气及输布津液，即"受谷味也"，所以脾为生脉之源，为中州，脉现中部。心肺两脏，浮取可得，所以称阳脉；肝肾两脏，沉取始现，所以称阴脉。

此处所说明了沉脉为阴、浮脉为阳的原理是：人呼气时脉动两次，这两次脉动一次属于心脉，一次属于肺脉。吸气时脉动两次，一次属于肝脉，一次属于肾脉。呼吸之间脉动一次，属于脾脉。脾脉搏动于呼吸之间，所以为中部。

有人认为此处所讲的阴脉、阳脉即尺部脉象与寸部脉象，所以认为将肝脉分配到尺部不太合理。其实，这里讲的只是以沉浮来区别阴阳的道理，与尺寸并无绝对的联系。

那么，怎样辨别心脉与肺脉呢？

此难说，浮脉而脉形较大且有放散感的为心脉，浮脉而脉形较短且略感滞涩的为肺脉。区别肝肾两脉的方法是：牢而脉形较长的为肝脉；重按则脉象迟滞（濡），指力微抬则搏动有力的为肾脉。

● 六种脉象的阴阳与混合脉象

《难经》认为，脉象有浮、沉、长、短、滑、涩六种。浮脉、长脉、滑脉为阳脉，沉脉、短脉、涩脉为阴脉。可这六种脉象不会同时出现于寸口（此寸口代指寸关尺三部），但会有一阴一阳、一阴二阳、一阴三阳，以及一阳一阴、一阳二阴、一阳三阴的脉象出现。

一阴一阳，指的是脉象沉而兼滑；一阴二阳，指的是脉象沉而兼滑而长；一阴三阳，指的是脉象浮、滑、长，偶尔出现一沉。

一阳一阴，指脉象浮而兼涩；一阳二阴，指脉象长而兼沉、涩；一阳三阴，指脉象沉、涩、短，偶尔可见一浮。

经脉是内脏与体表的连接通路，所以，分别根据各脏对应的脉象，便可判断疾病的顺与逆。如，一阴一阳之脉象见于左尺肾与膀胱二经为顺，见于左寸心与小肠二经为逆。

脉有阴阳

五脏脉象

皆为浮脉
浮脉为阳

与呼气有关
呼随阳出

肺

脉象浮而大散

脉浮而短涩

肝脉怎么是沉脉呢?

脾

这只是相对心肺两脉而言的。

脉象不浮不沉,处于阴阳之中,脉象缓和。

脾脏受纳谷味,为生脉之源,脉动于呼吸之间。

皆为沉脉
沉脉为阴

与吸气有关
吸随阴入

肾

肝

脉象沉而牢长

脉象沉而濡实

六种基本脉象

阳脉

浮脉
轻按皮表即可感觉到脉象,泛泛在上,如水漂木。

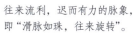

长脉
脉动长度超过本位的脉象,如循长竿,脉动长度超过6分。

滑脉
往来流利,迟而有力的脉象,即"滑脉如珠,往来旋转"。

阴脉

沉脉
沉取才可见的脉象。

短脉(首尾皆短)
脉动长度短于本位的脉象,脉动长度不到6分。

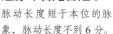

涩脉
细而迟,往来艰涩的脉象,即涩脉如轻刀刮竹。

特别提示

《难经》第四难说"各以其经所在,名病逆顺也"。其中的"逆",指的是脉象与疾病不相应,如脉象浮却病在肾;"顺"指的是脉象与疾病相应,如脉象沉且病在肾。

第五难　如何掌握切脉的轻重？

五种切脉力度

《难经》中将切脉力度由轻及重分为五种，这五种力度与五脏、五体一一对应，配合阴阳五行学说，成为诊断疾病的关键。

● 五脏与五体的对应关系

中医将皮毛、血脉、肌肉、筋、骨，称为五体，并认为与肺、心、脾、肝、肾五脏一一对应。由于五体的排列次序是由体表至骨骼，由浅及深，所以，切脉时也按这种次序分为五种力度。

● 五种切脉力度

此难说，手指以三颗黄豆的力度轻轻触及皮毛，便可感觉到脉动的，属于肺脉，因为肺主皮毛。手指以六颗黄豆的力度触及皮下的血脉，所感受到的脉动属于心脉，因为心主血脉。手指以九颗黄豆的力度深按至血脉下的肌肉，所感受的脉动属于脾脉，因为脾主肌肉。手指以十二颗黄豆的力度深达骨头上面的筋部，所感受到的脉动属于肝脉，因为肝主筋。手指重按触及骨头，接着手指向上微抬减轻力度，则脉象急速而猛烈，正如肾气蒸动，勃不可遏，此为肾部脉象，因为肾主骨。这就是切脉时要掌握的轻重要领。

此难所说的轻重之法，有两层含义：

（1）指寸关尺某一部皆可以依次以五种力度来切脉。比如右手寸部，本应出现的是肺经的脉动或大肠经的脉动，以三颗黄豆的力度浮取即可感受到，可是当出现反常脉象时，右手寸部就会出现肝脉或肾脉等，所以此难讲的五种力度适合于寸关尺的每一部。也就是说寸关尺的每部皆会出现浮沉不同的脉象。（请参考上一难与第十难内容。）

（2）指切按左右腕的寸关尺时，有五种轻重的差别。即右寸肺脉为三颗黄豆的力度，左寸心脉为六颗黄豆的力度，右关脾脉为九颗黄豆的力度，左关肝脉为十二颗黄豆的重量……由肺及肾，力度依次加重。

此难将第四难讲的浮、中、沉三种脉象细分为五种力度。而后世医家往往不将肝脉归属于沉脉一类，但肝脉比脾脉略沉，亦不可不知。总的来说，切脉时，右手寸关尺的力度应当略轻于左手寸关尺的力度。

切脉的力度

五脏与五体

肺 肺主皮毛　　**心** 心主血脉　　**脾** 脾主肌肉　　**肝** 肝主筋　　**肾** 肾主骨

切脉的五种力度（一）

　三颗黄豆的力度切诊肺脉；

　六颗黄豆的力度切诊心脉；

　九颗黄豆的力度切诊脾脉；

　十二颗黄豆的力度切诊肝脉；

按至骨骼　按至骨骼切诊肾脉。

切脉的五种力度（二）

左寸以切心脉，用六颗黄豆的力度。

左关以切肝脉，用十二颗黄豆的力度。

左尺以切肾脉，以重按触骨的力度。

寸
关
尺

右寸以切肺脉，用三颗黄豆的力度即可。

右关以切脾脉，用九颗黄豆的力度。

右尺或属命门或属心包，历来说法不一，但仍以重按至骨的力度切脉。

此两种切脉力度一定要灵活掌握，因为有时寸部之浮脉可见于尺部，尺部之沉脉亦可见于寸部。

第六难　如何判断脉象的阴阳虚实？

损小为虚，实大为实

根据浮脉、沉脉的损小与实大，便可判断出脉象是属于阴盛阳虚，还是阳盛阴虚。哪一条经脉阴阳失衡，则说明其对应的脏腑存在病症。

6

● 损小与实大

此难出现了两个新名词，即损小与实大。损，即亏损、不足之意，与前面所讲的脉象不及相近；小，即细小、微弱之意，指脉象细弱无力；实，即坚实、饱满之意，与前面所讲的脉象太过相近；大，即洪大、有力之脉象。明白了损小与实大的含义，便会正确理解此难的内容。

● 阴盛阳虚与阳盛阴虚

此难说："浮之损小，沉之实大，故曰阴盛阳虚；沉之损小，浮之实大，故曰阳盛阴虚。"从字面上，似乎很好理解，而实际上，这两句话包含两层含义：

（1）阳指寸关尺的寸部，阴指寸关尺的尺部。即，轻按寸部脉象不足而细弱，重按尺部脉象坚实洪大，属于阴盛阳虚；重按尺部脉象不足而细弱，轻按寸部脉象坚实洪大，属于阳盛阴虚。

（2）十二经各有阴阳，以按指轻取为阳，按指重取为阴。即寸关尺各部皆以浮取脉象为阳，沉取脉象为阴。如浮取脉象不足而细弱，沉取脉象坚实洪大，则是阴盛阳虚；如沉取脉象不足而细弱，浮取脉象坚实洪大，则为阳盛阴虚。

此处之阴阳虚实需仔细领会，反复推展，并且要懂得触类旁通的道理。这是脉学的一个重点。

懂得推展与旁通之理，结合前面讲的切脉轻重之法及脏腑对应的经脉，你就可以通过实践深刻领会患者阴阳虚实的部位及程度。并且，还能够发现人体的阴阳也存在阴阳俱虚与阴阳俱实的状况。

当然，在你进行切脉实践时，一定要明白寸口切脉法亦有多种方法，从古至今一直没有形成统一。后世应用较多的是王叔和的切脉法，即以右寸候肺与大肠的脉象，左寸候心与小肠的脉象，右关候脾与胃的脉象，左关候肝与胆的脉象，右尺候命门与三焦的脉象，左尺候肾与膀胱的脉象。详情请看右页图示。

脉象的阴阳虚实

损小与实大

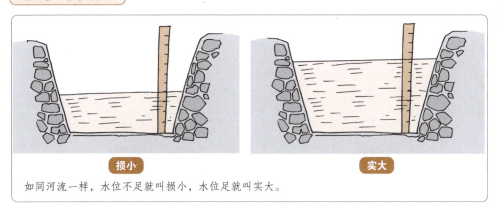

损小　　　　　　　　　　　　　　　　**实大**

如同河流一样，水位不足就叫损小，水位足就叫实大。

尺寸之阴阳虚实

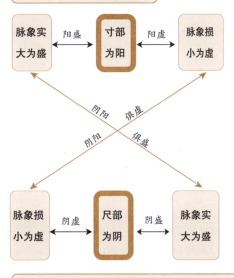

脉象实大为盛　—阳盛→　寸部为阳　—阳虚→　脉象损小为虚

阴阳俱虚

阴阳俱盛

脉象损小为虚　←阴虚→　尺部为阴　←阴盛→　脉象实大为盛

沉浮之阴阳虚实

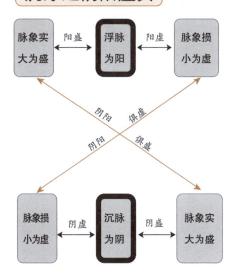

脉象实大为盛　—阳盛→　浮脉为阳　—阳虚→　脉象损小为虚

阴阳俱虚

阴阳俱盛

脉象损小为虚　←阴虚→　沉脉为阴　←阴盛→　脉象实大为盛

王叔和六部脏腑配属图示

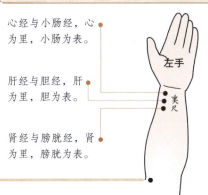
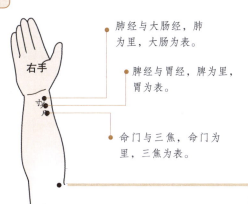

心经与小肠经，心为里，小肠为表。

肝经与胆经，肝为里，胆为表。

肾经与膀胱经，肾为里，膀胱为表。

左手

肺经与大肠经，肺为里，大肠为表。

脾经与胃经，脾为里，胃为表。

命门与三焦，命门为里，三焦为表。

右手

53

第七难　什么叫王脉？

每月皆有一旺脉

王脉即旺脉。十二经脉的脉象与时令变化有关，每个月都会有一条经脉呈旺盛状态，这属于正常的脉象，切脉者不可不知。

● 王脉与时令的关系

此难说，从冬至后的甲子日开始，人体的少阳经脉处于旺盛状态，脉象忽大忽小，忽短忽长；六十天后，阳明经脉处于旺盛状态，脉象浮、大而短；再过六十天，太阳经脉旺盛，脉象洪大而长；再过六十天，太阴经脉旺盛，脉象紧、大而长；再过六十天，少阴经脉旺盛，脉象紧、细而微；再过六十天，厥阴经脉旺盛，脉象沉、细而紧。这样，六个六十天共三百六十天，正好相当于一年。这就是三阴脉、三阳脉与时令的大致关系。

● 王脉应用原理

王脉理论，是以易学的阴阳五行及卦气学说为基础建立起来的。

易学中以少阳 ☳ 代表阳气初升之时，中医脉学则以少阳经脉与之对应；易学中以太阳 ☰ 代表阳气极盛之时，中医脉学则以太阳经脉与之对应；易学中以少阴 ☵ 代表阴气初生之时，中医脉学则以少阴经脉与之对应；易学中以太阴 ☷ 代表阴气的极盛之时，中医脉学则以太阴经脉与之对应。季节更替中，随着少阳至太阳的阳气增长，中间会出现天气明显转暖的一个阶段，中医脉学与这一阶段对应的便是阳明经脉；季节更替中，随着少阴至太阴的阴气增长，中间会出现天气明显转凉、使手足感到寒冷的一个阶段，中医脉学与这一阶段对应的便是厥阴经脉。

易学中卦气学说有多种派别，哪一种卦气学说都可与中医脉学一一对应起来。当然，卦气学说最典型的便是十二辟卦。下面，便以十二辟卦理论来详细解说一下中医十二经脉与时令的关系。

十二辟卦为：复 ䷗、临 ䷒、泰 ䷊、大壮 ䷡、夬 ䷪、乾 ䷀、姤 ䷫、遁 ䷠、否 ䷋、观 ䷓、剥 ䷖、坤 ䷁。古人用此十二卦来代表生命、运动、日出、日落四季交替以至于宇宙的阳消阴长变化。

复卦代表子月（即十一月），相当于二十四节气中大雪至小寒的三十天。冬至日在此三十天之中，是为中气。"冬至一阳生"，指的是冬至日已有一分阳气存在了。可在冬至前呢？其实冬至前便已有阳气存在，只是未达到一个

旺脉与时令

王叔和六甲旺脉图

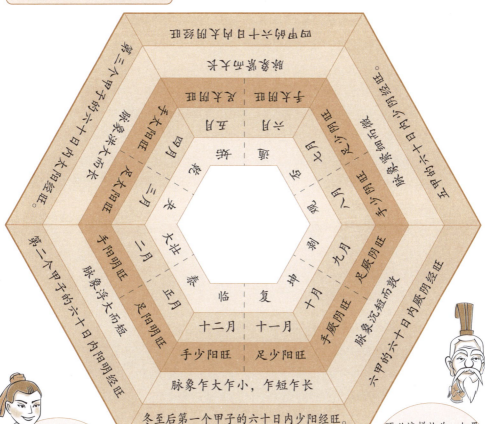

脉象乍大乍小，乍短乍长

冬至后第一个甲子的六十日内少阳经旺。

复卦一阳生代表十一月，那是否说明大雪节也一阳生？

可以这样认为。如果严格按照"冬至一阳生"的说法，则冬至与小寒才属于十一月。两种说法都可以，但有十五天的误差。

十二辟卦与节气

十二辟卦	复	临	泰	大壮	夬	乾	姤	遁	否	观	剥	坤
斗建（北斗所指的方位）	子	丑	寅	卯	辰	巳	午	未	申	酉	戌	亥
月份（夏历）	十一月	十二月	一月	二月	三月	四月	五月	六月	七月	八月	九月	十月
节气	大雪　冬至	小寒　大寒	立春　雨水	惊蛰　春分	清明　谷雨	立夏　小满	芒种　夏至	小暑　大暑	立秋　处暑	白露　秋分	寒露　霜降	立冬　小雪

阳。从大雪这日开始，便已有微量的阳气产生，到了冬至日才达到"一阳生"的量。过了冬至日，阳气继续增长，到了小寒这天，已接近两个阳，但直到大寒这天，才真正达到两个阳。所以，复卦☷的"一阳生"代表的是整个十一月的阳气增长情况。故此，中医脉学将此三十日与足少阴肾经相对应，认为此时足少阴经脉处于旺盛状态。然而，也有医家坚持认为冬至日为阳气始生之时，所以将冬至日后三十日内（即冬至～大寒）定为足少阴经的旺盛期。

临卦代表丑月（即十二月），相当于二十四节气中小寒至立春的三十天。大寒日在此三十天之中，为中气。此一个月阳气已增至两个，王脉为手少阳三焦经脉。另一种说法为大寒后的三十天内（即大寒～雨水），手少阳为王脉。

泰卦代表寅月（即一月），相当于二十四节气中立春至惊蛰的三十天。雨水日在此三十天之中，为中气。此时阳气增至三个，王脉为足少阳胆经。另一种说法为雨水后三十天内（即雨水～春分），足少阳为王脉。

……余依此类推。

● 关于王脉的疑点

此难的疑点为"冬至后得甲子"和三阴脉的时令顺序。

"冬至后得甲子"，是"冬至后六十天内"的意思。因为上古历元皆起于冬至，这一天初定历法时为甲子日，冬至后得甲子，便是冬至后的第六十天（即冬至～下一甲子日的六十天内）。但由于每年都有岁差，所以并不见得每年的冬至皆为甲子日。所以，当以冬至日为准。又由于有十二辟卦的卦气学说，所以，以十二月定王脉亦不为过。其实，王脉理论只是说明了各经脉随气候变化而呈现不同的脉象，明白此理，实践中便会有更正确的认识，而不必完全遵循书中所言。

此难三阴脉的时令顺序为先太阴、再少阴，最后是厥阴，其原理为何？至今仍无令人信服的解释。

四季中的三阴三阳

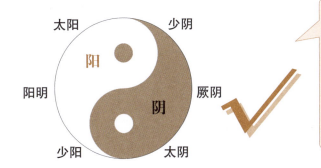

此为三阴三阳的真正含义，只是经络之三阴三阳与此并无对应关系。也许经络之三阴三阳是按照另外一种理论所命名，也许经络之三阴三阳的名称，很早就出现了错用现象。

四季之五脏旺脉

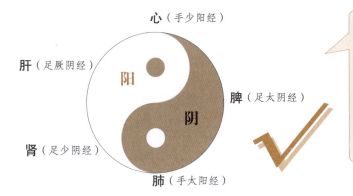

此四季之五脏旺脉的配属是正确的，《难经》在讲解五输穴时亦应用了此理论。另外《难经》、《内经》讲解四时旺脉时，也是依照这一理论。

此难观点

细心的读者应该会发现，此难的观点是错误的。但是众医家并没有纠正这一错误，而是在此基础上形成了"六经辨证"理论。然而，值得大家思考的是：《灵枢·本输》中所说的手少阴经，却是现在的手厥阴经，这是怎么回事呢？

57

第八难　为何脉象正常也会死人？

元气断绝必死

寸口脉象虽然正常，但如果人的元气断绝，则必死无疑。

● 寸口的三个概念

寸口，本意指的是手腕桡动脉处，即寸关尺的关部。其也代指掌下横纹至关部的大体范围。进一步引申，寸口代指寸关尺三部。故此，后世有的医家认为《难经》第八难所说的寸口，指的是切脉的寸部。"寸口脉平而死者"，有的医家认为，即"寸部脉象正常，但尺部脉绝而死亡的人"；有的医家则认为，意即"寸关尺脉象正常却死亡的人"。应以后者为是。

● 脉平而死的原理

寸关尺三部可以诊断出五脏六腑的病症，但却无法诊断出元气的状况。可是这个元气，却是人体最重要的东西。《难经》中说，人体十二经脉，都与元气有着紧密联系。元气就是两肾之间的动气。它是十二经的根源，五脏六腑的本源，呼吸功能的门户，三焦气化的原动力。它具有防止外邪侵入人体的功能，所以也称为"守邪之神"。所以说元气就相当于人这棵"大树"的树根，根断了，人这棵"大树"就要枯死。脉象正常而死的人，就是元气断绝的缘故。

● 元气与养生

《难经》第八难指出元气的重要作用，并明确说明这个元气位于两肾之间，是可以运动的一股气。并且正是这股气，使人体十二经脉、呼吸系统、五脏六腑及三焦呈现一片生机。

正因为元气如此重要，所以我国古人将积蓄元气作为重要的养生修炼手段。其过程为"炼精化气，炼气化神，炼神还虚，炼虚合道"。而要想积蓄元气，则必须增强肾脏功能。《难经》认为左肾右命门，肾主水，命门主火，水火既济使元气蒸腾，成为人体诸机能的动力之源。

可见，保养好肾脏即可使体内元气充足，从而使精力充沛。经常对后腰进行按摩，加强休息，房事适度，防止腰部受凉，等等，都可达到养生的目的。

元气的培固

慢跑可改善人身机能，增加肺活量，培固元气，有益于身体健康。

早睡早起，房事适度，积极参加晨练，多呼吸新鲜空气，亦是培固元气的好方法。

1 2
3 4

抱元守一，排除杂念，调息入定的气功修炼，更是培固元气的好办法。

中华武术讲究"内练一口气，外练筋骨皮"，其内家拳法更注重炼气培元，以达到强筋健体、延年益寿的目的。

保养好肾脏，培固元气，生命之火才会旺盛。

元气断送，即使脉象正常也会死亡。

第九难　如何辨别脏腑的疾病？

数脉腑病，迟脉脏病

根据脉象的数 (shuò) 与迟，可以判断出病在六腑还是病在五脏。当然，这只是一般诊断原则，要经过更细致的脉象分析，才可正确判断病因所在。

● 数脉与迟脉

正常人的脉搏频率为每息四至五次。阳脉有余而每息脉动六次者为数脉；阴脉不足而每息脉动三次者为迟脉。数脉与迟脉皆属于病脉。

● 区别脏腑疾病的方法

通过切脉，怎么分辨出病在五脏还是病在六腑呢？此难说：数脉，病在六腑；迟脉，病在五脏。数脉病在六腑而为热症，迟脉病在五脏而为寒症。所有的阳脉有余皆为热症，所有的阴脉不足皆为寒症。这就是区别脏腑疾病的方法。

● 原理分析

《难经》第九难用字不多，往往令人难以理解，其主要原因是人们不明五脏六腑的属性与功能。

在脏腑学说形成的早期，曾有过五脏说、六脏说、九脏说、五腑说、六腑说、七腑说等诸多不同的说法。从《黄帝内经》开始，五脏六腑说成为主流。而实际上，《黄帝内经》中的"五脏"已增为"六脏"，即在心、肝、脾、肺、肾的基础上，又将心包增补为脏。这样，此六脏与小肠、胆囊、胃、大肠、膀胱、三焦六腑分别对应着一条经脉，一共十二条经脉。其中六条阳经与六腑一一对应，六条阴经与六脏一一对应。

而六脏与六腑之间，亦有着对应关系。即：心脏对应小肠；肝脏对应胆囊；脾脏对应胃；肺脏对应大肠；肾脏对应膀胱；心包对应三焦。

六脏为实心性器官，它们的功能是贮藏精气神（相当于营养物质与精神状态），所以为阴。六脏精气不足则会生病，所以脉象会呈现迟脉，病症为寒症。

六腑为空心性器官，它们的功能是消化食物、吸收营养、排泄糟粕。所以，具有泻而不藏、以通为用的特点，故此六腑为阳。六腑积塞不通则会生病，脉象会呈现数脉，内火积蓄不泄，所以为热症。

明白六脏六腑的阴阳属性及功能，便会正确理解这一难的内容了。

中医的八纲辨证

什么是寒症和虚症啊？

这是中医"八纲辨证"中的内容，看过下面的表格，你就明白了。

四诊	阴症	阳症
望	面色暗淡或苍白，疲乏无力，精神萎靡，舌质淡而胖腻，舌苔润滑	面色潮润，狂躁不安，口唇燥裂，舌质经绛，舌苔黄，甚至舌面燥裂，色黑而有芒刺
闻	语声低微，安静少言，呼吸弱且气短	语声洪亮，烦躁多言，呼吸气粗，喘促痰鸣，狂言叫骂
问	大便腥臭，少食无味，不烦不渴，喜热饮，小便清长或短少	便秘且奇臭，恶食口干，烦渴喜饮，小便短赤
切	腹痛喜按，身寒足冷，脉象沉、微、细、涩、弱、迟而无力	腹痛拒按，身热足暖，脉象浮、洪、数、大、滑、实而有力

	虚症	实症
病期	长，属慢性疾病	短，多为突发性疾病
体质	虚弱	粗壮
精神	萎靡	兴奋
声息	语调低微，呼吸微弱	语调高昂，呼吸粗重
疼痛	喜按	拒按
胸腹胀满	按之不痛，胀满时减	按之疼痛，胀满不减
体温	五心烦热，午后微热	蒸蒸壮热
恶寒	得衣近火则解	添衣加被不减
舌象	质嫩，苔少或无苔	质老，苔厚腻
脉象	无力	有力

	寒症	热症
寒热	恶寒喜热	恶热喜寒
口渴	不渴	渴，喜冷饮
面色	苍白	红赤
四肢	冷	热
大小便	大便稀薄，小便清长	便秘，小便短赤
舌象	舌淡，苔白润	舌红，苔黄

	里症	表症
	一般五脏六腑、血脉、骨髓等患病为里症	一般皮毛、肌肉、经脉等患病为表症

我们至今仍称脏腑为五脏六腑，其实与脏腑的阴阳属性和天人合一的思想有关。这正如《灵枢·经别》中所说："余闻人之合于天道也，内有五脏，以应五音五色五时五味五位也；外有六腑，以应六律，六律建阴阳诸经而合之十二月、十二辰、十二节、十二经水、十二时、十二经脉者，此五脏六腑之所以应天道。"此处所说的五脏，是将六脏中的心包与心合并，所以称为五脏。

为了大家对五脏六腑有更深刻的了解，我们下面便谈一谈五脏六腑的具体功能。

● 五脏的功能

五脏的主要功能是生化和储藏精、气、血、津液和神，对人体生命的旺盛起着重要作用，故又名五神脏。

《灵枢》说："五脏者，所以藏精、神、血、气、魂、魄也。"这里所说的"精、神、血、气、魂、魄"，既含有精神状态内容，又含有营养状态内容。所以可以理解为营养可影响情志。如"心藏神"、"肺藏魄"、"脾藏意"、"肝藏魂"、"肾藏志"，某一脏器的营养不良或有病，则会影响相应的精神状态。

一般来讲，心主血脉，是全身血脉的总枢纽；心又主神志，是精神、意识和思维活动的中心，在人体中处于最高主导地位。肝藏血，有贮藏血液、调节血量的作用。脾主运化，促进饮食的消化、吸收，为气血生化之源，故有后天之本之称；脾又统血，能统摄血液不致溢出于经脉之外。肺主气，司呼吸，是人体气体交换的场所，又能宣发卫气和津液于全身以温润肌腠皮肤。肾藏精，与人体生长发育和生殖能力密切相关，故有先天之本之称；肾又主水，在调节人体水液代谢方面起着重要作用。

● 六腑的功能

六腑的功能是完成饮食的受纳、消化、吸收、传导和排泄过程。如胆的疏泄胆汁，助胃化食；胃的受纳腐熟，消化水谷；小肠的承受吸收，分清泌浊；大肠的吸收水分和传导糟粕；膀胱贮存和排泄尿液；三焦是水液升降排泄的主要通道等等，它们之间的关系十分密切，其中一腑功能失常或发生病变，都足以影响饮食的传化，所以说六腑是泻而不藏，以通为用。

五脏六腑的功能

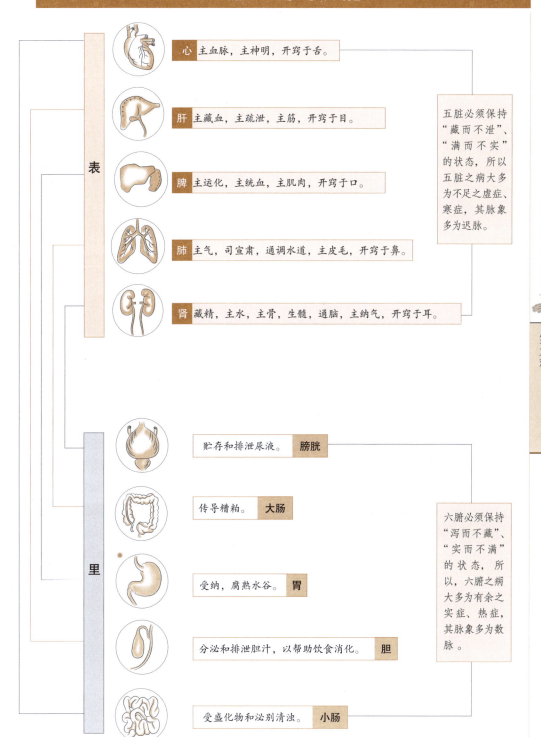

心 主血脉，主神明，开窍于舌。

肝 主藏血，主疏泄，主筋，开窍于目。

脾 主运化，主统血，主肌肉，开窍于口。

肺 主气，司宣肃，通调水道，主皮毛，开窍于鼻。

肾 藏精，主水，主骨，生髓，通脑，主纳气，开窍于耳。

表

五脏必须保持"藏而不泄"、"满而不实"的状态，所以五脏之病大多为不足之虚症、寒症，其脉象多为迟脉。

贮存和排泄尿液。 **膀胱**

传导糟粕。 **大肠**

受纳，腐熟水谷。 **胃**

分泌和排泄胆汁，以帮助饮食消化。 **胆**

受盛化物和泌别清浊。 **小肠**

里

六腑必须保持"泻而不藏"、"实而不满"的状态，所以，六腑之病大多为有余之实症、热症，其脉象多为数脉。

63

第十难　什么叫一脉十变？

一脏脉象的十种变化

五脏六腑之间存在着病理联系，一脏出现病脉，往往是受其他脏腑的影响而致病，所以一脏脉会因病因不同而出现十种状态。

10

● 五脏六腑与五行

五脏为阴，六腑为阳，十二经脉的阴经、阳经与脏腑一一对应，再配以五行，便可根据相生、相克等关系对脏腑疾病进行辨证分析了。其具体关系见右页表格。

从表中我们可以看出，我国中医将人体与自然界按五行属性分为五大类，使人体的各器官、经脉与自然界紧密联系起来，并且都具有相生、相克的关系。于是人体的小宇宙与自然界的大宇宙形成对应关系，并且五行生克关系不仅可以解释自然现象，还可以作为诊断疾病的辨证依据。明白此表的内容，便可以读懂《难经》第十难的内容了。下面，我们便讲解《难经》的第十难。

● 一脉十变

医家一般要通过左右腕的寸关尺进行脉诊，两腕的寸关尺也称六部。六部诊脉法最普及的方式为：左寸部对应心与小肠，左关部对应肝与胆，左尺部对应肾与膀胱，右寸部对应肺与大肠，右关部对应脾和胃，右尺部对应心包与三焦。其心、肝、脾、肺、肾五脏与小肠、胆、胃、大肠、膀胱五腑一一对应，互为表里关系，并且五行属性相同。如，心与小肠一阴一阳，互为表里关系，心为里，小肠为表；其五行皆属火。其所属的经脉（即手少阴心经与手太阳小肠经）亦为表里关系，且五行亦皆属火。其他脏腑依此类推。《难经》第十难所讲的，正是由于这种五脏五腑的对应关系与五行生克关系而形成的一脉十变现象。

我们切脉时，同一脏脉由于病症不同、患者不同，往往会呈现出十种状态，这就叫一脉十脉。此难说这主要是由于"五邪刚柔相逢"造成的。其"五邪"即五行之邪气；"刚柔"，指的便是阴阳，五脏为阴，五腑为阳。

其实，正是由于中医注重五脏五腑的生克关系，才形成了独具特色的头痛医脚的辨证疗法。比如，西医认为受寒会引起肺病，而中医却认为受寒会引起大肠经的病变。肺与大肠一个属于呼吸系统，一个属于消化系统，在现代解剖学中根本就是两个不相通的器官。可是从中医的经络学来看，手太阴肺经与手阳明大肠经正是表里关系。比如人受凉会引起腹胀腹痛，用力绷紧

人体与五行

人体各部五行归类表

五行	木	火	土	金	水
五（六）气	风	暑（热）	湿	燥	寒
五方	东	南	中	西	北
五季	春	夏	长夏	秋	冬
天干	甲、乙	丙、丁	戊、己	庚、辛	壬、癸
地支	寅、卯	巳、午	辰、戌、丑、未	申、酉	亥、子
五色	青	赤	黄	白	黑
五味	酸	苦	甘	辛	咸
五臭	臊	焦	香	腥	腐
五志	怒	喜	思	悲	恐
五体	筋	脉	肉	皮	骨
五华	爪	面	唇	毛	发
五液	泪	汗	涎	涕	唾
五脏	肝	心（心包）	脾	肺	肾
六腑	胆	小肠（三焦）	胃	大肠	膀胱
十二经	足厥阴肝经、足少阳胆经	手少阴心经、手厥阴心包经	足太阴脾经、足阳明胃经、手太阳小肠经、手少阳三焦经	手太阴肺经、手阳明大肠经	足少阴肾经、足太阳膀胱经
我生者	火、热	土、湿	金、燥	水、寒	木、风
生我者	水、寒	木、风	火、热	土、湿	金、燥
我克者	土、湿	金、燥	水、寒	木、风	火、热
克我者	金、燥	水、寒	木、风	火、热	土、湿

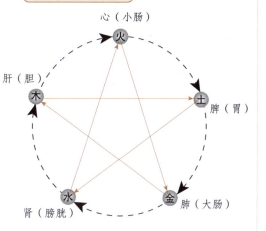

脏腑相生图　　　脏腑相克图

心（小肠）　火
肝（胆）　木　　土　脾（胃）
肾（膀胱）　水　　金　肺（大肠）

心（小肠）　火
肝（胆）　木　　土　脾（胃）
肾（膀胱）　水　　金　肺（大肠）

65

腹部肌肉以增加腹腔热量，放两个屁就好了，根本不会使寒气进一步入侵到肺部而形成肺炎。再比如《红楼梦》里的林黛玉，忧思过度伤了脾胃，使她胃口不好；脾胃之土又伤肾水，使她肾虚而易疲劳；肾水伤心火，致使心力衰微，面容憔悴；心火又伤肺金，使她因肺病而死。可见中医讲究五脏六腑的阴阳五行均衡，一旦失衡，人体就会得病。并且，每一病症，也会因五脏六腑的不同状态而具有多种病因。

此难针对"一脉十变"只举了心脉一个例子，其他脏脉可依此进行类推。无病的情况下，各脏都有属于自己的正常脉象，如心脉大，肝脉急，脾脉缓，肺脉涩，肾脉沉。可一旦脏器官有了病，就不会是这种脉象了。例如，心脉的十个病脉为：（1）假如心脉急甚，急脉为肝的本脉，所以是肝邪侵犯心脏的缘故；（2）假如心脉微急，急脉本为肝脉，但胆与肝同属木而力微，脏甚腑微，微急者便为胆之脉象，又由于小肠经与心经互为表里，所以心脉微急为胆邪侵犯小肠；（3）假如心脉大甚，则为心邪侵犯心脏；（4）假如心脉微大，则为小肠邪侵犯小肠；（5）假如心脉缓甚，为脾邪侵犯心脏；（6）假如心脉微缓，是胃邪侵犯小肠；（7）假如心脉涩甚，为肺邪侵犯心脏；（8）假如心脉微涩，则为大肠邪侵犯小肠；（9）假如心脉沉甚，则为肾邪侵犯心脏；（10）假如心脉微沉，则为膀胱邪侵犯小肠。

其他脏脉皆可依此类推，其总原则是：（1）急、大、缓、涩、沉为五脏之本脉，见何脏之脉，则为何脏之邪侵犯；（2）因为阴为柔，所以五脏之邪侵犯脏器官属于"逢柔"，其脉甚；（3）因为阳为刚，所以五腑之邪只侵犯五脏之表，即与五脏互为表里的五腑，属于"逢刚"，其脉微。如，小肠与心互为表里，心脉微涩，为大肠之邪侵犯小肠，而不是大肠侵犯心脏，此为"逢刚"。

为了大家更好地理解此难的知识，下面，给大家讲解一下脏腑之间的关系。

五卦与一脉十变图

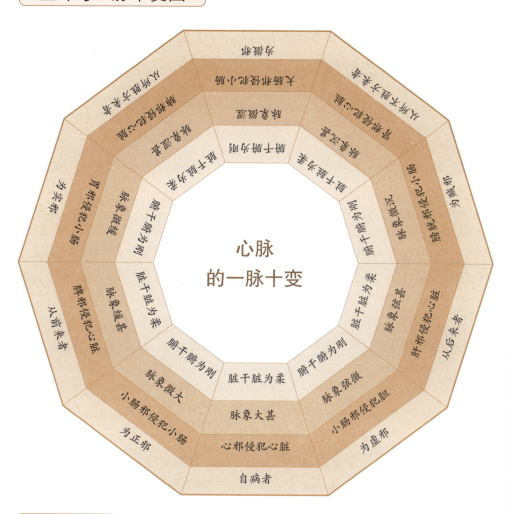

心脉
的一脉十变

五脏脉象

	本难用语	相当于	描述
心脉	大	脉象洪大，或钩脉	脉象来时略快有力，去时略慢无力，浮取可得
肝脉	急	弦脉	脉气来时，柔软而直长，状如琴弦，按之稍软
脾脉	缓	中缓而大	脉象柔和而起伏有节奏，从容均匀，"如鸡践地"
肺脉	涩	毛脉	应指无润泽之象，轻浮如毛
肾脉	沉	石脉	沉取始得，应指有力

● 脏腑的表里关系

五脏与六腑有着互为表里、一一对应的关系，在病理上亦存在着一定的联系。其具体关系如下：

心与小肠

心经实火可移热于小肠，引起尿少、尿赤，排尿时前阴灼热等小肠实热症。反之，若小肠有热，亦可循经上炎及心，见心烦、舌赤，甚则舌体糜烂。

肝与胆

同主疏泄。肝火旺或胆火盛，都可出现胁痛、口苦、咽干，性躁易怒。肝胆湿热而致的黄疸，既有发黄、口苦之胆汁外溢，并有胁痛、纳呆等肝气郁结的表现。

脾与胃

脾运不佳，久则影响胃纳；胃纳失常，亦可影响脾运，临床常见脾胃同病。

肺与大肠

肺有火热之邪，气机壅塞，肃降失职，则可引起大肠实热，壅滞不通，而见便秘不行；反之，若大肠积热，津亏液燥，大便秘结，传导阻滞，亦能影响肺气肃降，出现咳喘。

肾与膀胱

共同完成水津的调节与排泄。膀胱的气化作用决定于肾气的盛衰，肾气充盛则膀胱开合有度，水液能正常代谢。

脏与脏之间的关系

心与肺　心主血，肺主气。血的正常运行虽然是心所主，但必须借助于肺气的推动，而积存于肺内的宗气，要灌注到心脉，才能畅达全身。

心与肝　心为血液循环的动力，肝是贮藏血液的一个重要脏器，所以心血旺盛，肝血贮藏也就充盈，既可营养筋脉，又能促进人体四肢、百骸的正常活动。如果心血亏虚，引起肝血不足，则可导致血不养筋，出现筋骨凌痛、手足拘挛、抽搐等症。又如肝郁化火，可以扰及于心，出现心烦失眠等症。

心与脾　心主血，脾统血，脾的功能正常，才能统摄血液。若脾气虚弱，可导致血不循经。另一方面，脾所运化的精微，需要借助血液的运行，才能输布于全身。而心血又必须依赖于脾所吸收和转输的水谷精微所生成。

心与肾　心肾两脏，互相作用，互相制约，以维持生理功能的相对平衡。这种平衡状态称为"心肾相交"；如果肾阴不足，心火过盛，失去协调，则为"心肾不交"，会出现健忘、失眠、心悸、遗精等症状。

心与肾的另一种生理病理关系，就是心阳和肾阳的相互作用，相互促进。肾的元阳衰微（命门火衰）会导致心血的不足；心阳不足，也可以影响肾阳的不足。

肝与脾　肝藏血，脾主运化水谷精微而生血。如脾虚影响血的生成，可导致肝血不足，出现头晕、目眩、视物不清等症。肝喜条达而恶抑郁，若肝气郁结，横逆犯脾，可出现腹痛、腹泻等症。

肝与肺　肝之经脉贯膈而上注于肺。肝气升发，肺气肃降。若肝气上逆，肺失肃降，可见胸闷喘促。肝火犯肺，又可见胸胁痛、干咳或痰中带血等症。

肝与肾　肾藏精，肝藏血。两者互相依存，互相资生。肾精不足，可导致肝血亏虚。反之，肝血亏虚，又可影响肾精的生成。若肾阴不足，肝失滋养，可引起肝阴不足，导致肝阳偏亢或肝风内动的证候，如眩晕、耳鸣、震颤、麻木、抽搐等。

肺与脾　所谓"肺为贮痰之器，脾为生痰之源"。脾将水谷的精气上输于肺，与肺吸入的精气相结合，而成宗气（又称肺气）。肺气的强弱与脾的运化精微有关，故脾气旺则肺气充。由脾虚影响到肺时，可见食少、懒言、便溏、咳嗽等症，临床上常用"补脾益肺"的方法去治疗。又如患慢性咳嗽，痰多稀白且容易咳出，体倦食少等症，病症虽然在肺，而病本则在于脾，必须用"健脾燥湿化痰"的方法，才能收效。

脾与肾　脾阳依靠肾阳的温养，才能发挥运化作用。肾阳不足，可使脾阳虚弱，运化失常，则出现黎明泄泻，食谷不化等症。反之，若脾阳虚衰，亦可导致肾阳不足，出现腰膝厥冷、水肿等症。

肺与肾　肺主肃降，通调水道，使水液下归于肾。肾主水液，经肾阳的蒸化，使清中之清上归于肺，依靠脾阳的运化，共同完成水液代谢的功能。

69

第十一难　何为脉不满五十动而一止？

肾气已衰竭

脉搏不满五十次而歇止一次，就叫做"脉不满五十动而一止"，这说明人的肾气已经衰竭。

11

● 脉搏与脏气的关系

此难说，人吸气随阴分而深入，呼气随阳分而外出。如果吸入的物质不能够深达肾脏，而是只到肝脏便返回，便会出现"脉不满五十动而止"的现象。这说明五脏中有一脏没有了脏气，也就是肾气先衰竭了。

其实，这一难的知识来自于《灵枢·根结篇》，其经文大致意思是，正常人一呼脉动两次，一吸脉动两次，一呼一息则脉动五次，这五次脉动使气血依次流经肺、心、脾、肝、肾，即一息气血周遍五脏一次。一息脉动五次，十息则正好脉动五十次。如果脉动五十次而没有出现歇止的情况，并且脉动与息数相吻合，说明人的五脏皆能得到气的滋养，身体健康。如果脉动四十次而出现了歇止，（即一息脉动四次，气血只流经肺、心、脾和肝；十息，正好四十动）则说明有一脏（即肾脏）得不到气血的滋养。如果脉动三十次而出现了歇止的情况，则说明有两脏（即脾和肾）得不到气的滋养。如果脉动二十次而出现了歇止的情况，则说明有三脏（即脾、肝、肾）得不到气的滋养。如果"十动一代"，则说明四脏（即心、脾、肝、肾）不受气。如果脉动不到十次就出现了歇止的情况，则说明五脏皆无气，死期将至。

《难经》"脉不满五十动而一止"，与《内经》"四十动一代"意思相近。因为肾在五脏的最下面，"吸气最远，若五十动不满而一止者，知肾无所资，气当先尽，尽犹衰竭也，衰竭则不能随诸脏气而上矣"。

● 中医脉学中的歇止脉

此难的知识，在后世脉学中应用并不广泛。后世脉学虽然也以歇止脉来诊断脏气的衰微，但其内容却已大不一样。其将歇止脉分为"代"、"促"、"结"三种脉象，可以诊断风症、痛症、跌打损伤及妇女妊娠等症。

正常脉：十息，脉动五十次

	一息	二息	三息	四息	五息	六息	七息	八息	九息	十息
肺	一	六	十一	十六	二十一	二十六	三十一	三十六	四十一	四十六
心	二	七	十二	十七	二十二	二十七	三十二	三十七	四十二	四十七
脾	三	八	十三	十八	二十三	二十八	三十三	三十八	四十三	四十八
肝	四	九	十四	十九	二十四	二十九	三十四	三十九	四十四	四十九
肾	五	十	十五	二十	二十五	三十	三十五	四十	四十五	五十

脉不满五十动而止，说明人的肾气已经衰竭。

一脏无气的歇止脉

	一息	二息	三息	四息	五息	六息	七息	八息	九息	十息
肺	一	五	九	十三	十七	二十一	二十五	二十九	三十三	三十七
心	二	六	十	十四	十八	二十二	二十六	三十	三十四	三十八
脾	三	七	十一	十五	十九	二十三	二十七	三十一	三十五	三十九
肝	四	八	十二	十六	二十	二十四	二十八	三十二	三十六	四十
肾										

歇止脉比较表

区别 脉名	脉象	主病
促脉	脉来急数而时一止。止无定数	气血痰饮，宿食停滞，痛肿实热。属阳盛而阴不和
结脉	脉来缓慢而时一止。止无定数	气壅痰滞，气郁不调，淤备积聚。属阴盛而阳不和
代脉	脉来较慢，止时良久。止有定数	脉气衰微，风症痛症，惊恐所伤，跌打损伤

第十二难 什么是五脏的内外?

肺心为外，肝肾为内

肺、心为外，脾为中，肝、肾为内。外脏脉绝而补益内脏，或者内脏脉绝而补益外脏，如同杀人，是医家大忌。

12

● 内外即阴阳

中医的表里、内外等概念与阴阳的概念是相通的，此难所说的内病与外病，也可以理解为阴病与阳病。

相对于不同事物，阴阳概念可有无限的变化。如，相对于人的头和脚来说，头为阳，脚为阴；相对于人的左右身体来说，右侧为阳，左侧为阴；相对于双手来讲，右手为阳，左手为阴；相对于一只手来讲，手背为阳，手心为阴；相对于上身与下身来说，腰以上为阳，腰以下为阴；相对于体表与体内来讲，体表为阳，体内为阴；相对于脏腑来讲，六腑为阳，五脏为阴；相对于五脏来讲，又有多种阴阳分法。

《黄帝内经》对五脏的分法是："故背为阳，阳中之阳心也；背为阳，阳中之阴肺也；腹为阴，阴中之阴肾也，阴中之阳肝也；腹为阴，阴中之至阴脾也。"

根据五脏的脉象沉浮、在人体所处的位置及与五体的关系划分，则肺心为阳，肝肾为阴。此难的内外及阴阳概念，即属于此种。

● 虚实症的误治

此难说，肝、肾两脏的脉象已绝，便是《内经》中所说的"五脏脉已绝于内"，此时医生反以针刺补益其外（即肺、心两脏经脉）；或者"五脏脉已绝于外"（即肺、心脉象已绝），医生却反以针刺补益其内（即肝、肾两脏经脉）。这叫补实泻虚，损不足而益有余，这样治病如同杀人。

有些医家认为此难应当属于第六十难以后的内容，这种说法不无道理。其实，只有结合第六十九难、第七十五难及第八十一难的内容，才能正确理解此难。

此难所要说明的是：肝脏极度衰弱，则不可以施针补肺，因为肺金会克去肝木的生机；肾脏极度衰弱，则不可施针补心，因为衰微之肾水已无力克制心火，再受强盛之心火反克，必会生机顿无。反之亦然。其原理与第六十九难的补母泻子法及第七十五难的"泻水补火"平肝法是一样的。

虚实症的误治

五脏的内外阴阳属性

	脉象	位置	五体	五脏
阳（外）	三颗黄豆力度的浮脉	肺位于胸腔最上方	皮毛位于最外层	肺
	六颗黄豆力度的浮脉	心位于肺之下	血脉在皮毛之内	心
中州	九颗黄豆力度的脉动	脾位于五脏之中	肌肉位于五体之中	脾
阴（内）	十二颗黄豆力度的沉脉	肝位于脾之下	筋位于肌肉之下	肝
	重按至骨可得到的沉脉	肾位于肝之下	骨在五体的最内层	肾

肾虚补心误治图

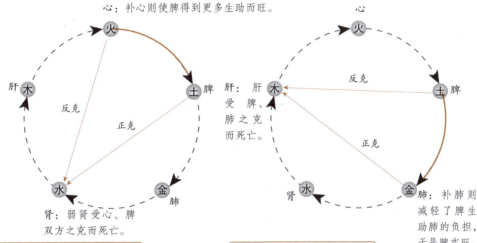

心：补心则使脾得到更多生助而旺。

肝：肝受脾、肺之克而死亡。

肾：弱肾受心、脾双方之克而死亡。

正克 反克

肝虚补肺误治图

肺：补肺则减轻了脾生助肺的负担，于是脾亦旺。

正克 反克

心虚补肾误治图

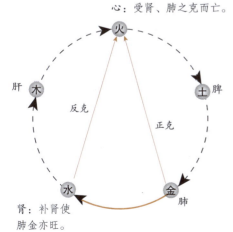

心：受肾、肺之克而亡。

正克 反克

肾：补肾使肺金亦旺。

肺虚补肝误治图

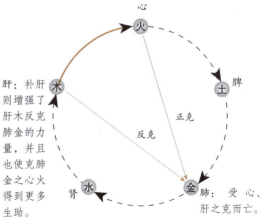

肝：补肝则增强了肝木反克肺金的力量，并且也使克肺金之心火得到更多生助。

肺：受心、肝之克而亡。

正克 反克

第十三难　如何用多种手法诊断疾病？

脉象与面色、肤色的关系

将望诊、闻诊与脉诊结合起来，才能够更准确地诊断出疾病的病因。

13

● 脉象与面色的关系

五脏有五种颜色，都可以在脸色上反映出来，并且与脉象有着对应关系。如果病人面呈青色，则脉象应该为弦而急；如果面呈赤色，则脉象应该是浮大而散；如果面呈黄色，脉象应当为中缓而大；如果面呈白色，脉象则浮涩而短；如果面呈黑色，脉象则沉濡而滑。

● 脉象与尺部皮肤的关系

脉象与尺部的皮肤亦有相对应的关系。脉象数，则尺部皮肤亦数（即发热）；脉象急，尺部皮肤亦急（即绷紧）；脉象缓，尺部皮肤缓（即松弛）；脉象涩，尺部皮肤亦涩（即无光泽）；脉象滑，尺部皮肤亦滑（即润滑）。

● 声、色、臭、味与脉象

五脏各有所属的声音、颜色、气味和味道，这些应当与寸口的脉象及尺部的皮肤相对应，如果不相对应则为病象。如果病人面呈青色（为肝的本色，五行属木），脉象浮涩而短（此为肺之脉象，五行属金），或脉象大而缓（此为脾之脉象，五行属土），都为相胜（即相克，一为肺金克肝木，一为肝木克脾土，五脏与脉象亦喜生恶克）。如果面呈青色，脉象浮大而散（为心之脉象，五行属火），或脉象小而滑（为肾脉，五行属水），则都是相生（即肝木生心火，肾水生肝木）。

《难经》认为，能够懂得色、脉、皮肤三种诊断方法的医师为上工，可治十人而九愈；懂得两种方法的为中工，可治十人而八愈；懂得一种方法的为下工，可治十人而六愈。

其实，这些知识皆来自于《黄帝内经·灵枢》第四篇："见其色，知其病，命曰明；按其脉，知其病，命曰神；问其病，知其处，命曰工。……色青者其脉弦，赤者其脉钩，……脉急，尺之皮肤亦急；脉缓，尺之皮肤亦缓……故善调尺者不待于寸，善调脉者不待于色。能参合而行之者，可以为上工，上工十全九；行二者为中工，中工十全八；行一者为下工，下工十全六。"

诊疾的多种方法

脉象与面色、尺肤的关系

脉象数：尺肤亦数；
脉象急：尺肤亦急；
脉象缓：尺肤亦缓；
脉象涩：尺肤亦涩；
脉象滑：尺肤亦滑。

面色青：则脉象弦而急；
面色赤：则脉象浮大而散；
面色黄：则脉象中缓而大；
面色白：则脉象浮涩而短；
面色黑：则脉象沉濡而滑。

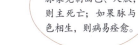

脉与色不相应时，如果脉象克制面色、尺肤，则主死亡；如果脉与色相生，则病易痊愈。

五行、五脏、声、色、臭、味、脉、尺肤对应表

五行		木	火	土	金	水
五脏		肝	心	脾	肺	肾
五声		呼	笑	歌	哭	呻
五臭		膻	焦	香	腥	腐
五味		酸	苦	甘	辛	咸
五色		青	赤	黄	白	黑
脉象		弦而急	浮大而散	中缓而大	浮涩而短	沉濡而滑
脉尺对应	脉	急	数	缓	涩	滑
	尺肤	紧	热	松	涩	滑

第十四难　什么是损脉与至脉？

损脉似迟，至脉似数

呼气时，脉搏少于正常脉动次数的为损脉；呼气时，脉搏多于正常脉动次数的为至脉。损脉与至脉，皆属于病脉。

● 损脉与至脉

中医切脉，极其注重呼吸频率与脉动频率的对应关系。正常人一呼脉动两次，一吸脉动两次，一呼一吸为四至五次，此为平脉。脉动频率超过此呼吸频率的为至脉，脉动频率低于此呼吸频率的为损脉。损脉与至脉，都有四种类型。

损脉的四种类型：（1）呼气一次，脉搏跳动一次的，为离开了正常脉动标准，叫离经；（2）呼气两次，脉动一次的，为精气已被耗夺的表现，叫夺精；（3）呼气三次，脉动一次的，为预后不良，叫死脉；（4）呼气四气，脉动一次的，为气血已尽，脏败神离，生命将绝，叫命绝。

至脉的四种类型：（1）呼气一次，脉搏跳动三次的，叫离经；（2）呼气一次，脉动四次的，叫夺精；（3）呼气一次，脉动五次的，叫死脉；（4）呼气一次，脉动六次的，叫命绝。

● 病症发展状况

损脉的病症，是由表向里发展的。一损损害肺所主的皮毛，皮肤会起皱纹，毛发会脱落；二损损坏心脏所主的血脉，血脉虚少，不能滋养五脏六腑；三损损坏脾所主的肌肉，病人会因饮食不能营养肌肉而变得极其瘦弱；四损损坏肝所主的筋，主要表现为筋疲力弱，不能自动收缩和持续用力；五损损坏肾所主的骨头，病人会因骨痿无力而不能起床行走。

至脉的病症，和损脉病症的发展状况相反，是由里向表发展。先从肾所主的骨头开始，从下向上转变，到了肺所主的皮肤发生病变，即毛发脱落皮肤起皱时，便成为无法治疗的死症。

● 治病原则

此难认为，损害肺的，就补益肺气；损害心的，就调和营血与卫气；损害脾的，就调整饮食结构，加强营养，并注意起居保持适宜的温度；损害肝的，需要以甘味药物调济中气；（滑寿曰：肝主血，血虚则中不足；一云肝主怒，怒能伤肝，故损其肝者缓其中。经曰肝苦急，急食甘以缓之，缓者，和也。）损害肾的，就补益精髓。

损脉与至脉

损脉

名称	脉象	意义
离经	一呼脉动一次	已非正常脉象
夺精	二呼脉动一次	精气已失
死脉	三呼脉动一次	已无法医治
命绝	四呼脉动一次	即将死亡

至脉

名称	脉象	意义
离经	一呼脉动三次	已非正常脉象
夺精	二呼脉动四次	精气已失
死脉	三呼脉动五次	已无法医治
命绝	四呼脉动六次	即将死亡

病症发展状况

五损	现象	五脏	损脉病症	至脉病症
一损	皮肤起皱，毛发脱落	肺		
二损	血脉虚少，脏腑失养	心	从上向下传变	死
三损	肌肉松弛瘦弱	脾		从下往上传变
四损	筋疲力弱，运动不利	肝		
五损	骨痿无力，不能行走	肾	死	

由于至脉的病症也属于虚损，所以治至脉病症应当与治损是一样的，即虚则补之，而不可用泻的手法进行治疗。这便是治疗损病与至病的大原则。

● 损脉、至脉的具体诊断

此难共有四问四答。前三个问答是：（1）什么是损脉与至脉；（2）损脉病症不同程度的损坏状况；（3）治损的原则。第四个问答则既与前面的三问有相通之处，又有矛盾的地方。从行文逻辑上看，似乎这第四个问答并非属于原经文，而是后人补进去的内容。

元代大医学家滑寿则认为："前之损、至，以五脏自病得之于内者而言，此则与经络血气为邪所中之微甚、自外得之者而言也。"

滑寿为刘基刘伯温的同母异父兄弟，字伯仁，晚号樱宁生。滑氏一生著述颇丰，尤其研读《内经》、《难经》颇有建树。其在针灸之道湮而不彰，经络之学已被忽视之世，力挽狂澜，使针灸又得盛于元代，并成为后世针灸医家的规范，是一位医史上极为重要的大医学家。不过，滑寿认为此难行文混乱处为"衍文"（即缮写、刻版、排版等错误而多出来的字或句子），亦属一家之说。

这第四个问答，简要来说便是：一呼脉动三次，一吸脉动三次，（即一息六次）为病的始发阶段，如果寸脉大尺脉小，就会有头痛目眩的症状；如果寸脉小尺脉大，则会有胸部胀满、呼吸短促的症状。一息脉动八次，病情则加重，如脉象洪大，则会有口苦烦躁满闷的症状；如脉象沉细，则会感觉脐中疼痛；脉滑的是伤于热邪；脉涩的是被雾露湿邪所伤。一息脉动十次，病情便相当危重了，脉象沉细则夜间病情会加剧，脉象浮大则白天病情会加剧；如果没有大小不一的情况，虽然病危但可以治愈，如果有大小不一的情况，就无法治愈了。一息脉动十二次，是濒临死亡的脉象，如脉搏沉细则病人会在夜间死亡，如脉搏浮大病人则在白天死亡。一息脉动两次的，为损脉，此时病人虽然可以走动，但最终会卧床不起，因为病人已经气血俱虚。若一息脉动一次，叫无魂，这种病人已如同死人，虽然还能够勉强行走，但也只是一具能行走的尸体。

如果病人寸部有脉，尺部无脉，是邪实并于上，病人应有呕吐的症状；病人无呕吐的症状，即表示上无邪而下气竭，会因气竭而亡。如果病人寸部无脉，尺部有脉，那么病情虽然严重，却不至于危及生命。人有尺脉就如同树有树根一样，树木的枝叶虽然枯干了，只要根没有受损，就还会生长；有

治病原则

不可对旺盛之脏进补；不可对虚损之脏施泻；根据五脏之衰的关系辨证论治，一定要仔细斟酌。

损害肺的，益其气

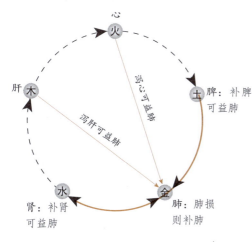

损害心的，调和营卫

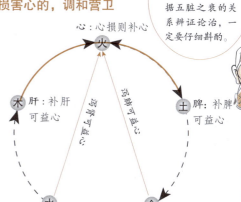

损害脾的，调其饮食，适其寒温

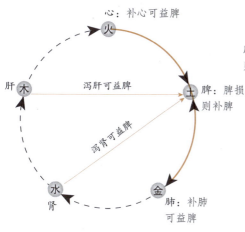

损害肝的，以甘味药物调中气

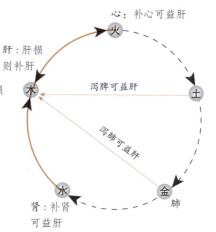

损害肾的，益其精

损脉、至脉之病皆属虚损症

不可对虚损之脏施泻！！

尺脉即说明人还有根本，还有元气在，所以不会死亡。

● 损、至与迟、数的区别

损脉与迟脉很相似，至脉与数脉很相似。于是，有的医家认为，损脉就是迟脉，至脉就是数脉；之所以此难不用"迟"、"数"二字，是因为一般讲迟脉与数脉，便要统摄寒热表里虚实，所言过于广泛，容易使人产生误会，所以将一息脉动四次至十二次的称为至脉，将一息脉动两次至两息脉动一次的称为损脉。

实际上，损脉、至脉之所以只讲"呼"，而不讲"吸"与"息"，是由于这种虚损病症已经极为明显，病人体质已很微弱，吸气不明显而呼气可察觉，所以只讲一呼脉动几次或几呼脉动一次。损脉与至脉皆是过度虚损的病脉。不同的是，损脉的出现，表明病人的虚损过程是由肺（表）向肾（里）虚损；至脉的出现，说明病人的虚损过程是由肾（里）向肺（表）虚损。两种虚损皆需要适当采用虚则补之的手法进行治疗。

此难第四个问答才开始讲"呼"、"吸"、"息"，并且与上面经文有矛盾之处，所以说并非原文所属。

十四难第四个问答内容

（一）

病程	脉动频率	症状	说明
初发病阶段	一息脉动六次	寸大尺小，则头疼目眩； 寸小尺大，则胸满气短	相当于至脉中的离经
病情加重	一息脉动八次	脉象洪大，则口苦烦闷； 脉象沉细，则脐中疼痛； 脉滑伤于热邪； 脉涩伤于雾露湿邪	相当于至脉中的夺精
病情危重	一息脉动十次	脉象沉细，夜间病情加剧； 脉象浮大，白天病情加剧； 脉象没有大小不一的现象，可治愈； 脉象大小不一，则无法治愈	相当于至脉中的死脉
濒临死亡	一息脉动十二次	脉象沉细，则夜间死亡； 脉象浮大，则白天死亡	相当于至脉中的命绝

（二）

名称	脉动频率	症状	说明
损脉	一息脉动两次	气血俱虚，虽可走动，终会卧床不起	相当于损脉中的离经，但有矛盾处
无魂	一息脉动一次	如同死人，行尸而已	相当于损脉中的夺精，但有矛盾处

（三）

寸部有脉，尺部无脉	病人会有呕吐症状，否则会死亡
寸部无脉，尺部有脉	元气未伤，性命可保

损、至与迟、数的区别

损脉、至脉，病情严重、危险，病人呼吸不均匀，呼气明显，吸气微弱。

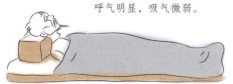

数脉、迟脉的病人呼吸较均匀，故可以息计脉数。

第十五难　什么是四时之脉？

论四时旺脉

春弦、夏钩、秋毛、冬石，为四时之脉，人应此四时之脉则无病，反之则有病。

15

● 四时之脉原理

此难对《黄帝内经》中的四时旺脉进行了解释。

《难经》认为，弦、钩、毛、石的脉象，是随着四季变化而出现的正常脉象。

春季出现弦脉，是因为肝脏与东方木同属于春，春天万物始生，还没有枝繁叶茂；脉象与季节相应，濡弱而长如同琴弦，所以叫弦脉。

夏季出现钩脉，是因为心脏与南方火同属于夏，此时万物繁茂，树木垂枝布叶，都向下弯曲如同钩子；脉象与季节相应，来时快而有力（阳盛之故），去时迟缓而弱（阴虚之故），所以称钩脉。

秋季出现毛脉，是因为肺脏与西方金同属于秋，此时万物的生长到了终点，草木花叶随秋风而落，只剩下枯枝，如同毫毛；脉象与季节相应，来时轻虚带浮象，因此为毛脉。

冬季出现石脉，是因为肾与北方水同属冬，冬天万物潜伏闭藏，水结成冰如同石头；脉象与季节相应，脉来时沉濡而滑，因此叫石脉。

滑寿对四时旺脉的解释是：春脉弦是因为肝主筋，以应筋如弦之象；夏脉钩，是因为心主血脉，以应血脉来去如钩之象；秋脉毛，是因为肺主皮毛，以应皮毛轻虚如毛之象；冬脉石，是因为肾主骨，以应骨坚如石之象。

● 春季的反常脉象

春季弦脉才是正常的脉象，反常的脉象为病脉。如果脉气来时坚实有力阳气过盛，叫做太过，则病在体表；如果脉气来时轻虚微弱，叫做不及，则病在体内的脏腑；脉来时轻浮柔和，像春风吹榆树叶一样轻柔缓和的，叫平脉；脉象长而坚实且滑，像抚摩长竹竿似的，叫病脉；脉象急而特别强劲，如同刚张开的弓弦一样，叫做死脉。春季的脉象，如同稍微绷直的弓弦为平脉，弦多（益实而滑）而胃气不足的叫病脉，只有弦象而没有胃气的属于真脏脉，即死脉。春天的脉象，最主要的是要有胃气。

四时旺脉

寒来暑往，春去秋来的季节轮回中，气候上有春温，夏热、秋凉与冬寒的变化，人与季节相应，脉搏亦有春弦、夏钩、秋毛与冬石的变化。

春

春弦： 春天万物始生，还没有枝繁叶茂。肝与春季相应，其脉象濡弱而长如同琴弦，所以称为弦脉。并且，由于春季肝旺，肝主筋，筋如弓弦，所以春天的弦脉，也含有弓弦的喻意，只是并非指绷紧的弓弦。

夏

夏钩： 夏季万物繁茂，树木垂枝布叶，向下弯曲如同钩子。心与夏季相应，其脉象来时快而有力，去时迟缓而弱，亦如同弯曲的钩子，所以称为钩脉。并且，由于夏季心旺，心主血脉，血脉来去如钩，所以夏天的钩脉，也含有血脉形态的喻意。

秋

秋毛： 秋天草木花叶随风而落，只剩枯枝如同毫毛。肺与秋季相应，其脉象来时轻虚而浮，却并非完全柔弱，只是多一分涩重，所以称为毛脉。并且，由于秋季肺旺，肺主皮毛，所以秋天的毛脉，也含有皮毛之喻意。需要说明的是，毫为毛中长而尖者；毛脉即脉若毫毛，并非指轻飘如羽毛。

冬

冬石： 冬天冰如坚石。肾与冬季相应，其脉象沉濡而滑，所以称为石脉。并且，由于冬季肾旺，肾主骨，所以冬天的石脉，也含有骨坚如石的喻意。需要说明的是，冬天的石脉，并非指脉动如石头一样坚硬，而是指脉来时大，去时小，如鸟嘴般滑润的脉象。

● 夏季的反常脉象

夏季钩脉为正常的脉象，反常的为病脉。如果脉气来时坚实强硬，叫做太过，则病在体表；如果脉气来时连续不断，就像排列在一起的圆环，如同抚摩珠玉般滑润，则为平脉；如果脉动频率过快，好像鸡足疾走一样，则为病脉；脉形前曲后直，轻取不柔，重按不动，如同把持带钩那样，则为死脉。夏季的脉象，由胃气的精微而现钩象，则为平脉；钩象多（脉来疾洪数）而胃气少的，为病脉；只有钩象而没有胃气的为真脏脉，即死脉。夏季的脉象，最主要的仍然是要有胃气。

● 秋季的反常脉象

秋季毛脉为正常脉象，反常的为病脉。如果脉气来时坚实强硬，叫做太过，则病在体表；如果脉气来时虚弱微细，叫做不及，为病在体内。脉来浮大如同车盖，稍用力按，则更觉增大的，为平脉；不上不下，如同抚摩轻虚的鸡毛一样，是病脉；指按感觉脉象萧条虚浮，就像风吹羽毛一样飘忽不定、散乱无根，为死脉。秋季的脉象，由胃气的精微而现毛象，则为平脉；毛象多（浮多少涩）且胃气不足的，为病脉；只有毛象而没有胃气的是真脏脉，即死脉。秋天的脉象，最主要的仍然是要有胃气。

● 冬季的反常脉象

冬季石脉为正常脉象，反常的为病脉。如果脉气来时坚实强硬，叫做太过，则病在体表；如果脉气来时虚弱微细，叫做不及，为病在体内。脉来时大，去时小，像鸟嘴一样濡滑的，为平脉；如果脉象如鸟雀啄食连续不断，并且微带歇止脉，则为病脉；如果脉来时紧而散，如同初解绳索，脉去时促而坚，如指弹石，则为死脉。冬季脉呈微石象为平脉；石多（沉濡少和缓）而胃气不足的，为病脉；只有石象而没有胃气的为真脏脉，即死脉。冬天的脉象，最主要的仍然是要有胃气。

胃是水谷之海，可提供给人体必需的养料。四季的脉象都以胃气为根本，胃气的多寡有无影响着人体的四时病变，可以作为定夺生死的关键。脾脏位于五脏之中部，它的脉象正常和缓时没有突出表现，到了脾气衰弱时才显现出脉气不足。脉来如鸟雀啄食般，或如屋檐滴水一样，这就是脾衰的脉象。

四季的反常脉

春弦

如春风吹榆树叶一样柔和的弦脉才是正常脉象。如果过于坚实、过于虚弱，或如抚摸竹竿般坚滑，或如硬弓初开一样，皆是反常的病脉。

夏钩

如抚摸珠玉般的钩脉才是正常脉象，如果过于坚实，过于虚弱，或脉动频率过快，或者脉象如把持带钩般，轻取小柔，重按不动，则为反常的病脉。

四季之脉，关键是要有胃气，无胃气则为真脏脉，即死脉。所谓胃气，是指适中力度按指所得到的脉象，或右关部的脉象。

冬石

脉象来大去小，如鸟嘴一样滑润的石脉才是正常脉象。如果脉象太过、不及，或带歇止脉，或脉来时如初解绳索，脉去时如指弹石，则为反常的病脉。

秋毛

由胃气的精微而现的毛脉为正常脉象，如果脉象太过、不及，或轻虚如鸡毛，或如风吹羽毛一样散乱无根，则为反常的病脉。

第十六难　如何确诊五脏的病变？

脉象与内症外症相结合

外部症状与内部症状相结合，才能正确判断五脏之病变。

16

● 脉诊的各种方法

此难说，脉诊有三部九候法，有阴阳之法，有轻重之法，有六十首法，有四季诊脉法。现在离古代圣医已很久远，后世医家各执己见，诊法众多，该用哪种方法诊断疾病为好呢？

这里所说的众多诊脉法，有的出自于《黄帝内经》，有的即本《难经》所述的方法。

三部九候法：一为《黄帝内经·素问·三部九候论》中所论述的方法，一为《难经》第十八难中所论述的方法。

阴阳之法：即《难经》第四难所述的脉有阴阳。

轻重之法：即《难经》第五难所述的脉有轻重。

六十首法：见于《黄帝内经·素问·方盛衰论》，王冰注："奇恒六十首，今世不存。"另一种说法为，即《难经》第七难所言三阴三阳脉，各旺六十日。关于王脉的说法，《黄帝内经》中亦有多种说法，确实较为杂乱。

四季诊脉法：即前十五难所言的四时脉。

这么多种诊脉法，那么该用哪种方法去诊断疾病呢？

《难经》在此提出一个较为科学的方法，即通过脉诊、望诊并且结合病人的表面症状、内在症状来进行确诊。当然，这并非是说不用前面列举的众多诊脉法，而是要让人们明白综合诊断、注重辨证的道理。

所以接下来，此难便论述了针对五脏之病的确诊方法。

● 肝脏疾病的诊断

假如脉诊得到反常的肝脉（肝本脉弦而急，详见十三难，《黄帝内经》认为肝本脉弦），患者外部症状为爱好清洁，面色发青，容易发怒；其内部症状为脐部左边（中医理论中的左肝右肺，是按五行排列的，与解剖学无关）有动气，用手触按有气结而成的硬块并且患者觉疼痛（气结则不通，不通则痛）；肝病患者临床症状有四肢满胀酸重（因肢节皆属于肝），动作呆滞，小便难涩（足厥阴循阴股，结于阴器，故肝病会影响到小便和大便），大便困

肝病的诊断

当肝脉反常时：

1. 外部症状
- ○ 爱好清洁
- ○ 面色发青
- ○ 容易发怒

2. 内部症状
- ○ 脐左有动气
- ○ 气结硬块坚实
- ○ 触按疼痛

3. 临床症状
- ○ 四肢硬胀，动作呆滞
- ○ 小便艰涩，大便困难
- ○ 转筋

有以上症状，则说明病在肝脏。

情志养生法

过怒伤肝，应以悲胜之。怒火中烧时，不妨想些悲伤的事情吧！

典型案例：三国周瑜

三部九候法，阴阳之法、轻重之法、六十首法，四季诊脉法……该用哪种方法诊断疾病呢？

内外症状相结合，就可以确诊五脏的病变。

难，转筋（肝主筋，故病筋也。）等症。有这些内外症状的就属肝部有病，没有这些症状则病不在肝。

● 心脏疾病的诊断

假如脉诊得到反常的心脉（心本脉浮大而散，详见十三难，《黄帝内经》认为心本脉钩），患者外部症状为面色发赤，口干（心气通于舌，火上炎则口干），喜欢笑；内部症状为脐上部有动气，用手触按有气结而成的硬块和疼痛感；患者临床症状有心胸烦闷、手心发热（手少阴之脉"入掌内"，故掌中热）和干呕（《素问·至真要大论》"诸逆冲上，皆属于火。"）的现象等。有这些内外症状的为心脏有病，没有这些症状则病不在心。

● 脾脏疾病的诊断

假如脉诊得到反常的脾脉（脾本脉中缓而大，《黄帝内经》认为脾本脉缓），患者的外部症状为面色发黄，经常嗳气（《灵枢·口问篇》"寒气客于胃，厥逆从下上散，复出于胃，故为噫。"脾与胃合，故病同也。），思虑过度，挑食；其内部症状为脐部有动气，用手触按有气结而成的硬块和疼痛感；患者临床症状为腹部胀满，饮食不消化，身体笨重（因脾主肌肉），关节疼痛（《素问·痿论》阳明"主束骨而利机关，"脾与胃合，故亦主节），周身疲倦乏力，喜欢躺着，嗜睡，（劳倦亦属脾也。）四肢运动不利（脾主四肢）等。有这些内外症状的为脾脏有病，没有这些症状则病不在脾。

● 肺脏疾病的诊断

如果脉诊得到反常的肺脉（浮涩而短，《黄帝内经》认为肺本脉为毛），患者外部症状为面色苍白，常打喷嚏，悲伤忧愁，闷闷不乐，总有想哭的感觉（《素问》肺"在志为忧"，"在声为哭"。）；其内部症状为脐部右侧有动气，用手触按有气结而成的硬块和疼痛感；其临床病症为患者气喘咳嗽（肺主气，气逆则喘咳），身体怕冷，体温发热（因肺主皮毛）等。有这些内外症状的就是肺部有病，没有这些症状则病不在肺。

● 肾脏疾病的诊断

如果脉诊得到反常的肾脉（沉濡而滑，《黄帝内经》认为肾本脉为石），患者外部症状为面色黑暗，常有恐惧感，时常打呵欠；其内部症状为脐部下

心病的确诊

当心脉反常时：

1. **外部症状**
   - 面赤
   - 口干
   - 喜笑
2. **内部症状**
   - 脐上有动气
   - 气结硬块坚实
   - 触按疼痛
3. **临床症状**
   - 心胸烦闷
   - 手心发热
   - 干呕

有以上症状，则说明病在心脏。

情志养生法

过喜伤心，应以恐胜之。当遇到喜不自禁的大喜事，顺便想想令你害怕的事，很有好处喔！

典型案例：中举的范进

脾病的诊断

当脾脉反常时：

1. **外部症状**
   - 面黄
   - 经常爱嗳气
   - 思虑过度
   - 挑食
2. **内部症状**
   - 脐部有动气
   - 气结硬块坚实
   - 触按疼痛
3. **临床症状**
   - 腹部胀满
   - 饮食不消化
   - 身体笨重，疲倦嗜睡
   - 关节疼痛，四肢不收

有以上症状，则说明病在脾脏。

情志养生法

过思则伤脾，应以怒胜之。看来，适当发发火还是有好处的。

典型案例：鞠躬尽瘁的诸葛亮

面有动气，用手触按有气结而成的硬块和疼痛感；其临床病症为气逆喘息，小腹急痛，大便溏泄，腹部有下坠感，两足厥冷（足少阴肾脉"循内踝之后，别入跟中，以上内"，故病如此）。有这些内外症状的就是肾部有病，没有这些症状则病不在肾。

● 中医的综合诊断

此难介绍的诊断方法，有切诊，有望诊，有问诊。其中的切诊包括脉诊和按诊。脉诊即号脉以查脉象；按诊即对患者身体的肌肉、手足、胸腹及其他部位进行触按，如触按腹部气结而成的硬块、查体温等。察看面部气色及表情等，属于望诊。而病人的大小便状况、身体不适的状况，则需要问诊来完成。结合第十三难及第六十一难的内容，可以看出《难经》时代已存在采用望、闻、问、切四诊综合诊断疾病的方法。

望、闻、问、切是中医诊病的基本方法，在此基础上进行辨证论治，最终才能对症下药，药到病除。此四诊在科学发达的今天，在疾病诊断上仍然起着重要作用。

望、闻、问、切四诊，仍然是建立在天人合一思想的基础上。中医医师诊断疾病，往往先要把局部疾病看成是病人整体的病变，既要审察其外，还要审察其内。并且，还要把病人与自然环境结合起来加以审察。因为中医理论认为，人是一个整体，其生理机能与自然界的变化是相适应的，自然界的寒暑变化，都会与人体的机能变化相对应。而人体的皮肉、筋骨、血脉、经络与脏腑息息相关，脏腑为中心，经络则为连接内外的纽带。身体某一部位患病，会影响到全身；全身的病症也可以在某一局部显现出来；内部病症可以牵连到外表，表皮外部病症也可以恶化深入到人体内脏。另外，人的精神刺激也会影响人的健康，而人的脏腑病变也会影响人的精神状态。人体的某一局部病变，无不体现出整体的失调。所以说，通过望、闻、问、切等多种手法审其病之外因，又审其病之内因，辨证求本，审因诊病，既是中医诊病的一大特色，也是准确诊断疾病的关键。

肺病的诊断

当肺脉反常时：

1. 外部症状
- 面色苍白
- 常打喷嚏
- 悲伤忧愁，苦闷欲哭

2. 内部症状
- 脐右有动气
- 气结硬块坚实
- 触按疼痛

3. 临床症状
- 气喘咳嗽
- 身热怕冷

有以上症状，则说明病在肺脏。

典型案例：悲国悲家的李清照

情志养生法

过悲伤肺，应以喜胜之。极度悲伤时，还是多想些快乐的事情吧！

情志养生法

过恐伤肾，应以思胜之。恐惧感袭来，多想想克服的办法，是个好主意！

肾病的诊断

当肾脉反常时：

1. 外部症状
- 面色黑暗
- 常有恐惧感
- 3. 时常打哈欠

2. 外部症状
- 脐下有动气
- 气结硬块坚实
- 触按疼痛

2. 临床症状
- 气逆喘息
- 小腹急痛，有下坠感
- 大便溏泻
- 两足厥冷

有以上症状，则说明病在肾脏。

典型案例："温柔乡"早逝的汉成帝

第十七难　如何通过切脉定夺生死？

五种死亡脉象

如果症实而脉虚或症虚而脉实，或者病重见相克的脉象，则病人必死。

● 本难之缺漏

本难说：古医经上说有的人因病而死，有的人得病后却不治而愈，还有的人得病后很多年都无法治愈。病人的生死存亡，也可以通过切脉而得知吗？

此难提出"因病而死"、"不治而愈"和"无法治愈"三种情况，而接下来却只回答了"因病而死"一种情况。可见《难经》此处原文有缺漏之处。也许，《难经》只是一部医学笔记，所以行文不太严谨。是秦越人扁鹊的学医笔记，还是扁鹊弟子的笔记？今天我们已无从知晓。

● 五种死亡脉象

（1）脉诊时病人要是闭着眼睛不愿意看人，则脉象应该是肝脉弦急而长，如果反而出现浮短而涩的肺脉脉象，则病人必死。（此病病在肝，为症虚脉实。肝与胆合，肝病则胆虚，故闭目不欲见人。弦急而长为肝脏本脉，反而见浮短而涩的肺脉，为肺金克肝木，所以病人必死。）

（2）脉诊时，病人若睁大双目且口渴，心口处有气结而成的硬块（为心病），则脉象应该是紧实而数的脉象（即心脏本脉），如果反而出现沉濡而微的脉象（肾脏本脉），则病人必死。（此为症实脉虚，肾水克心火，故必死。）

（3）如病人吐血且鼻塞出血，则脉象应为沉细，如果反而脉象浮大而牢，则病人必死。（此处不言五行生克，而只言脉症相反，为症虚脉实导致的死亡。）

（4）假若患者谵语狂言，体温高烧不退，则脉象应为洪大，如果反而手足发凉，脉象沉细微弱，则必死无疑。（阳病得阴脉，为症实脉虚所致的死亡。）

（5）患者如腹部胀大且伴有严重腹泻，则脉象应当微细而涩，如果反而脉象紧大而滑，则病人必死。（脾病则土虚，应得微细涩脉，反而脉象紧大而滑，为症虚脉实，故死。）

五种死亡脉象

　　通过脉象判断病人之生死，在临床上具有重要意义。秦汉时期，我国古人便在这方面积累了相当丰富的经验，可以通过诊脉较为准确地判断出病情预后，使患者家属可以及早料理后事，患者本人也可以在临终前将最重要的事情嘱托给家人。然而，随着医学的不断发展与进步，古代许多绝症如今已完全可以治愈，所以，此难之五种死亡脉象，只可作为临床参考，切不可因病人出现死脉而放弃抢救。

① 肝病胆虚的病人，若现浮短而涩的肺脉，为症虚脉实，且症脉相克，故必死。

② 病于心而现沉濡而微的肾脉，为症实脉虚，且症脉相克，故必死。

③ 病人吐血且鼻塞出血，脉象应沉细，若浮大而实，为症虚脉实，必死。

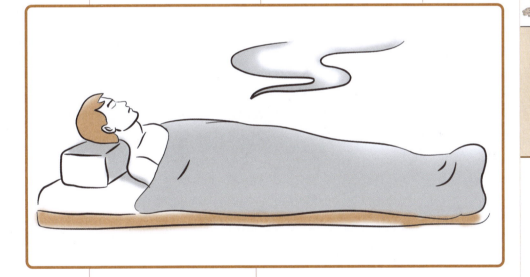

④ 病人高烧谵语，脉象应洪大，若手发凉，脉象沉细而微弱，为症实脉虚，必死。

⑤ 病人腹胀腹泻，脉象应微细而涩，若紧大而滑，为症虚脉实，必死。

此难认为，症脉相克必死，症实脉虚必死，症虚脉实亦必死。而随着医疗水平的提高，古代的很多绝症在如今都是可以治愈的。

第十八难　什么是三部九候诊脉法?

寸关尺三部，浮中沉九候

三部为寸、关、尺。每一部皆有浮、中、沉三候，共九候。另外，每一部关联人体四条经脉，三部与人体十二经相关联，所以可诊断五脏六腑的疾病。

18

● 十二经脉分属三部原理

诊脉的部位有寸、关、尺三部，寸为上部，关为中部，尺为下部，每一部分配有四条经脉。

手太阴肺经、手阳明大肠经五行属金，足少阴肾经、足太阳膀胱经五行属水。由于金生水，水向下流而不能向上，所以五行属水的足少阴肾经、足太阳膀胱经位于下部，五行属金的手太阴肺经、手阳明大肠经位于上部。即，手太阴肺经和手阳明大肠经位于右腕寸部，足少阴肾经与足太阳膀胱经位于左腕尺部。

足厥阴肝经、足少阳胆经五行属木，生手太阳小肠经和手少阴心经的火。火向上燃烧而不能向下，所以手太阳小肠经和手少阴心经位于上部，足厥阴肝经、足少阳胆经则位于手太阳、手少阴的下面。即，手太阳小肠经、手少阴心经位于左腕寸部，足厥阴肝经、足少阳胆经位于左腕的关部。

手厥阴心包经、手少阳三焦经五行属火，生足太阴脾经、足阳明胃经的土，土在五行中居中，所以足太阴脾经、足阳明胃经位于中部，生此土的火则位于土的下面。即，足太阴脾经、足阳明胃经位于右腕关部，手厥阴心包经、手少阳三焦经位于右腕的尺部。

综上所述，即，手太阴肺经、手阳明大肠经、手太阳小肠经、手少阴心经四条经脉属于寸关尺三部的上部；足厥阴肝经、足少阳胆经、足太阴脾经、足阳明胃经四条经脉属于寸关尺三部的中部；足少阴肾经、足太阳膀胱经、手厥阴心包经、手少阳三焦经四条经脉位于寸关尺三部的下部。

这种十二经脉分配法是以"法天地五行"为根据的。其五行相生顺序为：**右寸金生左尺水，左尺水生左关木，左关木生左寸君火，左寸君火生右尺相火，右尺相火生右关土，右关土生右寸金。**

● 三部九候诊脉原则

此难的"三部九候"与《黄帝内经》中的"三部九候"名同而意异（请参考第一难内容）。《难经》认为，三部就是寸、关、尺三部；其每一部都有

十二经分属原理

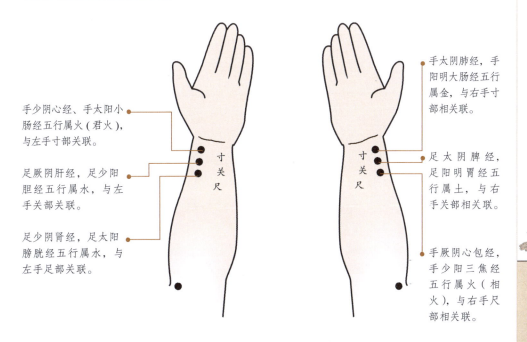

手少阴心经、手太阳小肠经五行属火（君火），与左手寸部关联。

足厥阴肝经，足少阳胆经五行属水，与左手关部关联。

足少阴肾经，足太阳膀胱经五行属水，与左手足部关联。

寸关尺

寸关尺

手太阴肺经，手阳明大肠经五行属金，与右手寸部相关联。

足太阴脾经，足阳明胃经五行属土，与右手关部相关联。

手厥阴心包经，手少阳三焦经五行属火（相火），与右手尺部相关联。

三部相生图

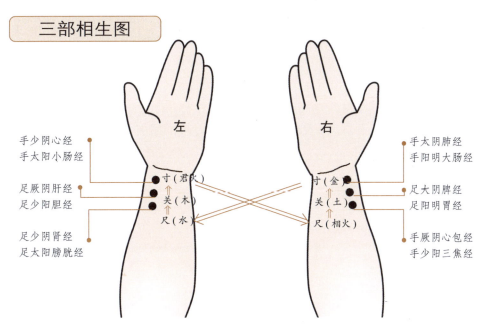

左

右

手少阴心经
手太阳小肠经

足厥阴肝经
足少阳胆经

足少阴肾经
足太阳膀胱经

寸（君火）
关（木）
尺（水）

寸（金）
关（土）
尺（相火）

手太阴肺经
手阳明大肠经

足大阴脾经
足阳明胃经

手厥阴心包经
手少阳三焦经

浮、中、沉三候，一共九候。

上部即寸部，取法于天的高高在上，可以诊断胸部以上直到头部的疾病；中部为关部，取法于人在天地之中，可以诊断胸膈至脐部的疾病；下部为尺部，取法于大地位于天人之下，可以诊断脐部以下直到双足的疾病。

根据脉象显现的病症部位，便可以针刺相关的腧穴进行治疗了。

需要指出的是，有些医家认为上面第二段内容应当属于第十六难对"三部九候"的回答。由于最早的《难经》是写在竹简上的，竹简上的绳子如果断了，竹简便会被打乱顺序。后世人们用绳子把散乱的竹简一片一片重新连接起来，极容易造成文字次序混乱，这就叫"错简"。《难经》很多地方都存在错简的现象，所以只有把里面的知识综合起来再细加分析，才可最终读懂这本"非常难读的经典"。

● 积聚之疾的诊断法

此难讲过"三部九候诊脉原则"后，接着便谈了积聚之疾的诊断方法，与前文亦无任何关联，应属错简之文（应列于第五十五难文末）。

腹内固定不移的硬块为积，一般为病在五脏所致；腹内游移无常的硬块为聚，一般为病在六腑所致。俗话说：冰冻三尺非一日之寒，人的疾病往往也是不断的恶性积蓄造成的。那么，气机运行不畅而导致疾病时，能通过切脉诊断出来吗？《难经》说：可以呀。按诊右肋部（即肺部，五行方位居右）有硬块时，在脉诊时脉象就会出现结脉。结脉严重则积聚严重，结脉轻微则积聚轻微。

可是，如果脉诊时肺脉没有结脉，而患者右肋部却有积聚之气，怎么判断呢？《难经》说，虽然肺脉没有出现结脉，但沉取右手则会有伏脉的脉象。

如果将脏腑的疾病称为内症，那么滞留肌肉筋骨间的痼疾便为外症，这些外部的痼疾也可以应用诊断脏腑积聚的方法吗？

《难经》说，可以。脉动有时出现一次歇止，止无定数的，叫做结脉；脉搏动于筋下的，为伏脉；脉搏动于肉上的，为浮脉。如果结脉出现伏象，则说明病在里；如果结脉出现浮象，则病在表。总之结脉在左则病在左部，结脉在右则病在右侧，内外左右的积气痼疾，都会出现结脉，只是有浮、伏的差异。

假如患者有结而伏的脉象，而内部却没有积聚；或脉象结而浮，外部却没有积聚；或者内部有积聚，却没有结而伏的脉象；或者外有痼疾，却没有结

三部九候诊脉原则

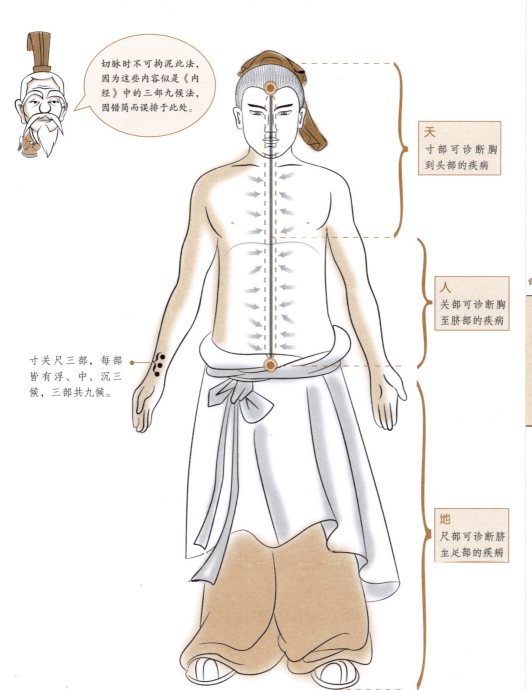

切脉时不可拘泥此法，因为这些内容似是《内经》中的三部九候法，因错简而误排于此处。

天
寸部可诊断胸到头部的疾病

人
关部可诊断胸至脐部的疾病

寸关尺三部，每部皆有浮、中、沉三候，三部共九候。

地
尺部可诊断脐全足部的疾病

97

而浮的脉象。这些，为脉象、病症互不相应，说明血脉已不相关联，主死亡。

在这里大家要注意的是，一定要正确认识结脉与代脉的区别。两者虽然都属于歇止脉，但结脉歇止没有规律，代脉歇止有规律，这是两者的不同点。另外，结脉只是说明人有积聚之疾，而代脉则说明人体脏气衰竭，主死亡。

● **三部与经络的不同观点**

继《难经》之后，历代医家结合自己的临床经验，对寸关尺三部与脏腑经络的配属问题，又有了许多新的观点。

众医家的相同点是，都以五脏为主，以六腑为副。分歧点主要在大小肠和三焦的归属问题上。因王叔和对《难经》的注解具有较高的权威性，所以他的观点流传最广，但只有滑寿的观点最体现《内经》与《难经》的原意。如，《灵枢·九针论》中亦明确指出："足阳明、太阴为表里，少阳、厥阴为表里，太阳、少阴为表里，……手阳明、太阴为表里，少阳、心主为表里，太阳、少阴为表里"。

现将较为著名的说法列表于右页，以便于大家参考。

积聚之疾

积聚之疾与脉象

此处所谈积聚之疾，才应属于第五十五难内容。

- 积聚在左（右）➡ 结脉在左（右）➡ 若无结脉，当见伏脉
- 积聚严重（轻微）➡ 结脉严重（轻微）➡ 若无结脉，当见伏脉

- 有积聚 ➡ 无结脉、伏脉
- 有结脉、伏脉 ➡ 无积聚

➡ 症脉不相应 ➡ 血脉已不相关联 ➡ 必死

从医家切脉观点

手\三部		王叔和	李东垣	滑寿	李时珍	喻家言	李士材	张景岳	医宗金鉴
左手	寸	心 小肠	心 小肠	心 小肠	心 膻中	心 肝	心 膻中	心 心包络	膻中 心
	关	肝 胆	肝 胆	肝 胆	肝 胆	胆 肾	肝 膈	肝 胆	肝 胆
	尺	肾 膀胱	肾 膀胱	肾 膀胱	肾 小肠	膀胱、大肠	肾 小肠、膀胱	肾 膀胱、大肠	小肠、膀胱 肾
右手	寸	肺 大肠	肺 大肠	肺 大肠	肺 胸中	肺	肺 胃中	肺 膻中	胸中 肺
	关	脾 胃	脾 胃	脾 胃	胃 脾	脾 胃	脾 胃	脾 胃	胃 脾
	尺	命门 三焦	命门 三焦	心包络 三焦	肾 三焦、小肠	肾 小肠	肾 大肠	命门、三焦 小肠	大肠 肾

第十九难　男女脉象有何不同？

男寸盛，女尺盛

男子为阳，所以脉盛于寸部；女子为阴，所以脉盛于尺部。

● 男女的正常脉

　　寅时是旭日东升、阳气渐盛之时，寅在五行中为东方木，为初春，春夏为阳，所以寅亦为阳。男子为阳为火，由于木生火，所以男子生于寅。申时是夕阳西下阴气渐盛之时，申在五行中为西方金，为早秋，秋冬为阴，所以申亦为阴。女子为阴为水，由于金生水，所以女子生于申。

　　因此，男脉盛于属阳的关上（即寸部），女脉盛于属阴的关下（即尺部）。所以男子的尺脉常现虚弱，女子的尺脉则常现强盛。这是男女的正常脉象。

● 男女的反脉

　　男子诊得尺盛寸虚的女脉，女子诊得寸盛尺虚的男脉，为男女的反脉。

　　男子的脉搏出现女子的脉象，说明肾阴不足。肾阴不足则心阳入侵肾阴，所以阳脉不见于寸部，而反见于尺内。需要说明的是，尺脉如同人这棵大树的树根，本来尺脉盛则肾气充足，有病亦无妨（请参考第十四难内容），可是，此处所说的尺盛之女脉，属于肾气虚弱而心阳乘入的一种脉象，即寸部不见阳脉，所以为病脉。关内为阴，所以生病在内脏。如果男子左腕的寸关尺出现这种现象，则病在与左腕寸关尺对应的心、肝、肾三脏；如果男子右腕的寸关尺出现这种现象，则病在与右腕寸关尺对应的肺、脾、心包三脏。根据不同部位的脉象，则会诊断出具体部位的患病病因。

　　女子的脉搏出现男子的脉象，则说明阴气太盛。盛阴入侵虚阳，所以阴脉不见于尺内，而反见于寸部。盛阴乘阳使阳脉受损，四肢在外为阳，所以女子得男脉会病在四肢。如果女子左腕出现这种脉象，则病在与左腕寸关尺对应的经脉上；如果女子右腕出现这种脉象，则病在与右腕寸关尺对应的经脉上。根据不同部位的脉象，可以诊断出具体部位的患病病因。

男女脉象之别

男女正常脉象

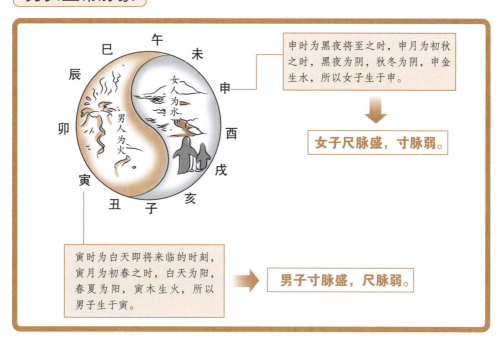

申时为黑夜将至之时，申月为初秋之时，黑夜为阴，秋冬为阴，申金生水，所以女子生于申。

女子尺脉盛，寸脉弱。

寅时为白天即将来临的时刻，寅月为初春之时，白天为阳，春夏为阳，寅木生火，所以男子生于寅。

男子寸脉盛，尺脉弱。

男女反常脉象

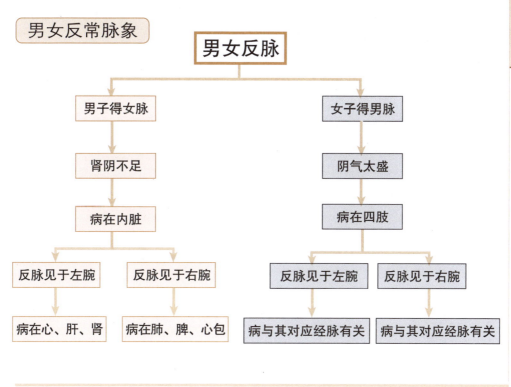

101

第二十难　什么是脉的阴阳伏匿？

阳脉伏阴，阴脉伏阳，皆为病脉

阳脉不见于阳部，而伏藏于阴部；阴脉不见于阴部，而伏藏于阳部。这就是脉的阴阳伏匿，皆属病脉。

● 乘与伏

乘，即位于其上，如同人乘车时坐在车的上面。阴部见阳脉或阳部见阴脉，为阴阳相乘。阴部见阳脉为阳乘阴；阳部见阴脉为阴乘阳。

伏，即伏匿、潜伏，如同伏兵于隐蔽之处而不见。阳乘阴时，偶尔会一现阴脉脉象，为阳中伏阴；阴乘阳时，偶尔会一现阳脉脉象，为阴中伏阳。

● 脉的阴阳伏匿

《难经》第二十难说，阴阳脉之间有相乘与伏匿的变化，所以说"脉有伏匿"。本来应出现阴脉的阴部（尺部），反而出现了浮取可得的阳脉，为阳脉乘袭阴脉；如此时的脉象时见沉涩而短的阴脉，则为阳中伏阴（即阳脉中伏匿着阴脉）。本来应该出现阳脉的阳部（寸部），反而出现了沉取始现的阴脉，是阴脉乘袭阳脉；如果此时的脉象时见浮滑而长的阳脉，则为阴中伏阳（即阴脉中伏匿着阳脉）。

如果尺部与寸部都见阳脉，那么患者便患有口出狂言、喜怒失常的狂病（为阳性疾病）。如果尺部与寸部都见阴脉，那么患者便会患有突然僵仆于地、闭目不醒的癫病（为阴性疾病）。如果三部皆不见阳脉，则病人会因身无阳火而见到鬼。如果三部皆不见阴脉，则病人会因血不营于目而双目失明。

其实，上一段内容本不属于《难经》第二十难的内容，而应当是第五十九难的一部分内容，是因为错简而排到了这里。所以"重阳者狂，重阴者癫，脱阳者见鬼，脱阴者目盲"四句话，应移到第五十九难为宜。

脉的阴阳伏匿

脉搏有时会出现阴阳相乘与伏匿的现象。阳乘阴，是指阳脉见于阴部（尺部），此时若偶现阴脉，则为阳中伏阴；阴乘阳，是指阴脉见于阳部（寸部），此时若偶现阳脉，则为阴中伏阳。这些脉象都是阴阳失衡所致的病脉。

乘与伏

伏
隐于其中为伏，就好比兵士隐于草丛中，伏而不见。相对于脉搏，则是指阴脉伏于阳脉之下或阳脉伏于阴脉之下。

乘
临于其上为乘，就好比兵士乘于战车上。相对于脉搏，则是指阴脉乘于阳脉之上或者阳脉乘于阴脉之上。

脉的阴阳伏匿

| 阳乘阴 ⟶ 阳脉见于尺部 ⟶ 若偶见沉涩而短的阴脉 ⟶ 则为阳中伏阴 |
| 阴乘阳 ⟶ 阴脉见于寸部 ⟶ 若偶见浮滑而长的阳脉 ⟶ 则为阴中伏阳 |

狂癫病

| 狂病→尺寸两部皆见阳脉 ⟶ 若寸、关、尺三部皆无阴脉 ⟶ 则会双目失明 |
| 癫病→尺寸两部皆见阴脉 ⟶ 若寸、关、尺三部皆无阳脉 ⟶ 则会妄见鬼神 |

第二十一难　什么叫形病脉不病？

形病脉不病，虽病无妨；脉病形不病，终会短命

人有病容、病态为形病，寸关尺没有病脉叫脉不病。形病脉不病，只是内虚，虽病无妨；脉病形不病，如同行尸，终会短命。

● 本难的缺漏

本难经文存在较多的缺漏，所剩几句经文，难以令人领会原意。

本难所问为："医经上说，人如果形病而脉不病，则不会死亡；如果脉病形不病，则必死无疑。这是什么道理呢？"

所答为："是这样，人如果形病而脉不病，并不是脉象真的没有病象，而是说这个人的息数与脉动次数不相应。这是非常重要的诊断方法。"

如此问答，真是令人困惑。因为，所答还没有所问说得更清楚。正由于这样，历代医家对此难的注解，也往往根据所问去发挥。我们今天领会这一难的内容，也只能去学习众医家的解释了。

● 形病与脉病的关系

周仲立对此难的解释是：人虽然面容憔悴，精神昏愦，不思饮食，但脉象与四时相应，无太过与不及之偏，这就是所谓的形病而脉不病。如果人的外表安和而脉息乍大乍小，或出现至脉与损脉，脉象弦紧浮滑，沉涩不一，这是所有的脉息不与形体相应，属于脉病人不病。

张仲景则认为："人病脉不病，名曰内虚，以无谷气，神虽困无苦；脉病人不病，名曰行尸，以无王气，卒眩仆不识人，短命则死。"

丁锦在《古本难经阐注》中说：形病脉不病，并非是说没有病脉，而是说患者息数与脉数不相符。比如病邪初侵阳气，气属阳而初应于人体之表，所以形病会先出现，随后才有病脉。……假如病邪先侵入血脉，血属阴而隐于里，所以会先出现脉病而后出现形病。……这就是诊断气、血先后显病的重要方法。人不死，是因为病在表；人死，则是因为病在内脏。

综上三家之言，我们可以得出一个结论，即：不能以表面现象来确定患者是病重还是病轻，而应当以脉象为准；只有遵循舍症从脉的辨证原则，才能确定患者的生与死，因为脉象反映的是人体五脏六腑的健康状况。这就好比人们可以通过美容保健使自己容光焕发，但这不是真正的健康。只有五脏六腑都健康，才是真正的健康。

形病与脉病

满面病容、憔悴不堪的人，可能只属于形病，如果从脉诊上没有检查出疾病，则属于形病脉不病。这种情况，往往是疲劳过度或七情内伤所致，并且还没有发展到脏腑受伤的地步。而憔悴的面容正是一种警示信号，提醒我们要注意保养身体，调养情志，从而预防疾病的发生。

如果诊断出反常的病脉，患者却没有病容病态，则属于脉病形不病。这种情况往往是脏腑已出现严重病症，不及早治疗，就会有生命危险。

哈，我要打扮得容光焕发！

可这并不是真正的健康，五脏六腑都健康，才是真健康。

这一难的知识告诉我们，人健康与否，不能光看外表。女孩子总爱通过化妆使自己容光焕发，更加漂亮，其实这样做只能得到一个虚假的健康形象，并且也不利于及早发现病情隐患，尤其是廉价的或者假冒伪劣的化妆品往往对健康极为有害。所以，要想使自己变得健康漂亮，应从正确的养生保健入手。而一些使用高档化妆品的女性，亦应养成卸妆后细查面部的习惯，以便通过中医的望诊知识及早了解自己的健康状况。

第二十二难　何为"是动"，何为"所生病"？

病邪在气为"是动"，病邪在血为"所生病"

《难经》认为，"是动"为病邪在气，"所生病"为病邪在血；人体患病总是先病在气，再病于血。

● "是动"与"所生病"

"是动"与"所生病"是两个缩略词语，是对《灵枢·经脉篇》经文的省略式说法。

一般医家认为，《灵枢·经脉篇》中将十二经中每一经脉的病症分为两种，一种为"是动"，一种为"所生病"。对于为什么《经脉篇》要将每一经脉的病症分成两种，历来医家说法不一，可以说是中医领域中分歧最多的争论。《难经》第二十二篇的内容，正是解释《经脉篇》的说法之一。然而，到底哪种说法正确，至今仍然没有定论。

● 《难经》的观点

《难经》认为，《内经》中所说的"是动"，是病在气；"所生病"，是病在血。病邪在气，则其相应的经脉就会变动不居而发作，于是出现"是动"的各种症状；病邪在血，血脉周流五脏六腑就会出现"所生病"的各种症状。气的功能是温煦人体，血的功能是滋润营养全身。气机涩滞不畅通，就是气使人初患病症；血脉堵塞不通而不能滋润营养人的全身，便是继气机涩滞不通之后，使病邪侵入血液而致病。所以，人总是首先患有因气机不畅通所致的各种"是动"的病症，之后才会患有因血脉不通所致的各种"所生病"的病症。

《难经》的这种观点，对后世影响很大。后世中医的气血循环理论，大都认为人体血液循环与气机有着莫大的关系。认为血液之所以能够周遍全身、循环不息，全部依赖气的推动。正所谓"气为血之帅"，"气行血自行"，所以历来中医在治疗有关血液、津液、水道等运行失常的疾病时，皆以调气、行气或补气等作为主要治疗手段。像局部或全身麻木、痈疽肿痛之类的病症，中医也认为是气机不畅导致血脉不畅而无法营养全身的缘故。

尽管《难经》在中医领域占有举足轻重的地位，但后世医家并没有因此而认为此难的观点是对《内经》"是动"、"所生病"最权威的解释，并纷纷提出了自己的看法。于是，"是动"、"所生病"成为中医领域中一个著名的论点，至今，人们仍然围绕这一论点争论不休。

"是动"与"所生病"

《难经》观点

是动 → 病在气 → 病邪首先侵入气 → 气有温煦人体的功能 → 气为血之帅

气 血

病在血 ← 所生病

气行血自行 ← 血有润养全身的功能 ← 病邪侵入气之后，继而侵入血

第一章 论诊脉

第二十二难

何为「是动」，何为「所生病」？

● 众医家的观点

滑寿不同意《难经》的观点，他在《难经本义》中说："然邪亦有只在气，亦有只在血者，又不可以先后拘也。"

徐大椿在《难经经释》中说："《经脉篇》是动诸病，乃本经之自病，所生诸病，则以类推而旁及他经者。"

张隐庵在《黄帝内经灵枢集注》中则说："夫是动者病见于外，所生者病见于内。"

如今，中医研究院等单位新编《简明中医辞典》(试用本)则认为："'是动'者，主要由经脉传来，非本脏腑所生，故名是动；'所生'者，一般由本脏腑所生，并非经脉传来，故名所生。"

还有人认为："是动"，是指本经经脉及其联属的脏腑因外邪引动而发病；"所生病"，是指本经及其所联属的脏腑自生的疾病。

如此等等，分歧殊甚。甚至还有人写书籍，专门论述"是动"与"所生病"。而要想真正了解"是动"与"所生病"，还得去看《内经》原文。

● 《内经》的部分经文

为了让大家对"是动"、"所生病"有更清晰的了解，现将《内经》原文简摘如下：

"肺手太阴之脉……是动则病，肺胀满膨膨而喘欬，缺盆中痛，甚则交两手而瞀，此为臂厥。是主肺所生病者。欬，上气喘渴，烦心胸满，臑臂内前廉痛厥，掌中热。气盛有余则肩臂痛，风寒汗出中风，小便数而欠；气虚则肩臂痛寒，少气不足以息，溺色变。为此诸病，盛则泻之，虚则补之，热则疾之，寒则留之，陷下则灸之，不盛不虚，以经取之。盛者寸口大三倍于人迎，虚者则寸口反小于人迎也。

"大肠手阳明之脉……是动则病齿痛颈肿。是主津液所生病者。目黄口干，鼽衄喉痹，肩前臑痛，大指次指痛不用。气有余则当脉所过者热肿，虚则寒栗不复。为此诸病，盛则泻之，虚则补之，热则疾之，寒则留之，陷下则灸之，不盛不虚以经取之。盛者人迎大三倍于寸口，虚者人迎反小于寸口也。

"胃足阳明之脉……是动则病洒洒振寒，善呻数欠，颜黑……是主血所生病者。狂疟温淫，汗出鼽衄……

众医家的观点

滑寿

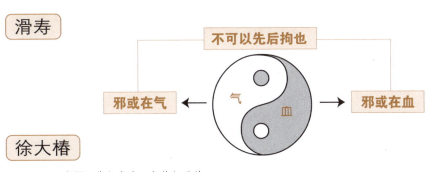

不可以先后拘也

邪或在气 ← 气 血 → 邪或在血

徐大椿

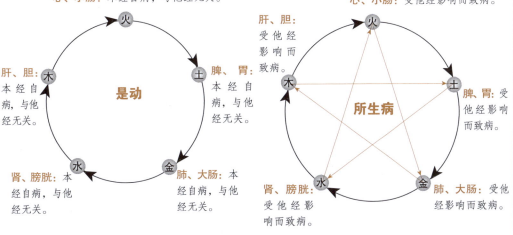

心、小肠：本经自病，与他经无关。

肝、胆：本经自病，与他经无关。

脾、胃：本经自病，与他经无关。

肾、膀胱：本经自病，与他经无关。

肺、大肠：本经自病，与他经无关。

是动

心、小肠：受他经影响而致病。

肝、胆：受他经影响而致病。

脾、胃：受他经影响而致病。

肾、膀胱：受他经影响而致病。

肺、大肠：受他经影响而致病。

所生病

张隐庵

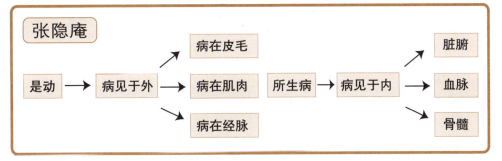

是动 → 病见于外 → 病在皮毛 / 病在肌肉 / 病在经脉

所生病 → 病见于内 → 脏腑 / 血脉 / 骨髓

《简明中医辞典》（试用本）

是动 → 由经脉传来

所生病 → 本脏腑所生（与徐大椿观点相反）

还有人

是动 → 外邪入侵之病

所生病 → 脏腑自生病

《简明中医辞典》的观点，其权威性值得怀疑。

"脾足太阴之脉……是动则病舌本强，食则呕，……是主脾所生病者。舌本痛，体不能动摇……

"心手少阴之脉……是动则病嗌干，心痛，渴而欲饮，是为臂厥。是主心所生病者。目黄胁痛，臑臂内后廉痛厥……"

其实，只要把第一段的经文简要翻译一下，大家便可明白什么叫"是动"，什么叫"所生病"了。

第一段经文意思是，手太阴肺经……如果脉动异常（即是动）患者就会有以下病状：肺胀满膨膨而喘欬，缺盆中痛，甚则交两手而瞀，此为臂厥。是主肺所生病者。欬，上气喘渴，烦心胸满，臑臂内前廉痛厥……等症。对以上这些疾病（这些病其实既有肺病，又有与肺生克衰旺有关的其他脏腑疾病），即可采用"盛则泻之，虚则补之……"等等方法针刺手太阴肺经上的腧穴进行治疗。寸口脉搏力量大于人迎处三倍的，为盛；寸口脉动力量小于人迎的，为虚。

从经文上看，并没有所谓的"是动病"与"所生病"的划分。可是，《难经》中已有"是动"与"所生病"的说法，可见这种观点很早就有了。马王堆出土的《足臂十一脉炙经》中，并没有"是动病"的说法，所以也有学者认为"是动病"是后人补入的内容。

笔者认为，当身体某部位肌肉自动跳动时，则是人体在预警某条经脉出现异常，根据跳动部位循经选穴，即可在未病之时提前施治。如，眼睛下面的肌肉跳动，即表明口渴欲饮和手少阴心脉不畅，这就是"是动"。当然，这种观点还需要进一步临床验证，尚不敢作为定论。

《黄帝内经》原意

《黄帝内经》以黄帝与岐伯的问答来阐明医理，是我国现存最早的一部医学巨著，大约形成于春秋战国，而成书于秦汉，共十八卷一百六十二篇。

《黄帝内经》并非一人一时之作，并且汉朝以后多种版本流行，其内容既有散失也有增补。而汉马王堆出土的《足臂十一脉灸经》中，并没有"是动病"，只有相当于"所生病"的"其病"，所以有学者认为"是动病"为后补内容。也有学者考证认为"是动病"是一种早已失传的古老诊病法，应将其从《黄帝内经》原文中删除。

总之，关于"是动"与"所生病"，至今仍无统一的定论。

第_贰章

第 23 ～ 29 难

论经络

　　《难经》第二部分内容，介绍的是经络知识，共 17 难。内容相对《内经》来说，略显单薄，且不够全面。而其对奇经八脉的介绍，则较为细致，并且首次提出"奇经八脉"的名称与概念，奠定了后世中医发展之基础。

本章图版目录

第二十三难　什么是经脉的度数与始终？

经脉的长度与循行

十二经皆有相对的长度，并且气血流注十二经有着固定的次序，这些是经络学重要的基础知识。

● 十二经脉的度数

《难经》中的"度数"不同于现代汉语中的"度数"。古汉语中的"度"是一个形声字，从右，庶省声。"右"即手，所以"度"的本意为以手为单位测量长度。度数，即以"同身尺寸"测出的长度。

前面我们讲过，"同身尺寸"本应为八进制，但由于周朝已出现八进制与十进制混用的状况，所以《难经》在讲十二经脉的长度时，采用的是十进制的"同身尺寸"。

其实，此难中的十二经度数，皆源自《黄帝内经·灵枢·脉度篇》。其度数分别为：

手三阳经（手少阳三焦经、手阳明大肠经、手太阳小肠经），从手指循臂上行到头部的距离为五尺，左右六条经脉共计三丈。

手三阴经（手少阴心经、手厥阴心包经、手太阴肺经），从手指到胸中的距离为三尺五寸，左右六条经脉共计二丈一尺。

足三阳经（足少阳胆经、足阳明胃经、足太阳膀胱经），从足上行到头部的距离为八尺，两足六条经脉共计四丈八。

足三阴经（足少阴肾经、足厥阴肝经、足太阴脾经），从足上行至胸的距离为六尺五寸，两足六条经脉共计三丈九。

阴跷脉（属奇经八脉之一），从足上行到双目的距离为七尺五寸，左右两条经脉共计一丈五。

督脉、任脉（皆属奇经八脉），各长四尺五寸，两条经脉共计九尺。

以上经脉一共十六丈二尺，这就是十二经脉的度数。

● 经络的循行

人体的经脉，有运输气血、循环往复于体表与脏腑、滋润营养全身的功能。因为饮食进入胃经消化后才能够成为营养全身的精微，所以经络始于中焦，首先流注于手太阴肺经，接着是手阳明大肠经，以后顺序依次为足阳明胃经→足太阴脾经→手少阴心经→手太阳小肠经→足太阳膀胱经→足少阴肾

十二经脉的长度

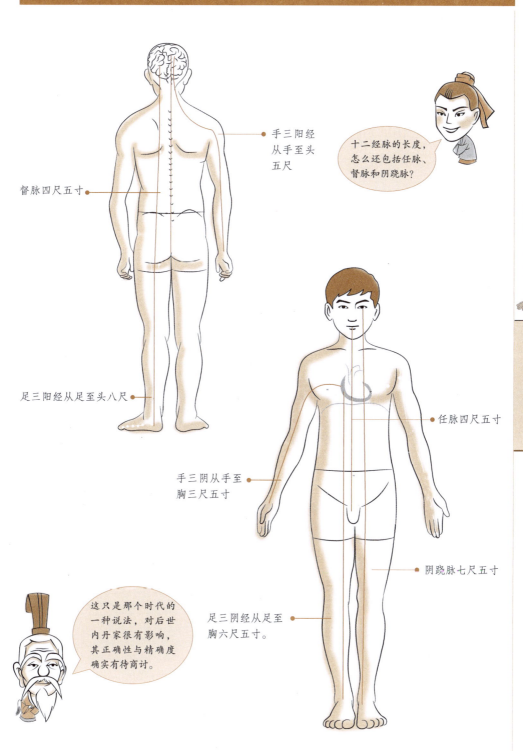

手三阳经从手至头五尺

督脉四尺五寸

十二经脉的长度，怎么还包括任脉、督脉和阴跷脉？

足三阳经从足至头八尺

任脉四尺五寸

手三阴从手至胸三尺五寸

阴跷脉七尺五寸

这只是那个时代的一种说法，对后世内丹家很有影响，其正确性与精确度确实有待商讨。

足三阴经从足至胸六尺五寸。

第二章 论经络

什么是经脉的度数与始终？第二十三难

经→手厥阴心包经→手少阳三焦经→足少阳胆经→足厥阴肝经，最后从足厥阴肝经再流注到手太阴肺经，然后周而复始，继续循环往复。

十五别络（详见第二十六难），都是从经脉上分出来的旁支，它们同十二经脉一起参与周而复始的经络循环，使各个经脉连在一起如同没有缺口的圆环。气血在这个大圆环中不断循环，共同将营养精微灌溉到周身各处。这些经脉皆会集于寸口与人迎处，所以医家通过寸口、人迎的脉象，便可以诊断疾病和决断生死。

● **经脉的终始与阴阳协调**

本难最后一部分所问为："《内经》上说'明知终始，阴阳定矣'，是什么意思呢？"其回答说："脉气的终始就是脉的准则。寸口与人迎，是人体阴阳之气汇集之处，同时也是阴阳之气流注全身的起点；各经络相互灌注如同圆环一样没有端点，人就会拥有生命，所以寸口与人迎就是经脉开始。终，指的是三阴三阳经脉的脉气衰竭。脉气衰竭人就会死亡，每条经脉的衰竭会表现出不同的症状，这就是经脉的终。"

这部分内容，源自《灵枢·终始篇》："凡刺之道，毕于终始，明知终始，五脏为纪，阴阳定矣……终始者，经脉为纪，持其脉口人迎，以知阴阳有余不足；……不病者，脉口人迎应四时也……"

其《终始篇》的原意，是告诉人们如何通过寸口与人迎以候经气的旺衰，以查脏腑的疾病。即以寸口查阴脉之盛衰，以人迎查阳脉之盛衰，通过寸口人迎之脉象，以候人体阴阳是否平衡。

本难所说的经脉衰竭的症状，见于第二十四难。关于寸口与人迎的位置，历代有多种说法，所以下面要向大家介绍一下这方面的知识。

● **寸口与人迎**

前面我们讲过，寸口与寸关尺的关部是同一位置，也代指掌下横纹鱼际至关部的大体范围。进一步引申，寸口代指寸关尺三部。

可是，晋代王叔和在注解《难经》时提出"左人迎，右气口"的说法，于是，后世医家以讹传讹，寸口、人迎的概念越来越混乱。

有的医家认为左腕寸部便是人迎，右腕寸部便是气口。

有的医家认为左腕鱼际下一分是人迎，右腕鱼际下一分为气口。

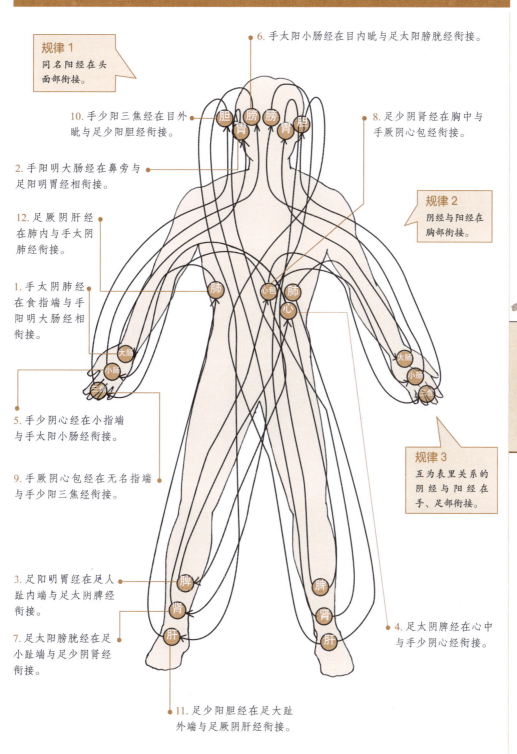

6. 手太阳小肠经在目内眦与足太阳膀胱经衔接。

10. 手少阳三焦经在目外眦与足少阳胆经衔接。

8. 足少阴肾经在胸中与手厥阴心包经衔接。

2. 手阳明大肠经在鼻旁与足阳明胃经相衔接。

规律2
阴经与阳经在胸部衔接。

12. 足厥阴肝经在肺内与手太阴肺经衔接。

1. 手太阴肺经在食指端与手阳明大肠经相衔接。

5. 手少阴心经在小指端与手太阳小肠经衔接。

9. 手厥阴心包经在无名指端与手少阳三焦经衔接。

规律3
互为表里关系的阴经与阳经在手、足部衔接。

3. 足阳明胃经在足大趾内端与足太阴脾经衔接。

7. 足太阳膀胱经在足小趾端与足少阴肾经衔接。

4. 足太阴脾经在心中与手少阴心经衔接。

11. 足少阳胆经在足大趾外端与足厥阴肝经衔接。

第二章 论经络

什么是经脉的度数与始终？

第二十三难

有的医家认为左关前一分为人迎，右关前一分为气口。

这么多观点，到底哪个正确呢？

唐朝的王冰注解《内经》时，将左右手鱼际下一寸定为气口，将喉结左右一寸五处定为人迎。似乎离古未远。

元朝的滑寿则认为："寸口人迎，古法以侠喉两旁动脉为人迎，至晋代王叔和直以左手关前一分为人迎，右手关前一分为气口，后世宗之。愚谓昔人所以取人迎气口者，盖人迎为足阳明胃经，受谷气而养五脏者也；气口为手太阴肺经，朝百脉而平权衡者也。"

明朝张景岳说："愚按寸口、气口、脉口之义，历考经文，乃统两手而言，非独指两寸为寸口，右手为气口也。肺主诸气，气之盛衰见于此，故曰气口；脉朝百脉，脉之大会聚于此，故曰脉口；脉出太渊，其长一寸九分，故曰寸口。是名虽三，而实则手太阴肺经一脉也。王叔和未详经旨，突谓'左为人迎，右为气口'，'左手寸口'，'人迎以前'，'右手寸口'，'气口以前'等说，以致后人，俱指两寸为寸口，右关为气口，而不复知统两手而言矣。自晋及今，以讹传讹，莫可解救也。"

可见王叔和的观点是错误的。滑寿的说法，应当更确切些。所以，我们在阅读晋代以前的医书时，不可按王叔和的说法去理解寸口。如东汉张仲景《伤寒论》、《金匮要略》中所言寸口，皆指的是寸关尺三部而言。另外，道家炼丹之士，则认为"左人迎，右气口"皆位于颈动脉处，对此，亦不可不知。

经脉的终始

经脉之始

早晨亦脉会于足阳明胃经之人迎

经气周流灌溉正常，如环无缺，人则生。

早晨脉会于手太阴动脉之寸口

经脉之终

经脉衰竭，使经气无法周流灌溉，如环断而有缺，人则死。

人迎与寸口，可诊断人体阴阳之平衡及决断生死。

寸口与人迎

王叔和：左人迎，右寸口

后世医家1
认为左寸为人迎，右寸为气口。

后世医家2
认为左寸前一分为人迎，右寸前一分为气口。

后世医家3
认为左关前一分为人迎，右关前一分为气口。

即寸关尺三部各六分，余一分经寸口和人迎。

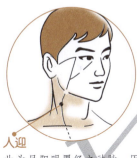

人迎

此为足阳明胃经之动脉，因五脏皆受谷气所养，故可诊断人体之疾病。

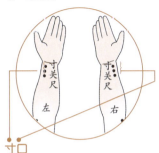

寸口

此为手太阴肺经之动脉，因肺朝百脉，故可诊断脏腑之疾。

第二十四难　如何判断脉气的衰竭？

脉气衰竭的征兆

十二经脉气衰竭，患者便会显现出相应的症状，这些症状，也可称为死亡的前兆。

● 足少阴气绝

足少阴肾经的脉气衰竭，就会骨痿髓枯。肾五行属水与冬季相应，所以足少阴为冬脉。它具有冬天万物潜伏的性质，脉气流注于深层温润骨骼和骨髓。所以，此脉脉气衰竭，会使骨髓得不到温润；骨髓不温，则会使肌肉无法依附于骨骼；骨肉分离，则"肉濡而却"（濡，通软，读音亦为软，指肌肉疲软无力；却，从卩，卩为象形，像人腿骨节屈曲下跪的样子，故"却"与人脚的活动有关，本意为退，此处为退缩、肌肉萎缩意）；肌肉疲软而萎缩，就会使牙龈缩小而显得牙齿变长，头发也会失去光泽；可见人的头发如果失去了光泽，则说明骨髓已经坏死。这种病情，逢戊日则病情加重（戊日为土，与肾水相克）；逢己日则死（己亦为土，亦水土相克意）。

● 足太阴气绝

足太阴脾经的脉气衰竭，则经脉不能营养口唇（因口唇为脾之窍）。由于脾主肌肉，其荣在唇，口唇是肌肉的根本，所以口唇色泽的好坏，可以测知脾经枯荣的依据。足太阴脾经脉气衰竭，则不能营养全身的肌肉，肌肉便会失去光泽且不再滑润；肌肉不滑润光泽就会出现浮肿虚胖，肌肉浮肿虚胖则首先会表现在口唇部，使人中沟变浅或消失，口唇因浮肿而向外翻出；所以，口唇浮肿向外翻出则说明肌肉已经坏死。这种病情，逢甲日病情加重，逢乙日则死。（甲乙五行属木，木克脾土意也。）

● 足厥阴气绝

足厥阴肝经脉气衰竭，则会出现筋缩引卵（筋缩则抽筋或骨骼受筋牵引行动不利，引卵即睾丸向上收缩）与舌头卷曲不能伸直的症状。足厥阴为肝脉，肝主筋，人全身的筋都在生殖器处会合，并向上与舌根相连。所以足厥阴肝经脉气衰竭，则会出现筋缩引卵与舌头打卷的症状。故此舌卷卵缩，则说明筋脉已经坏死。这种病情，逢庚日则病情加重，逢辛日则死。（因庚辛为金，金克肝木。）

足少阴气绝

足少阴肾经脉气衰竭，则骨萎髓枯，龈缩齿长，发无光泽，逢戊日病重，己日死。

足太阴气绝

足太阴脾经脉气衰竭，则口唇失养，浮肿而向外翻出，逢甲日病重，乙日死。

足厥阴气绝

足厥阴肝经脉气衰竭，则筋缩引卵，舌头伸不直，逢庚日病重，辛日死。

24

● 手太阴气绝

　　手太阴肺经脉气衰竭，则患者皮肤与毛发会显得焦枯。手太阴属于肺经，其脉气有温润营养皮肤与毛发的作用。肺经脉气衰竭则不能营养全身的皮肤与毛发，皮毛就会焦枯。皮毛焦枯则说明里面失去了滋润它的津液，没有了津液皮肤与关节（因诸液皆会于节）都会受损伤；皮肤关节受到损伤，皮肤就会枯干、毛发就会折断掉落。所以毛发折断脱落则说明毛发已经坏死（即肺脉气绝）。这种病情，逢丙日则病情加重，逢丁日则死。（因丙丁为火，火克肺金。）

● 手少阴气绝

　　手少阴心经脉气衰竭，则血脉就会闭塞不通。血脉不通则血液无法周遍营养全身，从而使人失去血色，所以患者面色黑暗无光泽如同衰弱的老人（注：原经文之"鬐"，为老人之意）。这说明患者血已坏死。这种病情，逢壬日则病情加重，逢癸日则死。（因壬癸为水，水克心火。）

● 三阴经脉气俱绝

　　此处的三阴经，即手三阴与足三阴。手足左右的三阴经一共为十二条阴经。人体十二经只是一侧的经脉，左右加起来，正好二十四经，以应二十四节气。如果这些阴经脉气全部衰竭，患者就会头晕目眩，感到所有的东西都在旋转，只好把眼睛闭起来。这说明神志已丧失。失去了神志则说明主神志的心脉脉气已绝，所以这种病人死时会闭上眼睛。这种病症其实与第二十难的"脱阴者目盲"意同。

● 六阳经脉气俱绝

　　手足六阳经的脉气全部衰竭，则五脏（阴）六腑（阳）不再互有联系；五脏六腑互相失去了联系，则会使腠理疏松；腠理疏松就会使阳气外泄，从而流出了绝汗。这种汗大如连串的珠子，在皮肤上凝滞不流，即说明阳气已全部衰竭。这种症状，早上出现则晚上就会死亡，晚上出现则天明就会死亡。

手太阴气绝

手太阴肺经脉气衰竭，则皮毛焦枯，津液不足，关节受损，毛折易落，逢丙日病重，丁日死。

手少阴气绝

手少阴心经脉气衰竭，则血液无法营养全身，面色黑暗无光泽，逢壬日病重，癸日死。

三阴经脉气俱绝

手足三阴经脉气俱绝，则头晕目眩，神志全无，闭目而死。

六阳经脉气俱绝

手足三阳经脉气俱绝，则脏腑失去表里关联，腠理疏松，阳气外泄，流出绝汗而死。

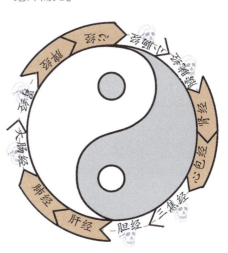

第二十五难　何为十二经脉？

论十二经脉

五脏六腑各有一条经脉，本应共十一条经脉，那么第十二条经脉对应何处呢？本难回答的便是这个问题。

● 第十二条经脉

心、肝、脾、肺、肾五脏与小肠、胆、胃、大肠、膀胱、三焦六腑各自有一条经脉相对应，一共是十一条经脉。可是，人体有十二条正经，这第十二条经脉对应哪一脏腑呢？

此难说，这一条经脉就是"手少阴与心主别脉也。心主与三焦为表里，俱有名而无形，故言经有十二也"。

其意思是：这一条经脉就是将手少阴与心主分别算作两条经脉，心主脉与三焦互为表里，心主与三焦虽然有归属于脏腑的名称，却没有脏腑那样的形质，所以古医经上说人有十二经脉。

这里所说的心主，即心包，其经络即手厥阴心包经。为什么要将手少阴与心主算作两脉，难道它们以前是一条经脉吗？

其实，心经与心包经一直是两条经脉，只是古时心脉上的穴位是禁刺的，治疗与心有关的疾病只取刺心包上的穴位，所以古医书一直将心经上的穴位隐藏了起来。细说起来，则必须要谈到我国那些最古老的脉书。

● 古脉书中的手少阴

我国最古老的脉书，是1973年末从长沙市马王堆出土的四种写在缣帛上的脉书：《足臂十一脉灸经》、《阴阳十一脉灸经》、《脉法》与《阴阳脉死候》。该墓为公元前168年的汉墓，而这些帛书则抄录于秦代；其著作年代，则可上溯到公元前6世纪的春秋时代。其中最古老的，便是《足臂十一脉灸经》。

在《足臂十一脉灸经》与《阴阳十一脉灸经》的上面，均没有手厥阴心包经这个名称，可是，其中的手少阴心经的走行线路却正是手厥阴心包经的经路。而我们今天所见到的《灵枢·本输》所记载的，也是十一条经脉，并且仍然没有手厥阴的名称，可其描述的手少阴经走行线路与腧穴却正是手厥阴心包经："出于中指之端（中冲），溜于掌中（劳宫），注于两骨两筋之间（大陵、间使），入于肘内廉（曲泽），手少阴也。"

大连医科大学刘澄中教授与台湾中国医药大学张永贤教授认为，马王堆

十二经脉：肺经与大肠经

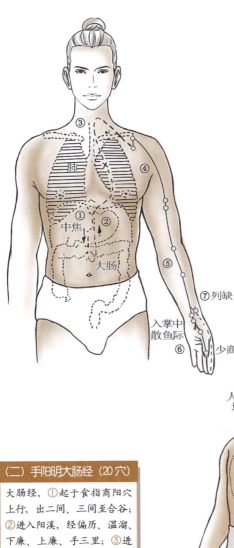

里

↑
↓

表

（一）手太阴肺经（11穴）

肺经，①起始于中焦，下络大肠；②向上属肺；③从气管、喉咙部横出腋下至中府、云门；④沿上臂内侧下行至天府、侠白；⑤从尺泽至孔最；⑥进入寸口（经渠、太渊），上鱼际，终于大指末端少商穴。

其支脉，⑦从列缺自腕后行到食指末端，与大肠经相交接。

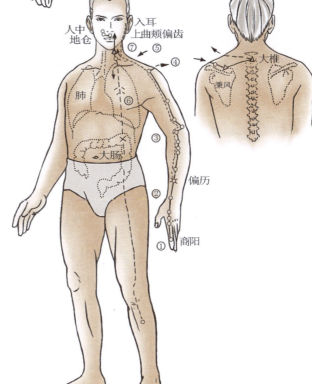

（二）手阳明大肠经（20穴）

大肠经，①起于食指商阳穴上行，出二间、三间至合谷；②进入阳溪，经偏历、温溜、下廉、上廉、手三里；③进入肘外侧曲池、肘髎，上行至手五里、臂臑；④上肩至肩髎、巨骨，会秉风，上向交会颈部（会大椎）；⑤行向前肩入缺盆（锁骨上窝）；⑥络肺，过横膈，属大肠。颈部支脉，⑦从缺盆上至天鼎，会扶突，过面颊入下齿槽，出来会地仓，再会人中，然后左经向右，右经向左，上至口和髎、迎香，与胃经相交接。

图解黄帝八十一难经

25

表

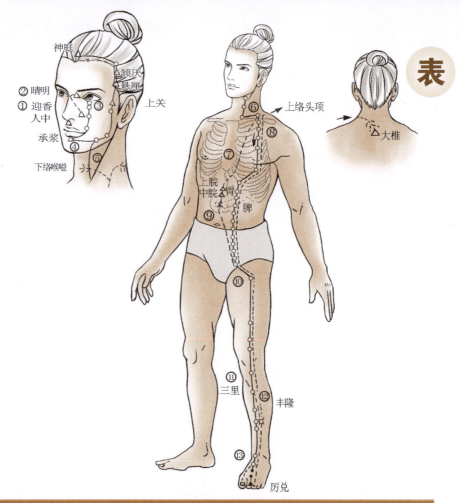

（三）足阳明胃经（45穴）

胃经，①从鼻旁开始（会迎香）；②交鼻根中，与膀胱经交会于睛明；③向斜下方至承泣，向下至四白，入齿中（巨髎），出地仓，环绕口唇会人中，向下会承浆；④沿下颌至大迎，斜上至颊车，上至下关，会上关、悬厘、颔厌，至头维，再至额中会神庭。

面部支脉，⑤从大迎向下，至人迎、水突、气舍；⑥入缺盆；⑦过膈肌属胃（会上脘、中脘），络脾。

胸腹部主干，⑧从缺盆向下，经气户、库房、屋翳、膺窗、乳中、乳根，向内斜下至不容，向下经承满、梁门、关门、太乙、滑肉门、天枢、外陵、大巨、水道、归来，进入气街（气冲）。

腹内支脉，⑨从胃口向下，沿腹里⑩至气街与主干会合。下肢主干自气街向下，经髀关、伏兔、阴市、梁丘，入犊鼻；⑪再经足三里、上巨虚、条口、下巨虚，至足背解溪、冲阳，进入中趾内侧缝的陷谷、内庭，出次趾外侧端之厉兑。

小腿支脉，⑫从膝下三寸足三里分出至丰隆，向下进入中趾外侧缝，出其外侧端。

足部支脉，⑬从冲阳分出，进入大趾缝间，出大趾末端与脾经相交接。

里

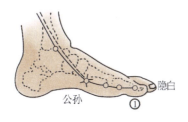

中府

期门
日月

胃

脾

下脘

入络肠胃

关元
中极

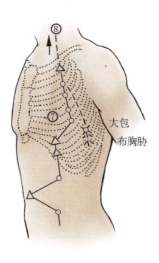

大包
布胸肋

公孙

隐白

公孫

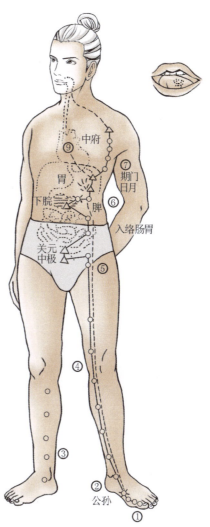

（四）足太阴脾经（21穴）

脾经，①从大趾内侧隐白开始，沿大都、太白至公孙；②上至内踝前之商丘；③上小腿内侧，沿胫骨后至三阴交、漏谷，交出肝经之前至地机、阴陵泉；④经膝骨内侧至血海、箕门；⑤从冲门入腹，至府舍，会中极、关元，经腹结、大横；⑥上属于脾，络于胃（腹哀，会下脘、日月、期门）；⑦过膈肌，经食窦、天溪、胸乡、周荣，络大包，会中府；⑧连舌根，散布舌下。

其支脉，⑨从胃部分出，过膈肌流注心中，与心经相交接。

出土的"两种十一脉灸经并不是什么'十一脉系统',而是十二脉系统讳去一脉,对于手厥阴脉来讲,不是'无此脉',而是'张冠李戴'。"因为秦汉以前的脉学,对手少阴心经是不允许针刺的,治疗与心有关的疾病,只能针刺手厥阴心包经上的穴位。并且依据禁咒原则,施灸或施针时还要高呼:"汝!手少阴!"

正是由于有此禁针之说,致使秦汉以前有些脉书只记载了十一条经脉的走行线路。当时一些初涉脉学的人,自然会对古脉书上不记录的第十二条经脉产生疑问,所以此难在解答这一疑问时要说,这一条经脉就是"手少阴与心主别脉也。"而之所以古脉书称手厥阴心包经为"心主"或"手心主",则主要是因为手厥阴心包经脉可主与心脏有关的各种疾病。正如《灵枢·邪客篇》所说:"心者五脏六腑之大主。其脏坚固,邪勿能容,容之则心伤,心伤则神去而死矣。故谓邪之在于心者,皆在于心之胞络。包络者,心主之脉也……"

另外需要强调的一点是,由于王叔和在《脉经》中说"三焦与命门相表里",致使后世有些医家认为《难经》所说的"心主"便是命门,当代著名学者孟乃昌亦曾撰文认为《难经》之"心主"即命门。这些观点是错误的,《难经》中根本没有这种理论。此难已明确指出"心主与三焦为表里,俱有名而无形",而《难经》中的命门是右肾,是有名有形的,所以《难经》中的"心主"与命门并非同一概念。《难经》所说的"心主",便是心包,也代指手厥阴心包经,与《内经》的观点是一致的。明白此理,初涉脉学者就不会因受误导而浪费时间与精力了。

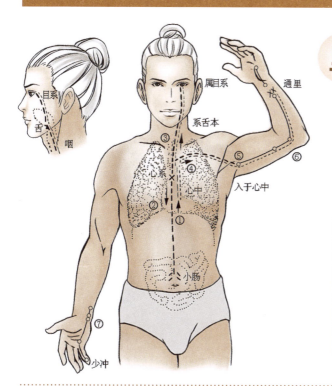

里

（五）手少阴心经（9穴）

心经，①从心中始，出来属于心之系带（心系）；②向下过膈肌，络小肠。

上行支脉，③从心系向上，挟食道旁，至目系。

外行主干，④从心系上行至肺，向下出于极泉，⑤沿上臂内侧后缘，至青灵；⑥下至肘内少海，沿前臂内则后缘，至灵道、通里、阴郄、神门；⑦自掌内至少府，出于小指桡侧末端距指甲角0.1寸处的少冲穴，与小肠经相交接。

表

（六）手太阳小肠经（19穴）

小肠经，①从小指尺侧末端少泽穴开始，上行至前谷、后溪，经腕骨、阳谷；②出于养老，向上至支正；③出于小海，沿臂外后侧上行；④至肩贞、臑俞，曲行丁天宗、秉风、曲垣，会附分，走肩外俞，会大杼，走肩中俞，会大椎；⑤入缺盆，下络于心，沿食管向下过膈，至胃（会上脘、中脘），属于小肠。

颈部支脉，⑥从缺盆上行至天窗、天容，经颧髎，到外眼角会瞳子髎，弯向后会耳和髎，进入耳中（听宫）。

面颊部支脉；⑦从天容处分出，至睛明，与膀胱经相交接。

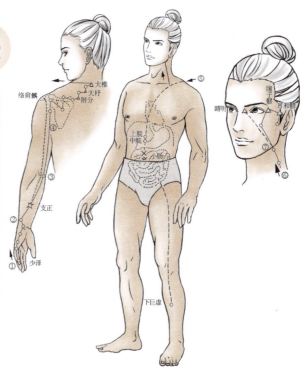

第二章 论经络

何为十二经脉？ 第二十五难

129

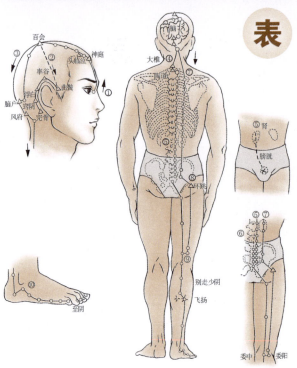

表

（七）足太阳膀胱经（67穴）

膀胱经，①从睛明开始，上行额部，交会于头顶（百会）。头顶支脉，②从百会分出到耳上方，终于完骨。直行主干，③从百会入内，络于脑，至天柱一分为二：④一支夹脊旁会大椎，向下到达腰中肾俞，进入脊旁筋肉；⑤络于肾，属于膀胱，行至白环俞；⑥一支从腰中分出，从上髎穴，下行至腘窝中的委中穴；⑦天柱分出的另一支脉，下行至附分，直到秩边穴；⑧会于跳环，下至委阳，会合于委中；⑨由此向下，直至昆仑；⑩从仆参拐向足小趾外侧之至阴，与足少阴肾经相交接。

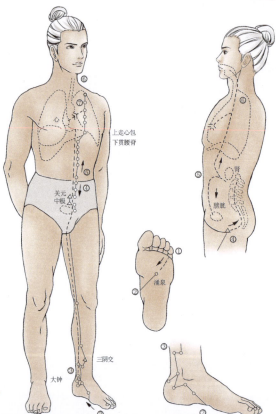

里

（八）足少阴肾经（27穴）

肾经，①起于足小趾下；②至涌泉，行到然谷，走太溪、大钟、水泉、照海（即转一圈）；③然后向上至复溜、交信，会三阴交，上至筑宾、阴谷；④会长强，属肾，络膀胱；⑤从肾向上，通过肝、膈，进入肺中；⑥沿喉咙至舌根，通廉泉。
其支脉；⑦从肺出来，络于心，流注胸中，与心包经相交接。

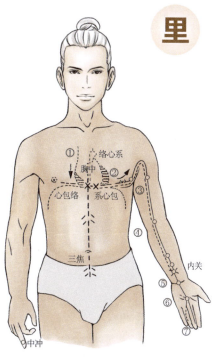

里

（九）手厥阴心包经（9穴）

心包经，①始于胸中，浅出属于心包，过膈肌、细胸部、上腹与下腹，络于上、中、下三焦。

胸中支脉，②沿着胸内出胁部；③从腋下三寸处天池穴向上，至腋下；④至天泉，行于手太阴、手少阴之间；⑤进入肘中曲泽穴，下至郄门、间使、内关、大陵；⑥入掌中劳宫穴，沿中指桡侧出于末端。

掌中支脉，⑦从劳宫分出，沿无名指出于末端，与三焦经相交接。

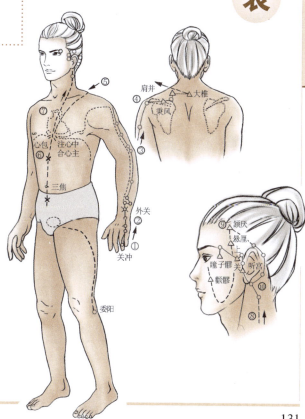

表

（十）手少阳三焦经（23穴）

三焦经，①始于无名指末端关冲穴，上行至液门；②沿手背向上，经中渚、阳池、外关、支沟、会宗、三阳络、四渎；③至肘尖天井穴，沿上臂外侧走清冷渊、消泺，至臑会、肩髎；④会秉风、大椎、天髎；⑤向前进入缺盆，分布于膻中，散络心包；⑥过膈肌，遍及三焦。

胸中支脉，⑦从膻中上行，出缺盆；⑧循项上行，联系耳后；⑨直上出耳上方，弯下于面颊，至目眶下（颧髎）。

耳后支脉，⑩从耳后进入耳中，出走耳前，经过上关前，交面颊，行至外眼角，会瞳子髎，与胆经相交接。

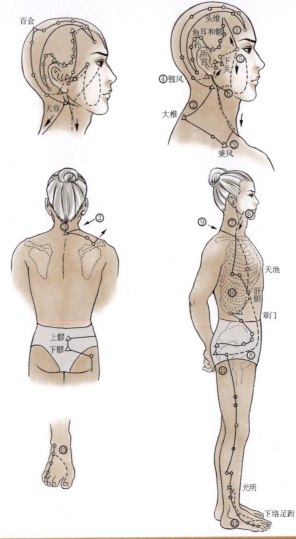

（十一）足少阳胆经（44穴）

胆经，①始于外眼角瞳子髎，向上到头角，再下行到耳后完骨，再转向前至阳白，再转向后至风池，下至天容；②至肩，会大椎，经肩井，会秉风；③进入缺盆。

耳部支脉，④从耳后进入耳中（会翳风），走耳前，至外眼角后。

目部支脉，⑤从外眼角分出，下至大迎，会合三焦经至眼下；⑥下边经过颊车，至颈部；⑦会合于缺盆，向下至胸中，过膈肌，络于肝，属于胆，沿胁里，出于气街（气冲），绕阴部毛际；⑧横向进入髋关节部。

躯体部主干，⑨从缺盆下至腋下，会天池；⑩沿侧胸，过季胁，向下会合于髋关节部；⑪由此向下，沿大腿外侧经风市、中渎，出于膝阳关，下至阳陵泉、悬钟，出外踝之前丘墟穴；⑫沿足背进入第四趾外侧，终于足窍阴。

足背部支脉，⑬从足临泣分出，行至大趾端，回转通过爪甲，出于趾背汗毛部，与肝经相交接。

132

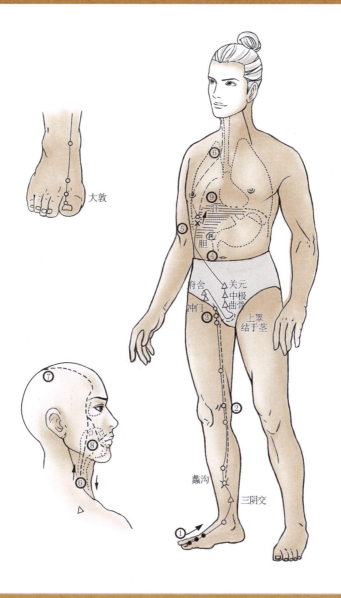

大敦

肝
胆
府舍 关元
中极 曲骨
冲门 上罧
结于茎
蠡沟
三阴交

（十二）足厥阴肝经（14穴）

肝经，①从大趾汗毛部开始（大敦），沿足背内侧上行，在内踝上八寸处交出脾经之后；②至膝关、曲泉，沿大腿内侧上行至阴廉。③进入阴毛中，环绕阴部；④至小腹急脉，会冲门、府舍、曲骨、中极、关元，夹胃旁，属于肝，络于胆；⑤向上过膈肌，分布于胁肋部；⑥沿气管之后，向上入鼻咽部，连接目系；⑦上行出于额部，与督脉交会于头顶。

目部支脉，⑧从"目系"下行颊里，环绕唇内。

肝部支脉，⑨从肝分出，过膈肌向上流注于肺，与肺经相交接。

第二十六难 什么是十五别络？

十二经脉加阴络、阳络与脾之大络

别络是经脉分出的支脉，每一经各分出一络，便有十二络，再加上阴跷络、阳跷络及脾之大络，一共十五别络。

26

● 十五别络

别络是经脉分出来的旁支，可是有十二正经，却有十五别络，多出来的三条别络是什么络呢？

此难说：因为有阳络、阴络和脾之大络，所以加上十二经的络脉，一共是十五络。阳络即阳跷络，阴络即阴跷络。

此难所说的十五络不同于《内经》的十五络。《内经·经脉篇》中以十二经分出的络脉，再加脾之大络和任、督两脉的络脉，一共十五络。而此难则以阳跷络与阴跷络代替任络与督络。

由于《难经》第二十六难、第二十七难和第二十八难有着严重的错简现象，所以《难经》中的十五络脉，也极有可能因后人补漏时错写所致。不过，历代医家并没有认为此难的观点有误，所以，历来十五络便有两说。按滑寿《难经本义》的观点，则阴跷络、阴跷络便是阴跷脉与阳跷脉。

丁锦在《古本难经阐注》中认为，第二十七难最后一段经文，应当放到此难的最后。也就是讲过十五络之后，便接着讲十五络与十二经的关系。丁锦的观点确实有道理，所以有必要在这里讲一下这部分错简之文。

这段经文的所问是：经脉有十二条，络脉有十五条，脉气在这二十七条经络中流注运行，周遍全身上下，为什么十二经不能限制脉气流注到络脉中呢？

所答为：这就好比上古圣人谋划设计沟渠，以疏通水道，防范预料不到的水患。沟渠挖好了，却降下大雨，使沟渠中的水因涨满而溢出，可大雨还在不停地下，这种时候，圣人就没有办法制止那些溢出的水了。经脉也会像沟渠一样因涨满而外溢，络脉也会因涨满而外溢，所以十二经不能限制脉气流注到络脉中去，也不能令络脉的脉气返回到十二经中来。

由于《难经》中对十二经与十五络讲述得过简，往往使人难以对经络有更全面的了解。并且，对《内经》中的经别、经筋、皮部等知识也未提及。为了使读者能够更全面地读懂经络学，现将一些有关的知识补充于下。

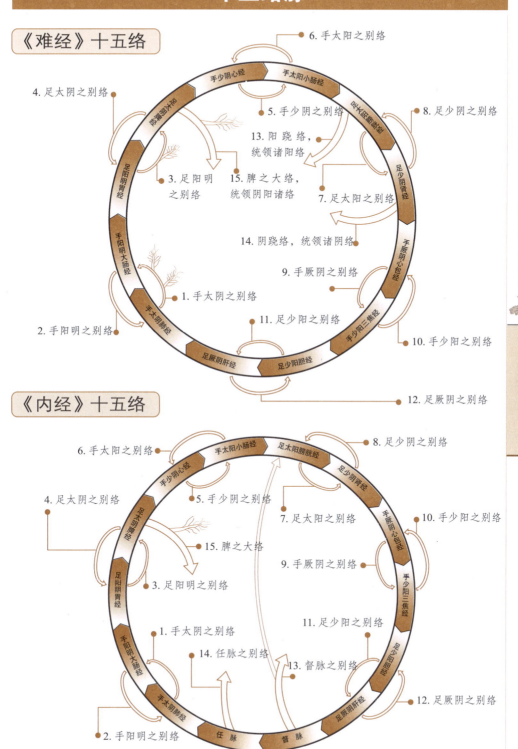

《难经》十五络

6. 手太阳之别络

4. 足太阴之别络

手少阴心经　手太阳小肠经

5. 手少阴之别络

8. 足少阴之别络

13. 阳跷络，统领诸阳络

3. 足阳明之别络

15. 脾之大络，统领阴阳诸络

7. 足太阳之别络

14. 阴跷络，统领诸阴络

9. 手厥阴之别络

1. 手太阴之别络

11. 足少阳之别络

10. 手少阳之别络

2. 手阳明之别络

12. 足厥阴之别络

《内经》十五络

6. 手太阳之别络

手少阴心经　手太阳小肠经　足太阳膀胱经

8. 足少阴之别络

4. 足太阴之别络

5. 手少阴之别络

足少阴肾经

7. 足太阳之别络

手厥阴心包经

10. 手少阳之别络

15. 脾之大络

9. 手厥阴之别络

手少阳三焦经

3. 足阳明之别络

足阳明胃经

1. 手太阴之别络

11. 足少阳之别络

14. 任脉之别络

13. 督脉之别络

12. 足厥阴之别络

手阳明大肠经

手太阴肺经

足厥阴肝经

2. 手阳明之别络

任脉　督脉

第二章　论经络

第二十六难

什么是十五别络？

26

● 络脉的功能

络脉是从经脉分出的支脉，大多分布于体表。十五络脉如果再加上胃之大络，则应当是十六络脉。

络脉的主干脉称为别络，从别络往下，还会分出许多细小的络脉，称为孙络，即《灵枢·脉度》所谓"络之别者为孙"。分布在皮肤表面的络脉称为"浮络"，即《灵枢·经脉》所谓"诸脉之浮而常见者"。我们所说的十五络脉，也可称为十五别络。"别"，有本经别走他经之意。

● 络脉的主要功能

(1) 通过阴经别络走向阳经、阳经别络走向阴经的途径，使互为表里的两条经脉得到沟通和联系。在别络中，虽也有进入胸腹腔和内脏相联络，但无固定的络属关系。

(2) 别络对其他小络脉有统率作用，加强了人体前、后、侧面的统一联系。任脉的别络散布在腹部，督脉的别络散布在背部，脾之大络散布在胸胁部，因此，人体前、后、侧面的体表都存在着一定的联系。

(3) 灌渗气血以濡养全身。从别络分出的孙络、浮络，从大到小，遍布全身，呈网状扩散，可以将十二经脉中的气血营养输送到全身各处。

● 十五别络的分布

总体来说，十二经脉的别络都是从四肢肘膝以下分出，表里两经的别络相互联络；任脉之络分布于腹部，督脉之络分布于背部，脾之大络分布在身之侧部。其具体分布部位如下：

(1) 手太阴之别络：从列缺穴处分出，走向手阳明经；与手太阴经并行，直入掌中，散布于大鱼际部。

(2) 手阳明之别络：从偏历穴处分出，走向手太阴经；其支脉向上沿着臂膊，经过肩髃，上行至下颌角，遍布于牙齿根部；另一支脉进入耳中，与耳内各条经脉（宗脉）会合。

(3) 足阳明之别络：从丰隆穴处分出，走向足太阴经；其支脉沿着胫骨外缘，向上联络头项（会大椎），与各经的脉气相合，向下联络咽喉部。

(4) 足太阴之别络：从公孙穴处分出，走向足阳明经；其支脉进入腹腔，联络肠胃。

络脉的功能

经络系统构成

```
                              经络
              ┌────────────────┴────────────────┐
            经脉                                 络脉
   ┌────┬────┬────┬────┐              ┌──────┬────┬────┐
十二正经 奇经八脉 十二经别 十经经筋 十二皮部   十五别络 浮络 孙络
```

络脉功能

1. 联络表里两经

通过阴经别络走向阳经、阳经别络走向阴经的途径，使相为表里的两条经脉得到沟通和联系。

2. 统率小络

别络对其他小络脉有统率作用，加强了人体前、后、侧面的统一联系。

3. 濡养全身

从别络分出的孙络、浮络，遍布全身，呈网状扩散，可以将十二经脉中的气血营养输送到全身各处。

137

（5）手少阴之别络：从通里穴处分出，沿本经进入心中，向上联系舌根部，归属于眼与脑相连的系带；本络还从通里走向手太阳经。

（6）手太阳之别络：从支正穴处分出，向内侧注入手少阴经；其支脉上行经肘部，上络肩髃部。

（7）足太阳之别络：从飞阳穴处分出，走向足少阴经。

（8）足少阴之别络：从大钟穴处分出，走向足太阳经；其支脉与本经相并上行，走到心包下，外行通贯腰脊部。

（9）手厥阴之别络：从内关穴处分出，走向手少阳经，并沿着本经上行，维系心包，络心系。

（10）手少阳之别络：从外关穴处分出，绕行于臂膊外侧，进入胸中，与手厥阴经会合。

（11）足少阳之别络：从光明穴处分出，走向足厥阴经，向下联络足背。

（12）足厥阴之别络：从蠡沟穴处分出，走向足少阳经；其支脉经过胫骨，上行至睾丸，结于阴茎处。

（13）任脉之别络：从剑突下鸠尾（尾翳）穴处分出，散布于腹部。

（14）督脉之别络：从长强穴处分出，挟脊柱两旁上行到项部，散布在头上；下行的络脉从肩胛部开始，向左右别走足太阳经，进入脊柱两旁的肌肉。

（15）脾之大络：属于足太阴脾经的支脉，从大包穴处分出，浅出于渊腋穴下三寸处，散布于胸胁部。

阴跷络与阳跷络：分别为足少阴肾经、足太阳膀胱经的支脉，阴跷起于照海，阳跷起于申脉。

● 十五别络的命名

十五别络，以从经脉别出处的络穴名称来命名。手太阴之别络，名曰"列缺"；手少阴之别络，名曰"通里"；手厥阴之别络，名曰"内关"；手太阳之别络，名曰"支正"；手阳明之别络，名曰"偏历"；手少阳之别络，名曰"外关"；足太阳之别络，名曰"飞扬"；足少阳之别络，名曰"光明"；足阳明之别络，名曰"丰隆"；足太阴之别络，名曰"公孙"；足少阴之别络，名曰"大钟"；足厥阴之别络，名曰"蠡沟"；任脉之别络，名曰"鸠尾"（尾翳）；督脉之别络，名曰"长强"。另有一支脾之大络，名曰"大包"。

十五别络的起始与名称

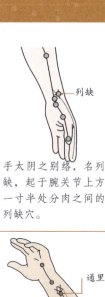

手太阴之别络，名列缺，起于腕关节上方一寸半处分肉之间的列缺穴。

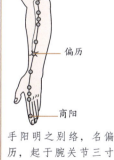

手阳明之别络，名偏历，起于腕关节三寸处的偏历穴。

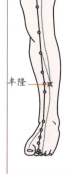

足阳明之别络，名丰隆，起于距外踝上八寸处的丰隆穴。

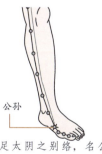

足太阴之别络，名公孙，起于距足大趾本节后方一寸处的公孙穴。

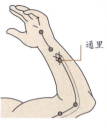

手少阴之别络，名通里，起于腕关节后一寸处的通里穴。

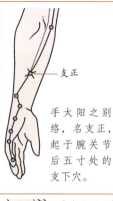

手太阳之别络，名支正，起于腕关节后五寸处的支下穴。

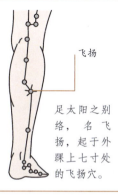

足太阳之别络，名飞扬，起于外踝上七寸处的飞扬穴。

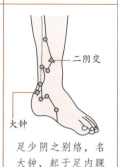

足少阴之别络，名大钟，起于足内踝处的大钟穴。

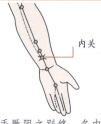

手厥阴之别络，名内关，起于腕后二寸处两筋之间的内关穴。

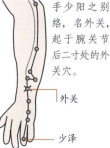

手少阳之别络，名外关，起于腕关节后二寸处的外关穴。

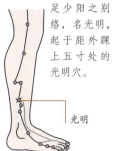

足少阳之别络，名光明，起于距外踝上五寸处的光明穴。

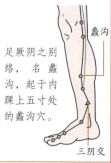

足厥阴之别络，名蠡沟，起于内踝上五寸处的蠡沟穴。

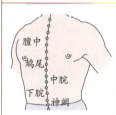

任脉之别络，名鸠尾，起于剑突下的鸠尾穴。

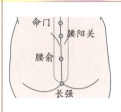

督脉之别络，名长强，起于尾骨端与肛门之间的长强穴。

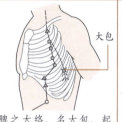

脾之大络，名大包，起于足太阴脾经的大包穴。

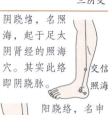

阴跷络，名照海，起于足太阴肾经的照海穴。其实此络即阴跷脉。

阳跷络，名申脉，起于足太阳膀胱经的申脉穴。其实此络即阳跷脉。

● 十二经别

经别，就是别行的正经。十二经别，就是从十二经脉别行分出，循行于胸、腹及头部的重要支脉。

十二经别的名称和十二正经有关，从某经别出的，就称为某经经别。如，从手太阴肺经别出者，则称为手太阴经别。

● 十二经别的主要作用

(1) 加强了十二经脉中相为表里的两条经脉在体内的联系。十二经别进入体腔后，表里两经相并而行，经过相为表里的脏腑，并在浅出体表时，阴经经别合入阳经经别，共同注入体表的阳经。

(2) 加强了十二经脉与心脏的联系。足三阴、足三阳的经别上行经过腹、胸，除加强了腹腔内脏腑的表里联系之外，又都与胸腔内的心脏相联系。因此，十二经别对于分析腹腔内脏腑与心的生理、病理联系，有重要的意义，并且十二经别对"心为五脏六腑之大主"的理论，亦提供了一定的基础。

(3) 加强了十二经脉对头面的联系。十二经脉循行于头面部的主要是六条阳经，十二经别则不仅六条阳经的经别循行于头部，而且六条阴经的经别亦上达于头部。足三阴经的经别，在合入阳经经别之后上达头部；手三阴经别，均经喉咙而合于头面部。这就为"十二经脉，三百六十五络，其血气皆上于面而走空窍"（《灵枢·邪气脏腑病形》）的理论奠定了基础。

(4) 扩大了十二经脉的主治范围。由于十二经别的分布弥补了十二经脉所不到之处，因而相应地扩大了经络穴位的主治范围。例如，足太阳经脉并不到达肛门，但该经的经别"别入于肛"，所以足太阳经的承山、承筋等穴，可取以治肛门病。

● 十二经别的循行路线

十二经别的循行特点，可用"离、入、出、合"来概括。十二经别一般从四肢肘膝以上与十二正经分开（只有足厥阴经别是个例外），称为"离"；然后进入体腔脏腑深部，称为"入"；接着浅出体表而上行头项，称为"出"；最后阴经经别合入互为表里的阳经，阳经经别合于本经经脉，称为"合"。这样，十二经别按阴阳表里关系两两相合为六对，称为"六合"。

十二经别循引特点

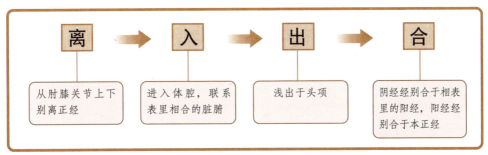

离 → 入 → 出 → 合

离	入	出	合
从肘膝关节上下别离正经	进入体腔，联系表里相合的脏腑	浅出于头项	阴经经别合于相表里的阳经，阳经经别合于本正经

十二经别循引示意图

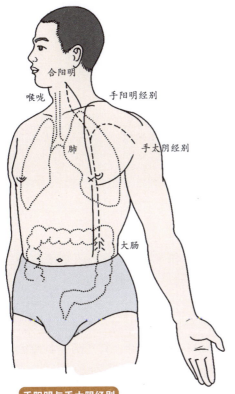

手阳明与手太阴经别

合阳明
喉咙　手阳明经别
肺　手太阴经别
大肠

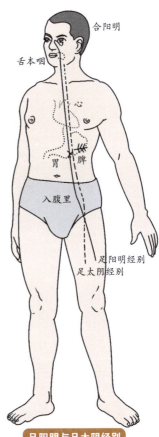

足阳明与足太阴经别

合阳明
舌本咽
心
胃　脾
入腹里
足阳明经别
足太阴经别

手阳明经别：离于肩髃，入于项后柱骨，出于缺盆，上头合于手阳明本经。

手太阴经别：离于肘上，入于渊腋，出于缺盆，上头合于手阳明大肠经。

足阳明经别：离于大腿前，入于腹，出于口腔，在目系合于足阳明本经。

足太阴经别：离于股内侧，合于足阳明经别。

具体为:

(1) 手太阴与手阳明经别(一合)

手太阴经别:从手太阴经的天府与侠白之间分出;入腋下渊腋部位,行于手少阴经别之前,进入胸腔,走向肺脏,散布于大肠;向上浅出锁骨上窝,沿喉咙;最后合于手阳明经。

手阳明经别:从手阳明经脉的肩髃穴处分出;进入项后柱骨,向下者走向大肠,属于肺;上沿喉咙,浅出于锁骨上窝;仍会合于手阳明经脉。

(2) 足阳明与足太阴经别(二合)

足阳明经别:在大腿前面从足阳明经脉分出;进入腹腔里面,归属于胃,散布到脾脏,向上通连心脏;沿食道浅出口腔,上达鼻根及目眶下;回过来联系目系,合于足阳明经脉。

足太阴经别:在股内侧从足太阴经脉分出后到大腿前面,同足阳明的经别相合并行;向上结于咽喉,贯通舌中。

(3) 手少阴与手太阳经别(三合)

手少阴经别:在腋窝两筋之间从手少阴经脉分出;进入胸腔,属于心脏,向上走到喉咙;浅出于面部;在目内眦与手太阳经相合。

手太阳经别:在肩关节部从手太阳经分出;向下进入腋窝,行向心脏,联系小肠。

(4) 足太阳与足少阴经别(四合)

足太阳经别:在腘窝部从足太阳经脉分出;其中一条支脉在骶骨下五寸处别行进入肛门,上行归属膀胱,散布联络肾脏,沿脊柱两旁的肌肉到心脏后散布于心脏内;直行的一条支脉,从脊柱两旁的肌肉处继续上行;浅出项部;仍注入足太阳经脉。

足少阴经别:在腘窝部从足少阴经脉分出;与足太阳的经别相合并行,上至肾;在十四椎(第二腰椎)处分出,归属带脉;直行的一条继续上行,系舌根;再浅出项部;注入足太阳经脉。

(5) 手厥阴与手少阳经别(五合)

手厥阴经别:在腋下三寸处的天池从手厥阴经脉分出;进入胸腔,分别归属于上、中、下三焦,向上沿着喉咙;浅出于耳后;在完骨下方与手少阳经脉相合。

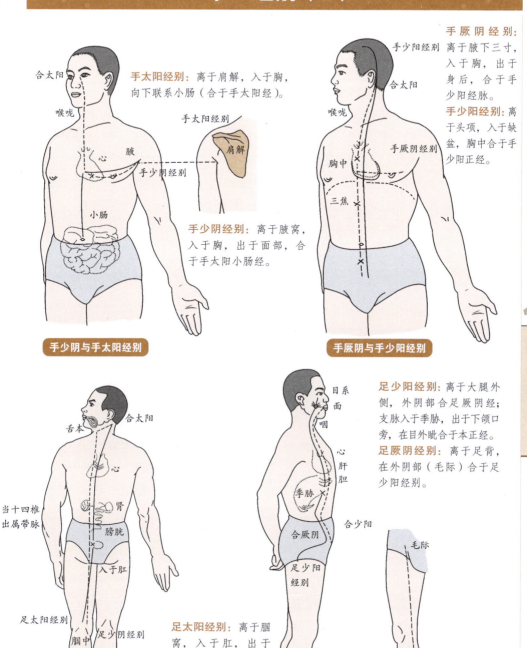

手太阳经别：离于肩解，入于胸，向下联系小肠（合于手太阳经）。

合太阳

喉咙

心　腋

手少阴经别

小肠

手太阳经别

肩解

手少阴经别：离于腋窝，入于胸，出于面部，合于手太阳小肠经。

手少阴与手太阳经别

手厥阴经别：离于腋下三寸，入于胸，出于身后，合于手少阳经脉。

手少阳经别：离于头项，入于缺盆，胸中合于手少阳正经。

手少阳经别

合太阳

喉咙

胸中

手厥阴经别

三焦

手厥阴与手少阳经别

目系
面
咽
心　肝　胆
季胁

足少阳经别：离于大腿外侧，外阴部合足厥阴经；支脉入于季胁，出于下颌口旁，在目外眦合于本正经。

足厥阴经别：离于足背，在外阴部（毛际）合于足少阳经别。

合太阳

舌本

心

当十四椎出属带脉

肾

膀胱

入于肛

足太阳经别

腘中　足少阴经别

足太阳经别：离于腘窝，入于肛，出于项，合足太阳本经。

足少阴经别：离于腘窝，与足太阳经别相合并行（入于肛），出于项，合于足太阳经脉。

足太阳与足少阴经别

合少阳

合厥阴

足少阳经别

毛际

足厥阴经别

足少阳与足厥阴经别

143

手少阳经别：在头顶从手少阳经脉分出；向下进入锁骨上窝，经过上、中、下三焦，散布于胸中；合于手少阳经脉。

(6) 足少阳与足厥阴经别（六合）

足少阳经别：在大腿外侧从足少阳经脉循行部位分出；绕到大腿前侧，进入外阴部，同足厥阴经别会合；支脉上行进入季胁之间，沿胸腔里，属于胆，散布而上达肝脏，通过心脏，挟食道上行；浅出下颌、口旁，散布在面部，系目系；在目外眦仍注入足少阳经脉。

足厥阴经别：在足背上从足厥阴经脉分出；上行至外阴部，与足少阳的经别会合并行。

● 十二经筋

经筋，是十二经脉连属于筋肉的体系，其功能活动有赖于经络气血的濡养，并受十二经脉的调节，所以也划分为十二个系统，称为十二经筋。

十二经筋的主要作用是约束骨骼，有利于关节的屈伸运动。其分布一般都在浅部，从四肢末端走向头身，多结聚于关节和骨骼附近；有的进入胸腹腔，但不属络脏腑。手足三阳的经筋分布于肢体的外侧；手足三阴的经筋分布于肢体的内侧，有的还进入胸廓和腹腔。其具体分布如下：

(1) 手太阴经筋：起于手大拇指上，沿指上行，结聚于鱼际后；行于寸口动脉外侧，上沿前臂，结于肘中；再向上沿上臂内侧，进入腋下，出缺盆，结于肩髃前方，上面结于缺盆，下面结于胸里，分散通过膈部，会合于膈下，到达季胁。

(2) 手阳明经筋：起于食指桡侧端，结于腕背部；向上沿前臂结于肘外侧；上经上臂外侧，结于肩髃。其分支，绕肩胛，挟脊旁；直行者，从肩髃部上颈；另分一支上面颊，结于鼻旁；直行者上出手太阳经筋的前方，上额角，络头部，下行于对侧颔颌部。

(3) 足阳明经筋：起于第二、三、四趾，结于足背、腓骨、膝、大腿、髋部、阴器、缺盆、鼻、耳前等处，并循胁联系脊柱，与足少阳经筋合于腓骨，与足太阳经筋合于目。足太阳经筋形成"目上纲"（上睑），足阳明经筋则形成"目下纲"（下睑）。

(4) 足太阴经筋：起于大足趾内侧端，向上结于内踝；直行者，络于膝

十二经筋示意图（1）

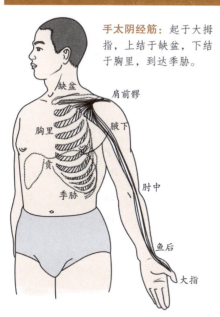

手太阴经筋： 起于大拇指，上结于缺盆，下结于胸里，到达季胁。

缺盆　肩前髎　胸里　贲　腋下　季胁　肘中　鱼后　大指

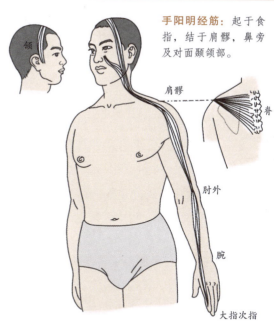

手阳明经筋： 起于食指，结于肩髃，鼻旁及对面颞颔部。

颔　肩髃　脊　肘外　腕　大指次指

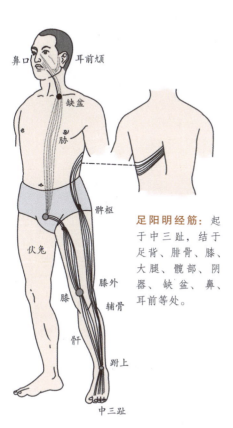

足阳明经筋： 起于中三趾，结于足背、腓骨、膝、大腿、髋部、阴器、缺盆、鼻、耳前等处。

鼻口　耳前颊　缺盆　胁　髀枢　伏兔　膝外　辅骨　膝　骭　跗上　中三趾

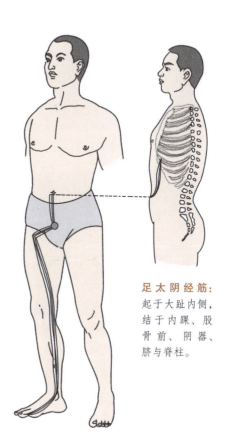

足太阴经筋： 起于大趾内侧，结于内踝、股骨前、阴器、脐与脊柱。

内辅骨 (胫骨内踝部)，向上沿大腿内侧，结于股骨前，聚集于阴器部；上向腹部，结于脐；再沿腹内，结于肋骨，散布于胸中；其在里的经筋，附着于脊柱。

(5) 手少阴经筋：起于手小指内侧，结于腕后锐骨 (豆骨)；向上结于肘内侧后缘；再向上进入腋内，交手太阴经筋，伏行于乳里，结于胸中；沿膈向下，系于脐部。

(6) 手太阳经筋：起于手小指末端，结于腕背；向上沿前臂尺侧，结于肘内锐骨 (肱骨内上踝) 的后面，然后上行结于腋下。其分支向后走腋后侧缘，向上绕肩胛，沿颈旁出走足太阳经筋的前方，结于耳后乳突处；其一分支进入耳中；直行者，出耳上，向下结于下颔，上行连属目外眦。

(7) 足太阳经筋：起于足小趾，向上结于足跟、外踝、小腿肚、膝、腘、臀、舌根、枕骨、鼻、鼻旁、肩髃、耳后乳突等部位，并循脊柱两旁之肌肉上至头项，其分支形成"目上纲"(上眼睑)。

(8) 足少阴经筋：起于足小趾的下面，入足心部，同足太阴经筋一起斜行内踝下方，结于足跟，与足太阳经筋会合；向上结于胫骨内踝下，同足太阴经筋一起向上，沿大腿内侧，结于阴器部；再沿脊柱旁肌肉夹脊，向上至后项，结于枕骨，与足太阳经筋会合。

(9) 手厥阴经筋：起于手中指，与手太阴经筋并行，结于肘内侧；经上臂内侧，结于腋下，向下散布于胁肋处；其分支进入腋内，散布于胸中，结于膈部。

(10) 手少阳经筋：起于手无名指末端，结于腕背；向上沿前臂结于肘尖；向上绕行于上臂外侧，上肩部，走向颈部，合于手太阳经筋。其分支在下颔角处进入，联系舌根；另一支从下颔角上行，沿耳前，连接目外眦，上经颞部，结于额角。

(11) 足少阳经筋：起于第四趾，向上结于外踝，再向上沿胫外侧，结于膝外侧；其分支另起于腓骨部，上走大腿外侧，前边结于"伏兔"(股四头肌部)，后边结于骶部。直行者，经季胁，上走腋前缘，联系于胸膺和乳房，结于缺盆；直行的另一支，上出腋部，通过缺盆，行于太阳经筋的前方，沿耳后，上额角，交会于头顶，向下走向下颔，向上结于鼻旁，其分支结于目外眦，维系目外眦。

(12) 足厥阴经筋：起于足大趾上边，向上结于内踝之前；向上沿胫骨内则，结于胫骨内侧踝之下；再向上沿大腿内侧，结于阴器部而与各经筋相联络。

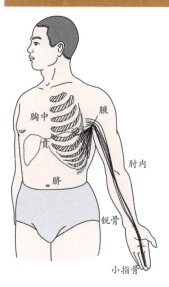

手少阴经筋： 起于小指内侧，结于锐滑、肘内、胸中，至脐。

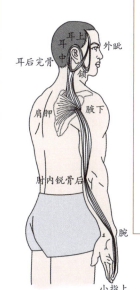

手太阳经筋： 起于小指末，结于腕背、锐骨后、腋下、耳后乳突、下颌，至目外眦。

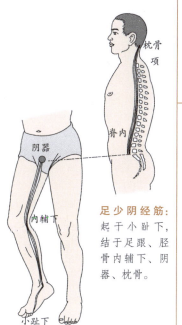

足少阴经筋： 起于小趾下，结于足跟、胫骨内辅下、阴器、枕骨。

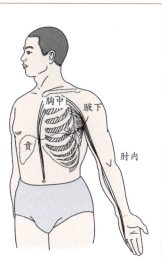

手厥阴经筋： 起于中指，结于肘内、腋下、膈部。

足太阳经筋：起于小趾，结于足跟外踝、小腿肚、膝、腘、臀、舌根、枕骨、鼻、鼻旁、肩髃、乳突等。

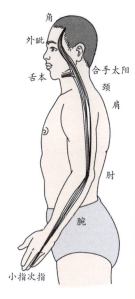

手少阳经筋： 起于无名指，结于腕背、肘尖、额角。

● 皮部

　　皮部，是指体表皮肤按经络分布的部位分区。

　　十二经脉及其所属络脉，在体表有一定的分布范围，与之相应，全身的皮肤也就划分为十二个部分，称十二皮部。正如《素问·皮部论》所说："欲知皮部，以经脉为纪"；"凡十二经络脉者，皮之部也"。因此，皮部就是十二经脉及其所属络脉在皮表的分区，也是十二经脉之气的散布所在。观察不同部位皮肤的色泽和形态变化，有助于诊断某些脏腑、经络的病变；在皮肤的一定部位施行敷贴、温灸、热熨等疗法，以治内脏的病变等，这是皮部理论在诊断和治疗方面的应用。

十二皮部分布示意图

经脉分布如线，络脉分布如网，皮部则呈"面"状分布。皮部是人体卫外屏障，也是诊疾、施针、施灸的重要处所。

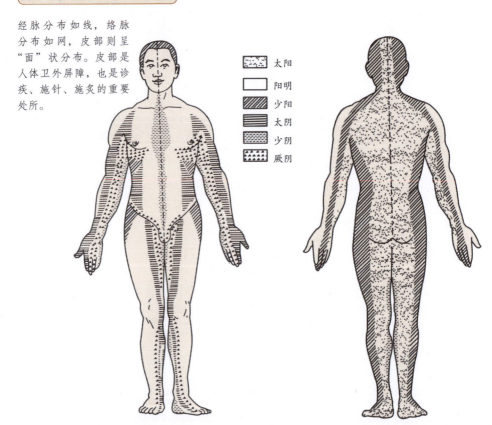

太阳
阳明
少阳
太阴
少阴
厥阴

十二经筋示意图

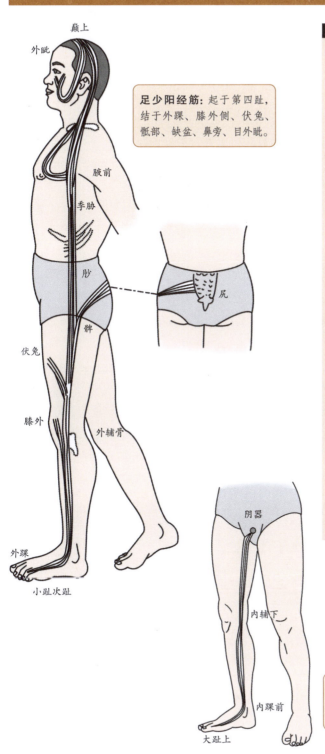

巅上
外眦
腋前
季胁
䏚
髀
伏兔
膝外
外辅骨
外踝
小趾次趾
尻
阴器
内辅下
内踝前
大趾上

足少阳经筋： 起于第四趾，结于外踝、膝外侧、伏兔、骶部、缺盆、鼻旁、目外眦。

足厥阴经筋： 起于大趾上面，结于内踝前、胫骨内侧踝下、阴器，联系各经筋。

特别提示

十二经筋的临床意义

经筋与经脉同源共渊，互相联系。如果将经脉比作沟渠水道，则经筋便如同边岸。经脉依存于经筋之中，为经筋提供气血营养，使经筋得以联缀百骸，维络周身，调控关节，从而保障人体的正常运动。

经筋发生病变，主要表现为经筋的牵掣、拘挛、疼痛、转筋、强直、弛纵以及关节活动不利、肢体偏废不用等症状。由于手足三阳筋皆上至眼睑周围，所以经筋发病亦可引起眼睑开合异常。

临床上治疗经筋病变，除了"火针疗法"之外，主要是采用推拿按摩的方法。经筋虽然没有专属腧穴，但临床中往往"以痛为腧"，即按摩阿是穴进行疗疾。由于经脉皆依存于经筋之中，所以经筋虽然不联系脏腑，却仍然与脏腑有着病理关系。如，当发生胃脘痛时，便可在背部胃俞、脾俞附近找到多处"筋结"病灶点，消除这些疼痛点，胃脘痛就会应手而愈。

由于十二经筋皆起于手足且呈"向心性"走向，所以临床推拿按摩大都采用"顺筋推拿"手法。又由于经筋走向与神经反射方向、静脉和淋巴的回流方向相同，所以，"顺筋推拿"对于下肢远端肌肉的放松和促进血液循环，增加肌肉组织供血供氧极为有利。

149

第二十七难　什么是奇经八脉？

不拘于十二经的八个经脉

奇经八脉指的便是阳维、阴维、阳跷、阴跷、冲、督、任、带八个经脉。

● 奇经八脉

《难经》第二十七难说，奇经八脉有阳维脉、阴维脉、阳跷脉、阴跷脉、冲脉、督脉、任脉和带脉。这八个经脉，不受十二正经的约束，因此也不像十二经那样具有表里脏腑等对应关系，所以称为奇经八脉。

原经文接下来的文字，属于上一难的内容，而第二十八难的最后一段，则应归到这里，这全是错简所致。

所以接下来，作者以沟渠与湖泊的比喻，来说明奇经八脉不受十二经管束的道理。

经文说：这就好比前面讲过的圣人谋划设计沟渠以通水利的道理一样，当沟渠中的水因涨满而外溢时，就会流到低处的深湖中，这样，圣人也不能打通湖泊，使湖泊与沟渠相通。而当人体经脉中气血隆盛时，气血也会流注到奇经八脉中，而奇经八脉则如同深湖之水，不能参与十二经脉气的周遍全身、往复循环运动。所以，十二经脉不能管束奇经八脉。

本来，第二十七难的内容至此便结束了，但后面却有与前面无联系的一句："其受邪气，畜则肿热，砭射之也。"意思是，如果受到病邪侵袭，病邪积蓄则会发生肿痛及发热的症状，可以用砭石刺穴的放血方法来治疗。由于这句话与前文语脉不连贯，所以古代医家认为此处亦有严重的缺漏，也有的医家认为这三句话，应属于第三十七难，因错简而误放此处。

此难的内容就这些，但历代注解《难经》的医家皆在此注解了奇经八脉名称的含义，故此，下面便谈一谈奇经八脉的名称。

● 奇经八脉的名称

奇经八脉，是十二正经之外的八条经脉。奇经八脉的内容，早已散见于《内经》有关篇中，但"奇经八脉"这一名称却首见于《难经》。然而，从《难经》经文来看，这一名称却并非《难经》作者首创。

奇经八脉分布不如十二正经那样有一定规律，与五脏六腑没有直接的"属"、"络"联系，相互之间没有表里关系，明显有异于十二正经，故曰"奇经"。

奇经八脉如同湖泊

沟渠与湖泊的比喻

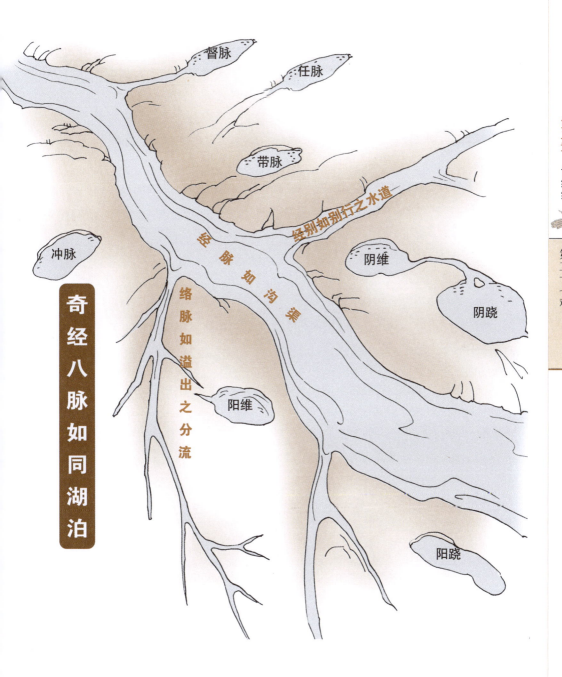

督脉
任脉
带脉
冲脉
经别如别行之水道
经脉如沟渠
络脉如溢出之分流
阳维
阴维
阴跷
阳跷

"奇"字，有两种读音，亦有两种解释。

一种读为 jī，为单数，无偶之意，即指奇经八脉每一条经脉都无脏腑表里等配偶关系。如《难经集注·二十七难》："虞曰：奇，音基也。奇，斜也。奇，零也，不偶之义。谓此八脉，不系正经阴阳，无表里配合，别道奇行，故曰奇经也。"这是古代大多数医家的观点，其实也是《难经》的本意。

另一种读为 qí，为异、有别于正常的意思，也就是不同于十二正经之意。如《难经集注·二十七难》："杨曰：奇，异也。此之八脉，与十二经不相拘制，别道而行，与正经有异，故曰奇经也。"滑寿亦在《难经本义》中说："脉有奇常。十二经者，常脉也；奇经八脉，则不拘于十二经，故曰奇经。"

两种说法皆有道理，所以"奇"字读音，两者皆可。由于丹家修炼极看重奇经中的任督两脉，致使八脉越显神奇，所以今人读 qí 者居多。

至于奇经八脉中每一条经脉的命名，则与它的运行和功能有关。

督脉，因其行于背部正中，对全身阳经脉气有统率、总督作用而得名。其也因此而称之为"阳脉之海"。

任脉，因其行胸腹正中，能总任全身阴经脉气；又能主胞胎，为人之妊养之本而得名。故此也称"阴脉之海"。

冲脉，因其脉上至头，下至足，贯穿全身上下前后，为一身之要冲，且能通受十二经气血而得名。故此也称"经络之海"。

带脉，因其运行环腰一周，束腰如带能总束阴阳诸经而得名。

阴阳跷脉，因其起于足跟，与人的"矫健"善行有关，是人体举足步行的机要而得名。

阴阳维脉，因其具有维系诸阳经、阴经的功用而得名。

由于后世医家越来越认识到任督二脉的重要性，所以将此二脉与十二正经并称为十四经。

奇经八脉的名称

我读"qí经八脉"。

我读"jī经八脉"，不过，我们都没有读错。

督脉：我统率诸阳经，是阳脉之海。

任脉：我统率诸阴经，还主胞胎，是阴脉之海。

冲脉：我从头至足贯穿一身之要冲，是经络之海。

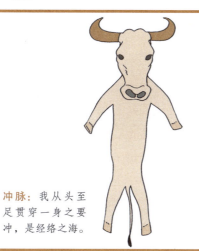

带脉：我环腰一周，像皮带一样约束诸经。如果主人的皮带勒紧，就能刺激到我。

阳跷与阴跷：矫健善走，行动敏捷，都是我们的功劳。

阳维：诸阳维都是我的好朋友，我是他们的调解员。

阴维：诸阴经都是我的好朋友，我是她们的调解员。

第二章 论经络

第二十七难 什么是奇经八脉？

153

奇经八脉的循行起止

奇经八脉不参与十二正经的循环往复，它们各自有着自己的循行起止。

● 督脉

督脉起于下极的会阴穴（《奇经八脉考》认为应"起于肾下胞中"，相当于内生殖器，至今仍为主流观点），沿着脊椎的里面上行至风府穴，然后深入联属脑府。

滑寿认为：督脉为诸阳脉之海，所以总督诸阳脉。其脉起下极之俞，由会阴到长强，再循脊中行至大椎穴，与手足三阳脉交会，上至喑门与阳维会，至百会与太阳交会，上至鼻柱人中与阳明交会。

● 任脉

任脉起于中极穴之下的会阴穴（《灵枢·五音五味篇》则认为"冲脉、任脉皆起于胞中"），上行至阴毛处，然后沿着腹腔内部上行至关元穴，再顺着正中线到达咽喉，再上至颏下，走面部，深入眼内连接舌。

● 冲脉

冲脉起于气冲穴处，并行于足阳明胃经内侧，挟脐两侧而上，到达胸部而分散。

滑寿认为：任、督、冲三脉皆起于会阴，为一源三歧。

按现在流行观点，任、督、冲三脉应皆起于胞中，皆经会阴穴而上行；冲脉下出会阴后，过气冲，并足少阴肾经，挟脐上行，至胸中而散。另外，冲脉有四条分支：1. 从胸中上行，经鼻咽部，络口唇；2. 从气冲部下行，并足少阴肾经，循下肢内侧入腘中，经胫骨内侧入足下；3. 从内踝后分出，行足背，入大趾内间；4. 从胞中向后，行于脊柱内。

需要说明的是，冲脉没有自己的专属腧穴，主要寄附于足阳明胃经、足少阴肾经与任脉之中。具体为：会阴、阴交属于任脉，气冲属于足阳明胃经，横骨、大赫、气穴、四满、中注、肓俞、商曲、石关、阴都、通谷、幽门均属于足少阴肾经。此外，足太阴脾经的公孙（亦属于足太阴脾络的络穴）亦通于冲脉。

● 带脉

带脉起于季胁下部，如束带般环腰一周。

奇经八脉的循行（1）

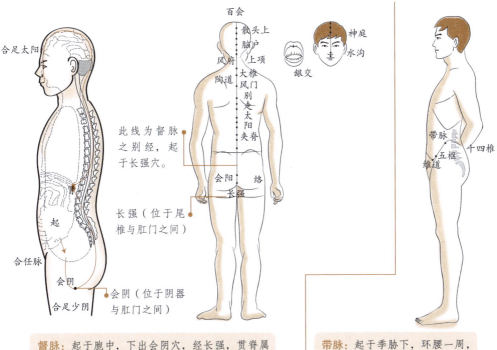

合足太阳

此线为督脉之别经，起于长强穴。

长强（位于尾椎与肛门之间）

合任脉

会阴

合足少阴

会阴（位于阴器与肛门之间）

百会
散头上
脑户
上项
风府
大椎
陶道
风门
别走太阳
夹脊
会阳
络
长强

神庭
水沟
龈交

带脉
五框
维道
十四椎

督脉： 起于胞中，下出会阴穴，经长强，贯脊属肾，终于龈变，共27穴（不计会阴），统率诸阳经。

带脉： 起于季胁下，环腰一周，无专属腧穴，其穴皆属胆经。

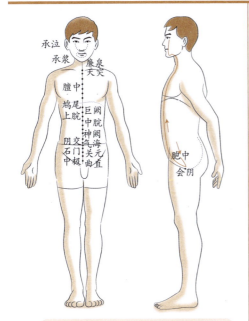

承泣
承浆
廉泉
天突
膻中
鸠尾
巨阙
上脘
中脘
阙
神阙
气海
阴交
关元
石门
中极
曲骨

胞中
会阴

任脉： 起于胞中，经会阴穴，沿腹中上行，终于承泣，共24穴，总任诸阴经。

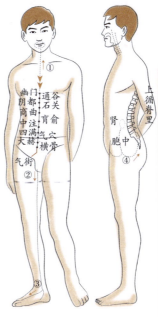

幽门
曲阴都
商曲
中注
四满
天赫
气穴
气街

通谷
石关
肓俞
谷关
气穴
横骨
气街

上循脊里

肾
胞中

冲脉： 起于胞中，挟脐而上，至胸中而散。其支脉：①自胸中上行，络口唇；②自气街下行，入足下；③自内踝行足背，入大趾内；④自胞中向后，行于脊柱内。冲脉无专属腧穴，主要寄附于足阳明胃经、足少阴肾经与任脉之中。

155

28

此述过简，按现在观点：其起于季胁下，然后斜向下行经带脉穴、五枢穴、维道穴绕腰一周。其前与脐平，后与第十四椎平。并且，带脉亦没有专属腧穴，其三个穴位均属于足少阳胆经。另外，胆经的临泣穴亦与带脉相通。

● 阳跷脉

阳跷脉起于足跟，沿足外踝向大腿外侧上行，最后进入颈项的风池穴处。

滑寿认为：阳跷脉起于足跟中申脉穴，循外踝而行。

现在观点：阳跷脉为足太阳膀胱经的分支，起于足跟中，出于申脉穴，循外踝上行，经髋部、胁肋上肩，循面至目内眦，入脑，下耳后，入风池穴。阴跷脉无专属穴，其申脉、仆参、跗阳属于足太阳膀胱经，居髎属于手太阳小肠经，肩髃、巨骨属于手阳明大肠经，天髎属于手少阳三焦经，地仓、巨髎、承泣属于足阳明胃经，睛明属于足太阳膀胱经，风池属于足少阳胆经。

● 阴跷脉

阴跷脉也起于足跟，然后沿内踝上行至咽喉，和冲脉交会贯通。

滑寿认为：阴跷脉起于跟中照海穴，循内踝而行。

现在观点：阴跷脉起于足跟中，行向内侧，出于照海穴，循下肢内侧上行，入前阴，上循胸里，至咽喉，交贯冲脉，循鼻旁，至目内眦，合于足太阳膀胱经、阳跷脉。阴跷无专属穴，其照海、交信穴属于足少阴肾经，睛明属于足太阳膀胱经。

● 阴维与阳维

阴维脉与阳维脉，主要是维系和联络着周身表里的经脉。十二经中不参与循环的脉气（即溢出之气血），便流注到了阴维与阳维脉中。阴维脉与阳维脉不参与十二经的循环往复，所以阳维脉起于诸阳经的会聚之处（即足太阳膀胱经的金门穴，位于足外踝上方）；阴维脉起于诸阴经的会聚之处（即足少阴肾经的筑宾穴，位于足内踝上方）。

滑寿认为：阳维脉起于金门，与手足太阳及跷脉会于臑俞；与手少阳会于天髎及肩井，与足少阳会于阳白，上本神、临泣、正营、脑空，下至风池，与督脉会于风府、哑门，此阳维之起于诸阳之会也。阴维脉起于筑宾，与足太阴会于腹哀、大横，又与足太阴厥阴会于府舍、期门，又与任脉会于天突、廉泉，此阴维起于诸阴之交也。

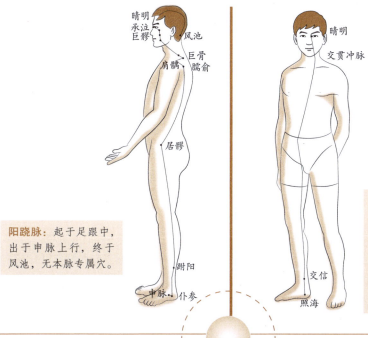

阳跷脉： 起于足跟中，出于申脉上行，终于风池，无本脉专属穴。

阴跷脉： 起于足跟中，行向内侧，出于照海穴，循下肢内侧上行，入前阴，上循胸里，终于目内眦，与膀胱经、阳跷脉会合，无专属穴。

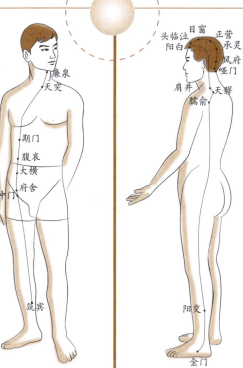

阴维脉： 起于筑宾穴，沿小腿内侧向上，终于天突、廉泉，无专属穴。其筑宾穴，属于足少阴肾经，冲门、府舍、大横、腹哀均属足太阴脾经，期门属于足厥阴肝经，天突、廉泉属于任脉。此外，手厥阴心包经的络穴内关亦与阴维脉相通。

阳维脉： 起于金门穴，沿下肢外侧上达臑俞，循项侧至前额，再转向项后，于风府、哑门处合于督脉。
阳维脉无专属穴，其金门穴属于足太阳膀胱经，阳交属于足少阴胆经，臑俞属于手太阳小肠经，天髎属于手少阳三焦经，肩井属于足少阳胆经，头维属于足阳明胃经，本神、阳白、头临泣、目窗、正营、承灵、风池均属足少阳胆经，风府、哑门属于督脉。此外，三焦经的络穴外关亦与阳维相通。

第二十九难 奇经八脉的病症都有哪些？

奇经八脉也会使人致病

奇经八脉虽然不与五脏六腑相连，但此八脉出现异常，仍会使人致病。

● 阳维与阴维之病

阳维是维持联系各阳经的，阴维是维持联系各阴经的，如果阴维与阳维不能起到维持与联系的作用，就会使人有不痛快而怀有失落感，全身疲软甚至运动不能自主。

阳维脉发生病变，则有怕冷发热的症状；阴维脉发生病变，则会有心痛的症状。

● 阴跷阳跷之病

阴跷脉发生病变，患者下肢阳侧表现和缓，阴侧则会表现拘急；阳跷脉发生病变，则患者下肢阴侧表现和缓，阳侧表现拘急。

● 冲脉之病

冲脉发生病变，则气从少腹上冲，腹中急痛。

● 任督二脉之病

督脉的病症为，患者脊柱强直而发生昏厥。任脉的病症为，腹中气结而难受，男子容易患七疝（中医认为疝气有冲疝、狐疝、癫疝、厥疝、瘕疝、㿉疝七种），女子则易患瘕聚。瘕聚即女性之疝气，女子疝多发于两大腿根部内侧即西医所说的卵圆窝处，以右侧为多。女子疝在咳嗽、用力时常伴有大腿根部胀痛，平卧可消失，立则可见圆顶形柔软肿块。女子疝气可导致白带异常，如发生血淤气滞，可导致急性剧烈疼痛，严重者有生命危险。

● 带脉之病

带脉发生病变，患者会腹中胀满，腰部无力如同坐于水中。

奇经八脉的病症

督脉： 督脉病，则患者脊柱强直而发生昏厥。

任脉： 任脉病，则男子患七疝，女子患瘕聚。

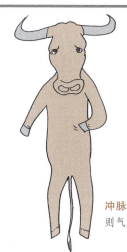

冲脉： 冲脉病，则气逆腹中痛。

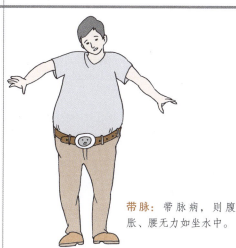

带脉： 带脉病，则腹胀、腰无力如坐水中。

阳跷： 阳跷病，则下肢阴侧和缓，阳侧痉挛拘急。

阴跷： 阴跷病，则下肢阳侧和缓，阴侧痉挛拘急。

阳维： 阳维脉病，则失落不快，疲软无力，不利运动，身热怕冷。

阴维： 阴维脉病，则失落不快，疲软无力，不利运动，并伴有心痛。

第叁章

第 30 ～ 47 难

论脏腑

　　《难经》第三部分，介绍的是与脏腑有关的知识，共 18 难。这部分内容，也可称为中古时期的生理学，其中既有通过解剖得到的人体精确数据，又有根据阴阳五行原理推衍出的人体生理特点，是中医学、尤其是经络腧穴学必须掌握的重要知识。

　　其中，对命门的论述不同于《内经》，对后世医家影响极大。其对三焦的论述与《内经》基本相同，只是因说其为"有名无形"，引起后世医家许多误会，至今仍为其"有形"与"无形"争论不休。另外，对八会穴的论述，对后世完善特定穴理论也有很大贡献。

本章图版目录

第三十难　营气是否与卫气相随而行？

营卫相随，卫外营内

营气运行于经脉之内，卫气运行于经脉之外，营气与卫气相随而行，互相依存、互相促进。

● 营气与卫气

本难经文，本应属于第三十一难内容，原经文第三十二难内容，才应放于第三十难处。由于《难经》经文错乱比较严重，所以，我们在讲解《难经》时，仍以流通最广泛的版本为准，而在本书附录的原经文中，则对混乱的次序予以标注（后面整篇经文次序错乱者，不再一一说明）。

其实，第三十二难中已说明"血为营，气为卫"，但为了让大家更全面地了解气血营卫，所以在此补入一些相关知识。

营气，按现代医学来讲，即人体所必需的各种营养物质，包括蛋白质、氨基酸、糖类、脂类、维生素、微量元素等。营气分布于血脉之中，随血液循环营运于全身。血液就像一个储备箱，而营气就是箱中的共用物质，各脏腑及各细胞摄取必需物质具有时序性，所以营气运行是指营养物质的相互转化代谢的过程。《内经》认为，营气由水谷精气中的精华部分所化生，可以化生血液。

卫气，按现代医学来讲，即指人体的免疫体系及防卫本体、消除外来机体内生的系统，包括机体屏障、吞噬细胞系统、体液免疫、细胞免疫等。

《灵枢·本藏》中说："卫气者，所以温分肉、充皮肤、肥腠理、司开合者也"，"卫气充则分肉解利，皮肤调柔，腠理致密矣"，即指卫气具有屏障防卫机能。

如果卫弱营强，由于卫气失去外固的能力，所以即使身体不发热，也会有汗液自行溢出。如果卫强营弱，则会因阳气郁于肌表，内迫营阴而汗出，即患者身体发热才会出汗，身体不发热则不出汗。

● 营卫相随而行

此难在回答营卫之气是否相随的问题说："古医经上说人拥有的精微之气来自于水谷饮食。谷物（代指各种吃的喝的）进入胃中，通过胃的腐熟和脾的运化，将精微之气传送到五脏六腑，使五脏六腑全部可以得到这种精微之气的滋养。精微之气中的清纯、精华之气为营气，精微之气中的浊杂、刚悍之气为卫气。营气运行于经脉（中医之经脉即与血管相似，又与血管不同）之中，卫气运行于经脉之外，营养周遍全身，一昼夜循行各经脉五十次后，

营气与卫气（1）

现代版的营卫

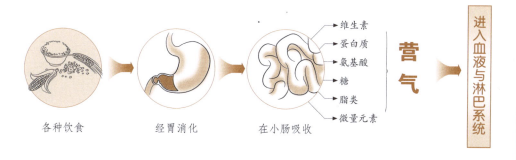

各种饮食　　　　经胃消化　　　　在小肠吸收

维生素
蛋白质
氨基酸
糖
脂类
微量元素

营气 → 进入血液与淋巴系统

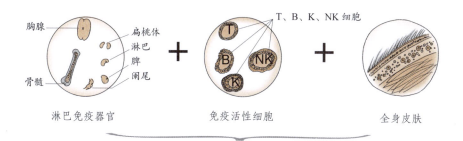

淋巴免疫器官　　　　免疫活性细胞　　　　全身皮肤

胸腺　扁桃体　淋巴　脾　阑尾　骨髓

T、B、K、NK 细胞

免疫系统 → 免疫功能 ＝ **卫气**

《难经》的营卫

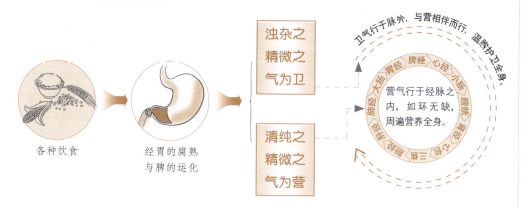

各种饮食

经胃的腐熟与脾的运化

浊杂之精微之气为卫

清纯之精微之气为营

卫气行于脉外，与营相伴而行，温煦护卫全身。

营气行于经脉之内，如环无缺，周遍营养全身。

肺经　大肠　胃经　脾经　心经　小肠　膀胱　肾经　心包　三焦　胆经　肝经

又会合在手太阴肺经。阴阳脉络互相贯通，像一个圆环一样没有缺口，所以说营卫之气一直是相随而行。

● 营卫的阴阳属性

营气位于经脉之内，为阴；卫气位于经脉之外，为阳。对此，众医家观点一致。然而，此难中却说"清者为营，浊者为卫"，这句话就不得不令人感到困惑了。因为按照易学原理，应该是"清者上升为阳，浊者下降为阴"才对，怎么在这里清者为阴、浊者为阳了呢？

其实，这是根据后天八卦方位图的卦气原理而说的。清者在上，指的是心，心为阳，为火，在后天八卦方位图中属于南方的离卦☲，午时一阴生，即心之生血。由于"营为血"，营气可化生血液，所以营为阴，实际上是阳中之阴。浊者在下，指的是肾，肾为阴，为水，在后天八卦方位图中属于北方的坎卦☵，子时一阳生，即肾之生气。由于"卫为气"，卫气与肾脏密切相关，所以卫为阳，实际上是阴中之阳。也就是说，水谷经脾胃运化而产生的精微之气，有清浊之分。清者为营气，上升入肺而化成血液入心脉；浊者为卫气，下降至肾，在肾气的蒸腾下上升至中焦，（注：亦有说法认为卫气下降至肾后循足太阴经外而行。）再至上焦而入肺，与营气共同成为胸中宗气的重要组成部分。营气循手太阴经内而行，卫气在经脉之外随行。

由于卫气具有屏障防卫机能，并且卫气又与下焦之肾脏有着密切关系，所以要想增强人体免疫力，就必须拥有一个强健的肾脏。

需要说明的是，关于卫气之源，历来有出于上焦和出于下焦之两说，并且至今没有定论；关于卫气之运行，《内经》中便有"与营俱行"、"昼日行于阳，夜半则行于阴"、"卫气者，……而先行于四末分肉皮肤之间，……常从足少阴之分间，行于五脏六腑"等诸多说法，至今亦没有统一的定论。

营气与卫气（2）

营卫的阴阳属性

午时一阴生，营气化血，如天上云下降而雨至，故营为阴。

清纯之营气上升入肺化血走心。

浊杂之卫气下降，经肾气蒸腾向上至上焦循脉而行。

子时一阳生，肾之生气，浊杂卫气得肾气而上升，如地上水蒸腾而成云，故为阳。

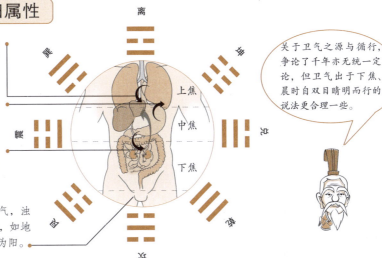

离　坤　兑　乾　坎　艮　震　巽

上焦
中焦
下焦

关于卫气之源与循行，争论了千年亦无统一定论，但卫气出于下焦、晨时自双目睛明而行的说法更合理一些。

关于卫气的不同观点

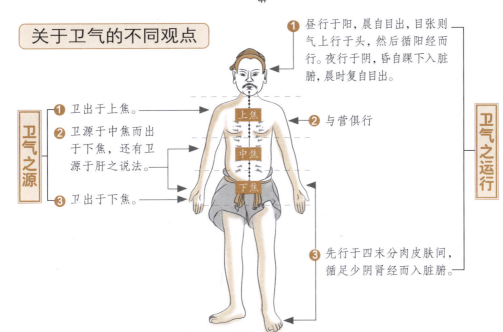

❶ 昼行于阳，晨自目出，目张则气上行于头，然后循阳经而行。夜行于阴，昏自踝下入脏腑，晨时复自目出。

卫气之源

❶ 卫出于上焦。

❷ 卫源于中焦而出于下焦，还有卫源于肝之说法。

❸ 卫出于下焦。

上焦
中焦
下焦

❷ 与营俱行

卫气之运行

❸ 先行于四末分肉皮肤间，循足少阴肾经而入脏腑。

特别提示

　　《灵枢·卫气行篇》说："平旦阴尽，阳气出于目，目张则气上行于头，循项下足太阳，循背下至小指之端；其散者，别于目锐眦下手太阳，下至小指之间外侧；其散者，别于目锐眦，下足少阳，注小指次指之间，以上循手少阳之分侧，下至小指之间；别者，以上至耳前，合于颔脉，注足阳明以下行至跗上，入五指之间；其散者，从耳下手阳明入大指之间，入掌中；其至于足也，入足心，出内踝，下行阴分，复合于目，故为一周。"可见卫气即人身之阳气，由于人之诸气皆以肾之动气为源，所以卫气应出于下焦。睛明穴，即肾之膀胱经上之穴也。

第三十一难 什么是三焦？

上、中、下三焦的合称

三焦，为六腑之一，是上、中、下三焦的合称。

● 上、中、下三焦

　　此难说，三焦，是水谷等饮食运化出纳的道路，是人体气脉运行的终始。上焦，位于心下，至横膈膜的一段在胃的上口，主管受纳水谷等食物而不排出。所统上焦的穴位是膻中穴，此穴位于玉堂穴下一寸六分，正好处于两乳中间的凹陷处。中焦，位于胃的中脘处，既不偏上也不偏下，主管消化水谷等饮食。所统中焦的穴位是天枢穴。下焦，位于脐下膀胱的上口处，具有分别清浊，排除糟粕而不纳入的功能。所统下焦的穴位在脐下一寸处（阴交穴）。上焦、中焦、下焦总称三焦。三焦之气汇聚于气冲穴。

● 三焦之争

　　（1）有形无形之争。《内经》首先提出三焦的名称，作为六腑之一，并叙述了三焦的部位和功能。但由于具体概念的论述不够明确，而且《难经》的二十五难和三十八难又提出了三焦"有名无形"之说，遂导致后世医家争论纷纭。

　　关于三焦有名有形说，最早见于《黄帝内经》，如《灵枢·论勇》说："勇士者，……三焦理横，怯士者，……其焦理纵。"《灵枢·本脏》说："密理厚皮者，三焦膀胱厚；粗理薄皮者，三焦膀胱薄。"《灵枢·本输》说："三焦者，中渎之府也，水道出焉，属膀胱，是孤之府也。"在《内经》论述三焦的基础上，后世一些医家认为三焦应与其他诸腑一样，有表里关系，一定是有名有形的，从而进行探讨三焦的形质所指。主要有腔子、脂膜、油膜、网油、淋巴系统、胰腺、神经系统等说法。

　　关于三焦有名无形说，始见于《难经》。自此以后，如《中藏经·论三焦虚实寒热生死逆顺之法》说："三焦者，人之三元之气也……其有名而无形者也。"孙思邈在《千金要方·三焦脉论》中亦说："夫三焦者，一名三关也。上焦名三管反射，中焦名霍乱，下焦名走哺。合而为一，有名无形，主五脏六腑，往还神道，周身贯体，可闻不可见。"滑寿的《难经本义》说："盖三焦则外有经而内无形。"明代李梴的《医学入门·卷之一·脏腑条分》说："三焦，

三焦

膻中

位于两乳之中，为任脉之腧穴，亦为心包之募穴，八会穴之气穴。统上焦诸气，胸闷、胸痛、气短、心悸、咳嗽、气喘、呃逆、呕吐、或乳汁少、乳痛等上焦诸症，皆可取此穴治疗。

上焦

主受纳水谷
而不排出

上焦

亦为胸腔部，是胸肺两脏的居所。上焦之气，即为营气、卫气与呼吸之气相结合的宗气。

中焦

消化水谷
等饮食

中焦

亦为腹部，是脾、胃、肝、胆的居所。中焦之气亦称中气，一般认为即脾、胃之气，实则产生营卫之所。

下焦

分别清浊，
排除糟粕

下焦

亦为少腹部，是肾、大肠、小肠、膀胱的居所。下焦之气，一般指命门之元气，实则这里即有经脉之中的营气，又有经脉之外的卫气，还有水谷精微之气中的浊杂之气受肾气而化生的卫气。后世所说运行于周身之元气，实则卫气，卫气即人身之诸阳气。

天枢

位于脐两旁2寸处，为足阳明胃经之腧穴，亦为大肠之募穴，统中焦诸气，腹痛、腹胀、胃炎、肠炎、便秘及月经不调、痛经等中焦诸症，可取此穴治疗。

气冲

位于脐下五寸，距正中线2寸处，为足阳明胃经之腧穴。为三焦之气会聚之所。亦是内丹修炼的要穴之一，主治肠腑、膀胱、胞宫、阴器诸症。

阳交

位于脐下一寸处，为任脉之腧穴。统下焦诸气，少腹痛、水肿、泄泻、或带下、疝气等下焦诸症，可取此穴治疗。

如雾、如沤、如渎，虽有名而无形；主气、主食、主便，虽无形而有用。"

三焦有形、无形之说，皆有据有理，然而争论千年，尚无定论。

（2）位置之争。对于上、中、下三焦的具体部位，后世亦有多种说法。《内经》与《难经》的说法较为接近，皆大体以膈上胸中为上焦，膈下脐上为中焦，脐下为下焦。《东医宝鉴·内景篇·三焦腑》则提出："头至心为上焦，心至脐为中焦，脐至足为下焦。"近年的一些期刊文献及中医教材也沿用此观点。但由于脏腑不应脱离于胸腔腹腔，故还是不将头面、四肢归属于三焦部位为妥。

（3）所属脏腑之争。对上、中、下三焦所属脏腑的认识，一般皆认为上焦胸部包括心、肺两脏；中焦上腹部包括脾、胃和胆；下焦下腹部包括肾、膀胱、小肠、大肠。只是对肝的分属问题不能统一。

《内经》中便有肝属中焦与肝属下焦两种说法。如：王冰注《素问·金匮真言论》时明确指出："肝为阳脏，位于中焦，以阳居阴，故为阴中之阳也。"而王冰在注释《素问·至真要大论》"诸厥固泄，皆属于下"时又说："下，谓下焦肝肾之气也。"唐代孙思邈在《千金要方·卷第二十·三焦虚实》中也说："下焦……主肝肾病候也"，对其治疗"热则泻于肝，寒则补于肾"。至清代吴鞠通《温病条辨》将温病后期出现的一系列肝的病症，归于下焦的病变范围后，则肝属下焦又成为辨证概念，现在临床辨证中，仍多从之。

虽然观点众多，但需要说明的是，后世不可把中医之脏腑等同于解剖学的脏腑。古代医家详于脏腑功能的论述，而略于脏腑形态的研究。所以，对中医脏腑理论的研究，应当遵循中医自身的发展规律，以临床实践为准则，并结合现代科学知识与技术。这样，才能形成一个完整的具有中医特色的脏象体系。

三焦之争

有形无形之争

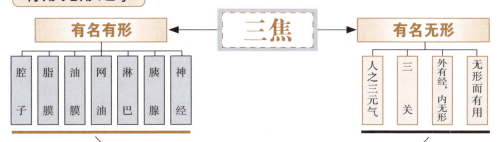

有名有形 ← 三焦 → 有名无形

有名有形

| 腔子 | 脂膜 | 油膜 | 网油 | 淋巴 | 胰腺 | 神经 |

有名无形

| 人之三元气 | 三关 | 外有经，内无形 | 无形而有用 |

　　其实《难经》第二十五难说"心主与三焦为表里，俱有名无形"，与《内经》的观点并不矛盾，《内经》中并没有"三焦"有形的说法。《内经》与《难经》均未记载三焦与心包的尺寸、容量与重量，这就是所谓的"有名无形"。三焦即包容脏腑之大腑，为胸腹腔内膜。胸腹腔不运动，人就会因无法呼吸而死亡，所以三焦为"气之所终始也"；人的水谷饮食运化，皆在胸腹腔内的脏腑中进行，所以三焦为"水谷之道路"。故此，三焦有形无形之争，不过是一场误解之争。

位置之争

《东医宝鉴》的说法　　　　《内经》与《难经》的说法

肝脏位置之争

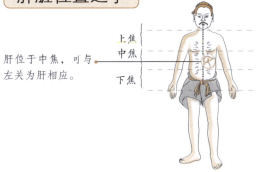

肝位于中焦，叫与左关为肝相应。

肝位于下焦，则与心肺脉浮，脾脉中，肝肾脉沉相应。

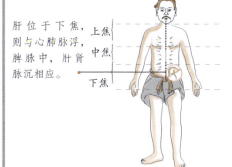

两种说法，皆属中医辨证概念，不可过于拘泥。

第三十二难　为何心肺位于膈上？

心肺君临膈上的原因

《难经》认为心肺统摄一身之营卫，所以君临于膈膜之上。

32

● 心肺与气血营卫

《难经》认为，心主全身血液的运行，肺主全身之气动（即一难中所说的"一息则脉行六寸"，呼吸之气推动脉气运行，所以肺主气）。血液周遍营养全身，所以称为营气；气脉周遍全身各处起卫护作用，所以称为卫气。营气在经脉之中运行，卫气随行于经脉之外卫护，营卫相随而行，循行于心肺之外周遍全身各部。由于心肺以气血滋养人之全身，故应居于父母之尊位而高于其他脏腑，位于胸膈之上。

● 气脉与血脉

《难经》第三十难中说"营行脉内，卫行脉外"，第三十二难又说"血为荣（营），气为卫，相随上下"，这往往令人感到经脉即是解剖学中的静脉与动脉血管。其实，经脉与人体血管还是有区别的。

中医的所有经络，其实皆属于气脉，经络的穴位往往位于血管交汇处并具有丰富的神经元。但经脉中循环的却并非血液，而是脉气。《难经》中说"营行脉内""血为营"，是由于在《难经》成书年代，医家已经将经脉理解为气脉与血脉的混合体，也可以说对气脉与血脉无法精确区分，而只是一种模糊的认识。

脉学中的经脉到底是气脉还是血脉，到底是神经还是血管，至今也没有一个定论。不过有学者考证，说秦以前之经脉属于气脉，注重循行性的感觉，注重神经传导；两汉以后，经脉与血脉混合为一。

也有人认为十二经脉为气脉，十五络脉为血脉。

也有人认为经脉中津液充盈则为血脉，经脉中真气充盈则为气脉。

还有人提出经络由气脉和血脉两大系统组成：气脉系统是气运行的主要通道，经络的感传作用主要是通过气脉系统来完成的。气脉系统与血脉系统在部位分布、生理功能和病理变化等方面各有不同，但是两大系统之间却在生理上相互联系，病理上相互影响而密不可分。

《难经》毕竟带有时代的局限性，所以对于经脉与营卫的关系，还是应以现代临床为主要依据。

君临膈上之心肺

位居尊位之心肺

营血靠我才能周布营养全身，所以我得居于膈上尊位。

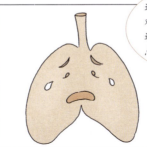

我主呼吸又可运化卫气周遍、护卫全身，所以我也得居于膈上尊位。

这只是《难经》时代人们对心肺居膈上的解释。不过其心主血，肺主气的观点还是正确的。

第三章 论脏腑

为何心肺位于膈上？ 第三十二难

经络之探索

❶ 二十世纪五十年代，有人否定经络学说，认为所谓的经络不过是不成系统的血管。

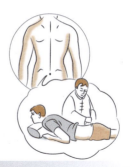

❷ 二十世纪七十年代，人们对经络的循经感传现象进行深入研究，发现了循经感传的许多特性。

❸ 二十世纪八十年代，通过 F 照相机拍摄，得到了同位素循经脉运行的轨迹。并且，发现经脉线路上具有低电阻、高声振动和较好的声光传导以及同位素迁移等物理学特性，这可以说是用科技手段证明经络存在的一个里程碑。

❹ 于是，自二十世纪九十年代开始，形成了若干假说，主要有神经说、体液论和能量论，但经络到底是什么，至今仍是一个谜。

第三十三难　什么是肺金肝木沉浮说?

肺金非纯金，肝木非纯木

肺为金，本应遇水而沉，然而却遇水而浮；肝为木，本应遇水而浮，然而却遇水而沉。对此，本难以阴阳五行知识给予了解答。

33

● 肝肺之沉浮

此难所问为："肝主青色，五行属木；肺主白色，五行属金。可是肝得水会下沉，木得水却上浮；肺得水会上浮，金得水却下沉。这怎么解释呢？"

所答为："肝，并非纯木，而是属于乙木，五音为角（jüé）音，乙木为庚金的配偶（即乙庚化合）。乙木与庚金的关系，从大的方面来说属于天地的阴阳相交，从小的方面来讲属于夫妇之合。乙木与庚金之合，使乙木释放出自己的微阳之气而吸收了庚金的微阴之气，于是乙木喜庚金而得到更多阴金的属性，由于阴具有下沉的属性，所以肝木得水而沉。

"肺，并非是纯金，而是属于辛金，五音为商音，辛金为丙火的配偶（即丙辛化合）。辛金与丙火的关系，从大的方面来说属于天地阴阳相交，从小的方面来说属于夫妇之合。辛金与丙火之合，使辛金释放出自己的微阴之气而吸收丙火的微阳之气，如同婚后妻子迁就丈夫一样，辛金喜丙火而得到更多阳火的属性，由于阳具有上升的属性，所以肺金得水而浮。"

此难接下来又有一问："肺熟而复沉，肝熟而复浮，又是怎么回事呢？"

所答为："这是因为辛回去与庚相合，乙回去与甲相合了。"

此难疑点在于"得水而浮""得水而沉"与"肝熟""肺熟"等语，很令人费解。似乎讲述的是用水煮动物肝脏与肺脏的事情，但众医家都认为讲的是肺位于膈上、肝位于膈下的原理，但"得水"与"熟"字却与理不通。有的医家认为"熟"字当为"热"字，仍难圆其说。所以，此难仍为千年之悬疑。

然而，此难中所论述的天干化合、阴阳相合、五行属性等，却是读懂《难经》或其他古医书的关键。所以，下面分别进行讲解。

● 十天干的阴阳属性

十天干：甲、乙、丙、丁、戊、己、庚、辛、壬、癸。

十天干有两种阴阳属性，一种源于上古时期的十月太阳历。即十天干分别代表一年的十个月，甲、乙、丙、丁、戊五个月为春夏，属阳；己、庚、

肺金肝木沉浮说

肝木入水而沉

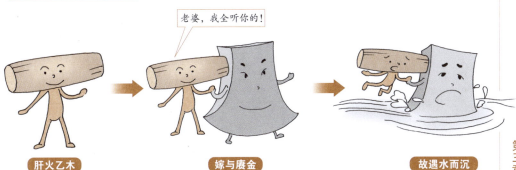

肝火乙木　　嫁与庚金　　故遇水而沉

肺金入水而浮

肺为辛金　　嫁与丙火　　故遇水而浮

同火一样具有炎上的性质

肝熟与肺熟

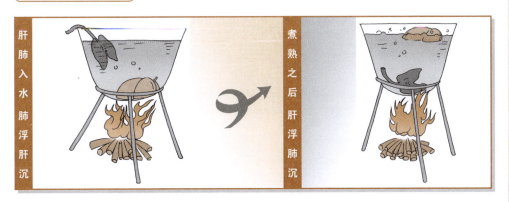

肝肺入水肺浮肝沉

煮熟之后肝浮肺沉

173

辛、壬、癸五个月为秋冬，属阴。这就是此难讲的乙木属阳，庚金属阴的原理。乙木代表二月，阳气尚微，所以为微阳；庚金为七月，阴气未盛，所以为微阴。同理，丙亦为微阳，辛亦为微阴。

十天干的另一种阴阳属性为源于易学原理的奇数为阳，偶数为阴。即，甲、丙、戊、庚、壬为阳，乙、丁、己、辛、癸为阴。此难最后所说的"辛回去与庚相合，乙回去与甲相合"，即属于这种阴阳相合。

而"乙木为庚金的配偶（即乙庚化合）"，则属于第一种阴阳相合。严格说来，应当属于化合，即天干化合五行。

● 天干化合五行

十天干的五行属性为：甲乙东方木，丙丁南方火，戊己中央土，庚辛西方金，壬癸北方水。

十天干还可以化合出五行的属性，即，甲己化合土，乙庚化合金，丙辛化合水，丁壬化合木，戊癸化合火。

天干化合五行的原理极为复杂，因为它源于古天文学。古医家说"医易同源"，这个"源"便是上古天文学。

《素问·五运行大论》中，黄帝曾问岐伯"土主甲己，金主乙庚，水主丙辛，木主丁壬，火主戊癸"等相关问题，岐伯说："臣览《太史天元册》文，丹天之气，经于牛女戊分；黅天之气，经于心尾己分；苍天之气，经于危室柳鬼；素天之气，经于亢氐昂毕；玄天之气，经于张翼娄胃。所谓戊己分者，奎壁角轸，则天地之门户也。"

丹天之气，就是火气化见于天的赤色；黅天之气，就是土气化见于天的黄色；苍天之气，就是木气化见于天的青色；素天之气，就是金气化见于天的白色；玄天之气，就是水气化见于天的黑色。并且，这五种颜色，还分别代表火、土、木、金、水五大行星。

正是通过对日月五星及二十八宿的天文观测，才得出"甲己之岁，土运统之；乙庚之岁，金运统之；丙辛之岁，水运统之；丁壬之岁，木运统之；戊癸之岁，火运统之"的结论。（《素问·天元纪大论》）

天文知识延伸到历法上，于是便有了天干化五运，每两干统一运，五年一循环，三十年为一纪，六十年为一周的五运值年历法。即，凡逢甲己之年

天干的阴阳属性

天干的阴阳属性之一

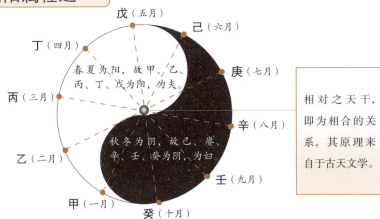

戊（五月）
己（六月）
丁（四月）
庚（七月）
丙（三月）
辛（八月）
乙（二月）
壬（九月）
甲（一月）
癸（十月）

春夏为阳，故甲、乙、丙、丁、戊为阳，为夫。

秋冬为阴，故己、庚、辛、壬、癸为阴，为妇。

相对之天干，即为相合的关系，其原理来自于古天文学。

天干的阴阳属性之二

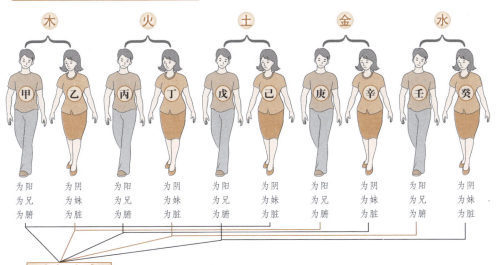

木　火　土　金　水

甲　乙　丙　丁　戊　己　庚　辛　壬　癸

为阳　为阴　为阳　为阴　为阳　为阴　为阳　为阴　为阳　为阴
为兄　为妹　为兄　为妹　为兄　为妹　为兄　为妹　为兄　为妹
为腑　为脏　为腑　为脏　为腑　为脏　为腑　为脏　为腑　为脏

夫妇之合

天干配人体

天干配身体		甲	乙	丙	丁	戊	己	庚	辛	壬	癸
		头	肩	额	齿、舌	鼻	面	筋	胸	胫	足
天干配脏腑		甲	乙	丙	丁	戊	己	庚	辛	壬	癸
		胆	肝	小肠	心	胃	脾	大肠	肺	膀胱	肾

175

为土运，乙庚之年为金运，丙辛之年为水运，丁壬之年为木运，戊癸之年为火运。这也是我国星命家占卜的重要理论之一。我国所有占卜算命理论皆源于象数易学，而象数易则源于古天文学。所以，好中医必然懂得命学与易学。

根据天文观测而确立的古历法，由于月建的地支都是固定以寅为正月，而天干却不固定。于是便有一个推算天干配月建的公式：

甲己之年丙作首，乙庚之岁戊为头。

丙辛之岁寻庚上，丁壬壬寅顺水流。

若问戊癸何处起，甲寅之上好追求。

这首歌谣的意思是：

甲己之年以丙寅作为正月，由于丙为火，火生土，所以此年行土运，即甲己化合土。

乙庚之年以戊寅为正月，由于戊为土，土生金，所以此年行金运，即乙庚化合金。

丙辛之年以庚寅为正月，由于庚为金，金生水，所以此年行水运，即丙辛化合水。

丁壬之年以壬寅为正月，由于壬为水，水生木，所以此年行木运，即丁壬化合木。

戊癸之年以甲寅为正月，由于甲为木，木生火，所以此年行火运，即戊癸化合火。

由此可见，天干化合五行的原理，确实是极为复杂。并且，由此我们也可以看出，中医所说的"五运"，指的即是这种天干化合之后生成的五行，而并非天干的原始五行。只是，后世医家因不懂古天文学，五行与五运，存在混用的现象。又由于我国古代从西晋至清朝，一直禁止天文知识与象数易学在民间的传播，所以至今，我们已经很难了解古天文的内容了。虽然古代一些命书上，记载着天干地支的刑、冲、克、害、生与七曜二十八宿有关，但其原理，却没有详细的记载。

五行化合

五气经天化五运图

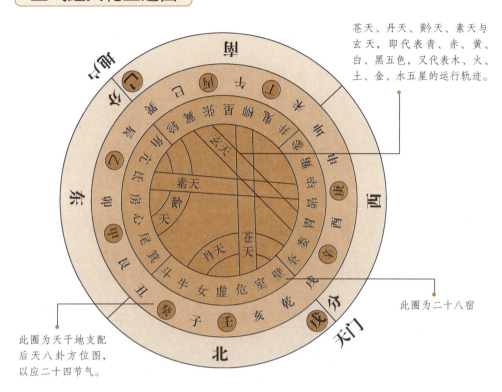

苍天、丹天、黅天、素天与玄天，即代表青、赤、黄、白、黑五色，又代表木、火、土、金、水五星的运行轨迹。

此圈为二十八宿

此圈为天干地支配后天八卦方位图，以应二十四节气。

❶ 甲己化合土　❷ 丁壬化合木　❸ 乙庚化合金　❹ 丙辛化合水　❺ 戊癸化合火

此图是依据《内经》原理绘制的五星、二十八宿运行图，可以说是一个古天文图，反映了天干化合与天象运转的关系。图中的天干、地支与后天八卦方位，是天体运行的坐标系统；二十八宿，则是日、月、五星运行的坐标系统。

十天干的两种五行属性

化合五行	甲	己	乙	庚	丙	辛	丁	壬	戊	癸
（也称五运或天五行）	土		金		水		木		火	
方位五行	甲	乙	丙	丁	戊	己	庚	辛	壬	癸
（也称地五行）	东方木		南方火		中央土		西方金		北方水	

第三十四难　何为五脏的声色嗅味与七神？

五行归类法，辨证更轻松

五脏各自有着不同的声色嗅味，并且有七种神气分别藏于五脏之中。这些，都对诊断疾病有着重要作用。

● 五脏的声色嗅味

《难经》说这些知识来自于古医书《十变》，只是这本书早已佚失，现在我们已无缘一见。关于五脏与声色嗅味的对应关系，我们列表如下，以方便读者领会。

	五声	五色	五嗅	五味	五液	五官	五音
肝	呼（呼叫声）	青	臊（膻）	酸	泣	目	角
心	言（言语）	赤	焦	苦	汗	舌	徵
脾	歌	黄	香	甘	涎	口	宫
肺	哭	白	腥	辛	涕	鼻	商
肾	呻（呻吟）	黑	腐	咸	唾	耳	羽

● 五脏与七神

五脏，便是人的神气所居藏的处所。所以肝藏魂，肺藏魄，心藏神，脾藏意与智，肾藏精和志。

滑寿解释说："脏者藏也，人之神气藏于内焉。魂者，神明之辅弼也，随神往来谓之魂；魄者，精气之匡佐也，并精而出入者谓之魄；神者，精气之化成也，两精相薄谓之神；脾主思，故藏意与智；肾者作强之官，技巧出焉，故藏精与志也。"

五脏与七神列表于下：

五脏	肝	肺	心	脾	肾
七神	魂	魄	神	意与智	精和志

五脏的声色、嗅味与七神

五脏的声色嗅味

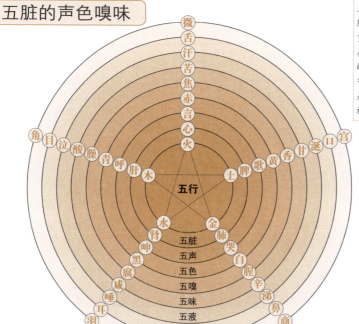

五行：微 舌 汗 苦 焦 赤 言 心 火、角 目 泣 酸 臊 青 呼 肝 木、土 脾 歌 黄 香 甘 涎 口 宫、水 肾 呻 黑 腐 咸 唾 耳 羽、金 肺 哭 白 腥 辛 涕 鼻 商

五脏 / 五声 / 五色 / 五嗅 / 五味 / 五液 / 五官 / 五音

五脏七神也可精简为五神，由于五脏贵"藏"，所以道教将藏神作为重要的养生手段。即"眼不视而魂在肝，舌不生而神在心，鼻不香而魄在肺，四肢不动意在脾。故曰五气朝元"。这"朝元"二字，指的是将神气归藏于其根源之意，即将神气各归其舍而不外泄。

五脏与七神

南

心藏神　神，即神志精神。其广义的神，指生命活力，又是精神、意识、知觉、运动等一切生命活动的概括，甚至包括五脏七神的每一方面。狭义的神，指精神思维活动，也与记忆力有关。

东

肝藏魂　魂即灵魂，是离开人体仍可存在的精气。因魂阴魄阳，所以魂也代指阳气。其舍于血附于气而游于目，是条件反射等精神意识的表现形式。

中

脾藏意与智　意，有思维、记忆、推测三种含义。智，指深思熟虑后再处事。所以，脾强则思维、记忆与推测能力强，可以智慧地处理事物。

西

肺藏魄　魄，即灵魄、气魄。其为附形之灵，离开形体则散。其舍于气，为人的先天本能活动。

肾藏精与志　精即肾精，志即意志。肾精足，则脑髓充而志强，其决断处事且付之行动的能力就强。

北

第三十五难　为何心肺与小、大肠相距较远？

脏腑各司其职，分工不同

本难不但论述了心肺与小肠、大肠相距较远的原理，还讲解了诸腑的不同功能。

35

● 心肺与小、大肠

五脏各有与之对应的腑，一般脏腑距离较近，只有肺和心距离所属的腑较远，这是怎么回事呢？

原来，心、肺两脏虽然属阴具有下沉的属性，但是心主营血，肺主卫气，相对于营卫来讲，营属阴卫属阳，但相对于全身来讲，营卫则皆属于阳气，排泄之大小便才属于阴，所以心肺两脏因具有通行阳气的功能而居于体腔的最上方。小肠、大肠两腑虽然属阳，具有上升的属性，但由于它们具有传导秽浊阴气下行的功能，所以位于体腔的下面。这就是心与小肠、肺与大肠相距较远的原因。

● 诸腑的功能

诸腑皆阳，按照阳清阴浊的原理应该是清净之所，可是大肠、小肠、膀胱三腑，却受纳不净之物，这是什么道理呢？

原来，诸腑为清净之所的说法是不对的。古医经上说，小肠，是接受容纳之府（府，古时国家收藏文书与财物的处所。古时腑与府通用，腑意为身体之府库）；大肠，是输送糟粕、排泄粪便之府；胆，是清洁之府；胃，是受纳五谷之府；膀胱，是蓄积水液之府。每一腑，不可能会有性质和功能截然不同的两个名字，所以认为诸腑皆为清净之所的观点是不对的。

从脏腑的表里配偶关系来说，小肠，是心之腑；大肠，是肺之腑；胆，是肝之腑；胃，是脾之腑；膀胱，是肾之腑。

根据五行所属的颜色来说，小肠，叫做赤肠；大肠，叫做白肠；胆，叫做青肠；胃，叫做黄肠；膀胱，叫做黑肠。它们皆受下焦所管辖，也即皆位于下焦的体腔中。（之所以称五腑为"肠"，是因为其皆宜畅通。肠，《释名》："畅也。"）

五脏的功能

心肺与大、小肠

心
我运行清纯之营气，所以不能与传导秽浊的小肠离得太近。

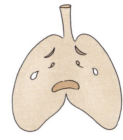

肺
我宣化运行卫气，所以得离传导糟粕的大肠远点。

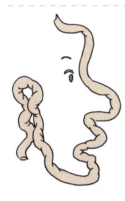

小肠
你是天上清纯的云，我是地上秽浊的水，但我们仍然有关系。

大肠
我和肺虽然距离遥远，可关系还是很近的。

哈，我明白了，原来"肠"就是畅通的意思，五腑通畅，人才健康。

五腑的功能

五腑	称谓	表里关联	功能	说明
大肠	白肠	为肺之腑	传泻行道之腑	传送食物之糟粕，将其排出体外。
小肠	赤肠	为心之腑	受盛之腑	受，即接受经胃腐熟的水谷食物；盛，即让腐熟之水谷在此存留，留精排浊，将糟粕传导给大肠。
胃	黄肠	为脾之腑	水谷之腑	受纳、腐熟水谷，并将其传导给小肠。
胆	青肠	为肝之腑	清净之腑	五腑中只有胆是清净的，胆囊中只能受纳清纯的绿黄色的胆汁，否则病且难治。胆性喜静谧，不喜烦扰。
膀胱	黑肠	为肾之腑	津液之腑	膀胱是贮藏津液的器官，并且与其他脏腑配合而具有气化功能。膀胱经气受阻，则外泄无汗，小便不利。

第三十六难　为什么人有两个肾?

左肾右命门

此难认为，人并非有两个肾，其左面的为肾，右面的为命门。

36

● 左肾右命门

　　此难认为，五脏中的心、肝、脾、肺四脏各有一个，而肾却有左右两个，这是因为两个肾脏并非全是肾，其左边的为肾，右边的是命门。命门是精气与神气居住的处所，也是人体元气的根源；男子在这里储藏精气，女子用以联系子宫而孕育胎儿。所以说，肾其实只有一个。

● 此难之意义

　　"命门"一词，首见于《灵枢·根结篇》"太阳根于至阴，结于命门。命门者，目也。"而命门理论，则首见于《难经》，其对后世医学发展有着重要意义。医家治病、道家修炼内丹，无不把命门作为生命之根。

　　后世医家通过实践研究，又形成了另外两种说法。一种认为两肾之间，为命门处；另一种认为两肾之肾阳为命门，两肾之肾阴为肾脏。总之，我们无法在解剖学中找到这个命门。然而，我们却可以感觉到它的存在。因为，身体健康的人，就会感受到后腰两肾之间的温热。按中医来说，这就是命门之火烧烤肾脏之水而蒸腾的结果。

　　古人认为命门的位置稍低于肾，这样命门之阳火在下，肾之阴水在上，就形成了八卦中的水火既济卦☵☲，火炎水温，元气充足，人的生命力就旺盛。

　　现在中医学界认为，此难之左肾右命门之说，亦应按左阴右阳来理解。还有人认为，命门的具体部位，可能即指肾上腺而言。

　　但我在此要告诉大家的是，古人讲究"坐如钟"，即是要人们坐着时要腰板挺直。其实这样可以培养命门之元气，对养生极为有益。经常坐在椅子上工作的人，对此不可不知。

　　另外值得一提的提，由于我国古人很早就有"脏皆各一，独肾有二"的说法，在天人合一思想的影响下，古人表示方位之四灵兽（即东方青龙，南方朱雀，西方白虎，北方玄武，也称为四象。如果再加中部勾陈，则为五兽。）中的玄武，亦为一龟一蛇两种动物的组合体。

肾与命门

左肾右命门

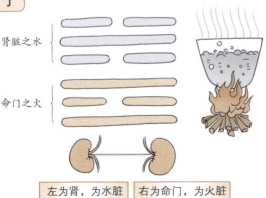

生命之原气

肾脏之水

命门之火

左为肾，为水脏　右为命门，为火脏

命门位置的不同说法

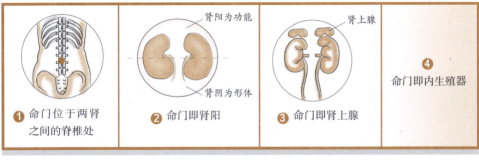

① 命门位于两肾之间的脊椎处

肾阳为功能
肾阴为形体

② 命门即肾阳

肾上腺

③ 命门即肾上腺

④ 命门即内生殖器

四象与五脏

南方朱雀配心

东方青龙配肝

中央勾阵配脾

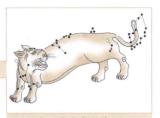

西方白虎配肺

北方玄武配肾

北方玄武为龟蛇两种灵兽，一种说法象征人有两肾，另一种说法为象征男女生殖器。

第三十七难 五脏之气通向哪里？

五脏与九窍

五脏之气，可以通过鼻、目、口、舌、耳、喉九窍相通于外。

37

● 五脏与九窍的配属

一般认为人体有七阳窍二阴窍。七阳窍为：二目、二鼻孔、二耳、一口。二阴窍为：一外生殖器（含尿道）、一肛门。

此难所言，均为《灵枢·脉度篇》之内容，不同之处为，《脉度篇》所述为七窍，此难为九窍。《脉度篇》将鼻视为一窍而没有喉咙，此难则将鼻视为二窍，并且加入喉咙一窍。另外，"关"、"格"二字正好相反（详于后面），此应以《灵枢》为准。

此难说，五脏皆上通于九窍。肺气外通于鼻孔，于是鼻子便具有了辨别香臭气味的功能；肝气外通于双目，于是双眼便具有了看清黑白的功能；脾气外通于口，于是口便可以知道五谷的香味；心气外通于舌，于是舌便具有分别五味的功能；肾气外通于双耳，于是耳朵便具有分辨五音的功能。三焦之气外通于喉咙，于是喉咙具有发声说话的功能。

如果五脏不和而致病，就会使九窍不畅通；如果六腑不和而致病，就会因气血滞留不通而形成痈（恶性脓疮）。

● "关" 与 "格"

病邪在六腑，则阳脉失调；阳脉失调，则会脉气受阻而停滞；脉气停滞，则会使阳脉显得过盛。病邪在五脏，则阴脉失调；阴脉失调，则会血脉不畅；血脉不畅，则会使阴脉显得过盛。

阴脉之气过盛，使得阳脉之气被压抑不能正常运营时，叫做关。（《难经》原文为"格"，今以《内经》为准。关，即阴气将阳气关在外面（阴内阳外）而不能正常运营。）

阳脉之气过盛，使阴脉之气不能正常营运时，叫做格。（《难经》原文为"关"，今以《内经》为准。格，阻止之意。即阳气将阴气阻止于内而不能正常运营。）

如果阴阳二气皆旺盛，使得阴阳二脉皆不能正常运营，就叫关格。出现关格的情况，人就无法活到应活的岁数而死亡。

如果阴脉中的精气运营于五脏，阳脉之精气运营于六腑，阴阳之脉如环一样周流不息而内营养脏腑，外滋养腠理，人就会健康。

五脏之气

五脏与九窍

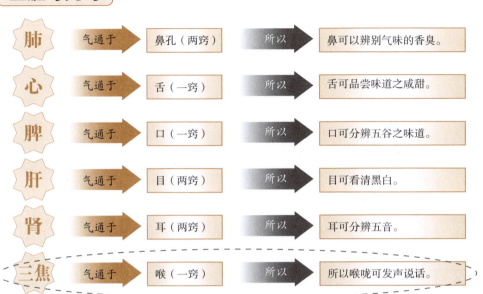

肺	气通于 →	鼻孔（两窍）	所以 →	鼻可以辨别气味的香臭。
心	气通于 →	舌（一窍）	所以 →	舌可品尝味道之咸甜。
脾	气通于 →	口（一窍）	所以 →	口可分辨五谷之味道。
肝	气通于 →	目（两窍）	所以 →	目可看清黑白。
肾	气通于 →	耳（两窍）	所以 →	耳可分辨五音。
三焦	气通于 →	喉（一窍）	所以 →	所以喉咙可发声说话。

（此项为后人所补入，非《难经》原文所有）

"关" "格"

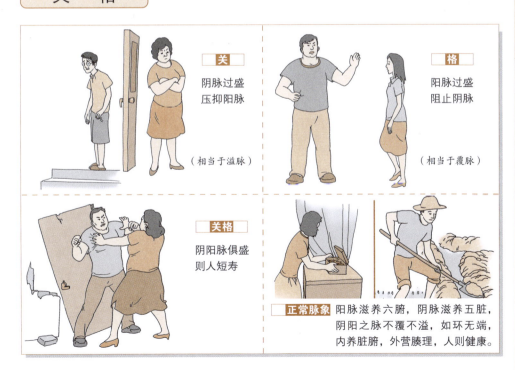

关 阴脉过盛 压抑阳脉

（相当于溢脉）

格 阳脉过盛 阻止阴脉

（相当于覆脉）

关格 阴阳脉俱盛 则人短寿

正常脉象 阳脉滋养六腑，阴脉滋养五脏，阴阳之脉不覆不溢，如环无端，内养脏腑，外营腠理，人则健康。

第三十八难　为何脏五而腑六？

三焦亦算一腑

由于三焦被算作是一腑，所以脏有五而腑有六。

38

● 五脏与六腑

既然每一脏皆有一腑，那为什么五个脏却有六个腑呢？

本难说，之所以有六腑，是因为把三焦也包括在内的缘故。三焦可引导元气，使之成为全身经气运行的总动力。其虽然有上、中、下三焦之名称，却"有名而无形"，它的经脉为手太阳三焦经。此是五腑之外的一腑，所以说腑有六个。

● 元气、真气与宗气

与三焦相关的知识，在第三十一难中已经补充，这里就不再赘述了。由于元气、真气与宗气的概念很容易混淆，所以在这里补述一下。

元气，是人的先天之气，即肾之动气，位于脐下的丹田处。元气与命门相连系，就像一个瓜通过瓜藤与命门这个根相连。命门之火温热肾阴之水，水火既济，其蒸腾之气使元气得到强固和增长。婴儿出生以前，即凭借此气而存活。

婴儿降生时的第一声啼哭，打开了后天之气的通路，于是婴儿开始在后天之气的营养中存活。古代的"氣"字中含有一个"米"字，这是因为古人认为气是人所赖以存活的最精纯的食粮。后天之气有天空之气，有大地之气。天空之气即天空中的五行之气，大地之气即五谷之气。人生存于天地之间，鼻孔吸入天空五行之气深达肝肾（吸入肝与肾），于是先天的微弱元气，亦在这后天之气的营养中坚固壮大。五谷之气从口腔进入人体中焦（即水谷饮食入胃腐熟），经脾脏运化后，其清纯的精微之气上升入肺，经肺的运化而化血入心脉为营血；脾脏运化后的杂浊之气下降至下焦，得元气之气化而形成卫气，上升入中焦再至上焦。于是上焦即有营气亦有卫气，并且还有鼻孔出入的天空之气（吸出心与肺）。这上焦之气的总和，便称为宗气。

行于经脉之中的，则为营气；行于经脉之外的，则为卫气。循经而行的营卫之气，则称为真气。所以《内经》说："真气者，经气也。"

总之，对于后天之人来说，肾间之气，即为元气；胸中之气，即为宗气；经脉之气，即为营卫之真气。

元气、宗气与真气

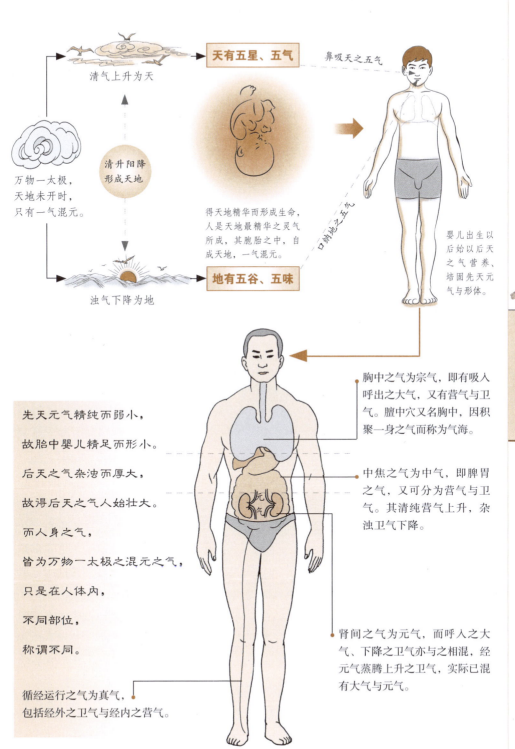

天有五星、五气

鼻吸天之五气

清气上升为天

清升阳降
形成天地

万物一太极，
天地未开时，
只有一气混元。

得天地精华而形成生命，
人是天地最精华之灵气
所成，其胞胎之中，自
成天地，一气混元。

口纳地之五气

地有五谷、五味

浊气下降为地

婴儿出生以
后始以后天
之气营养、
培固先天元
气与形体。

先天元气精纯而弱小，

故胎中婴儿精足而形小。

后天之气杂油而厚大，

故得后天之气人始壮大。

而人身之气，

皆为万物一太极之混元之气，

只是在人体内，

不同部位，

称谓不同。

胸中之气为宗气，即有吸入
呼出之大气，又有营气与卫
气。膻中穴又名胸中，因积
聚一身之气而称为气海。

中焦之气为中气，即脾胃
之气，又可分为营气与卫
气。其清纯营气上升，杂
浊卫气下降。

肾间之气为元气，而呼入之大
气，下降之卫气亦与之相混，经
元气蒸腾上升之卫气，实际已混
有大气与元气。

循经运行之气为真气，
包括经外之卫气与经内之营气。

187

第三十九难　何为五腑六脏?

命门亦算一脏

小肠、大肠、胃、胆、膀胱为五腑，心、肝、脾、肺、肾五脏，再加上命门为六脏。

● 六脏之说

此难所问为："医经上说腑有五个，脏有六个，是什么意思呢？"此问出自何经，今已无法考证，因为《内经》上没有这种说法。由此也可以看出《难经》所回答的问题，正是很多古医经上的一些难点。所以其内容并非仅限于《内经》，并且《难经》的思想，也不是完全统一的。

此难所答为："所谓六腑，其实只有五个腑。然而五脏也有六脏的说法，就是将肾脏分为两个脏。其左面的为肾，右面的为命门。命门为精神居住之所，男子在这里藏精气（液），女子用以联系子宫。命门与肾气相通。所以说脏有六个。"

● 五腑之说

腑有五个的说法，是怎么回事呢？此难回答说，心、肝、脾、肺、肾五脏各有一腑，虽然三焦也属于一腑，但不归属于五脏，所以说腑有五个。

需要说明的是，后世医家之所以认为《难经》之心包即为命门，不同于《内经》，则主要是根据此难与第三十八难的内容。将此难与第三十八难的知识相结合，便可推导出六脏为心、肝、脾、肺、肾、命门，六腑为小肠、胆、胃、大肠、膀胱和三焦，于是认为命门与三焦相表里。而将右尺定为命门与三焦的切脉法，亦与此说有着一定渊源。

而事实上，五脏六腑说与六脏五腑说，皆因古医经隐去心经而以心包经代之所产生的误会。并且五脏六腑说与六脏五腑说也并非《难经》作者的观点，而是古医经上的观点，目的是隐去心经。也许，《难经》作者知道心经禁针的说法，亦在避免谈及心经与心包经的知识；也许，《难经》作者已不知心经禁针一事，面对古医书的不同观点，亦无从取舍，只得以古医经的说法解疑。

总之，认为《难经》含有心包即命门观点的说法是错误的。《难经》作者如果真的想表达心包即命门的观点，根本用不着这么矛盾、啰嗦与含糊其辞。

六脏与六腑

命门与心包之误解

三十八难之五脏六腑					
五脏	肺	心	脾	肝	肾	？
六腑	大肠	小肠	胃	胆	膀胱	三焦

三十九难之六脏五腑						
六脏	肺	心	脾	肝	肾	命门
五腑	大肠	小肠	胃	胆	膀胱	？

此难亦说明五腑之外另有三焦。

将两难知识结合

六脏（里）	肺	心	脾	肝	肾	命门
六腑（表）	大肠	小肠	胃	胆	膀胱	三焦
寸口	右寸	左寸	右关	左关	左尺	右尺

命门与三焦相表里：心主与三焦相表里（二十五难）

所以有人认为《难经》的心包就是命门。

心主＝命门

以上推理与观点是错误的！但是由于针灸治病重点在于循经选穴，所以将心包经称作命门经并不影响临床治病。故此，这种错误观点可以流传至今。

此难及三十八难本意

秦汉以前，手少阴心经严禁施针施灸，所以当时的医师隐去心经，而将心包经称为手少阴心经，所以脉书上只有足臂十一条正经。

隐去心经在医界属于秘而不宣的禁忌。于是，出现了五脏六腑论、六脏五腑等诸多说法，并写进医书中。

本难与上一难所回答的，正是那些古医书的原意，并非是作者的观点。

如果《难经》作者为春秋战国时期的扁鹊，则说明作者依然保持着禁忌传统。

如果《难经》的作者为汉朝人，则肯定已不知心经禁针一事，也只能用原经原意解疑。

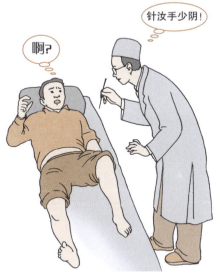

啊？

针汝手少阴！

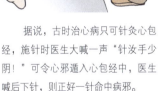

据说，古时治心病只可针灸心包经，施针时医生大喊一声"针汝手少阴！"可令心邪遁入心包经中，医生喊后下针，则正好一针命中病邪。

第四十难　为何肾肺与声嗅有关？

耳闻鼻嗅的原理

鼻为肺之窍，为何可以闻出香臭？耳为肾之窍，为何可以听到声音？本难回答的便是这两个问题。

● 耳闻鼻嗅原理

此难所问为："医经上说肝主颜色（即双目可分辨颜色），心主气味（似有误），脾主味道，肺主声音（似有误），肾主津液。鼻为肺窍是肺的外候，而它反能辨别香臭；耳为肾窍是肾的外候，而它却能听到声音，这是什么道理呢？"

此难所答为："肺，属于西方金，金长生于巳，地支巳属于南方火，而心的五行属性也为火，又因为心主嗅（似有误），所以肺窍之鼻亦可闻出香臭来。肾，属于北方水，水长生于申，地支申属于西方金，而肺的五行属性也为金，肺主声音（似有误），所以肾窍的耳朵可以听到声音。"

此难所答，与第三十四难、第三十七难的知识不太一样。滑寿认为："肺主声，肝主色，心主臭，脾主味，肾主液，是五脏各有所主也。然而一脏之中，又各有声色臭味液，五五二十有五，五行错综之道也。"可见，这是以五行属性解答九窍为何具有声、色、嗅、味等功能的原理。

按五行原理，金空则鸣，金属易于发出音响，而肺属金，所以肺窍之鼻本应具有识别声音的功能。可是肺却能辨别气味，这主要是由于金长生于巳，地支巳为南方火，与心同为一个五行属性，火燃烧会产生气味，所以说"心主嗅"，肺窍之鼻便也因具有心火的属性而可以辨别气味了。肾窍可听声音的道理与此相同。这种推理虽然不见得科学，但如果不懂十天干生旺死绝的道理，还真搞不懂这里说的是什么。所以下面便介绍一下十天干之生旺死绝。

● 十天干之生旺死绝

十天干生旺理论，广泛应用于命理学说，将其列成表格，便是著名的十天干生旺死绝表。万物皆处绝地而始生，然后得胎而养，再生长壮大，再由旺盛的极点走向衰落，这便是十天干生旺死绝表所表达的含义。

为了使读者能够深刻领会这其中的原理，现将五行生旺表列于右页。

肺与嗅

肺为西方金，
金长生于巳；
巳为心，心主嗅，
故肺窍之鼻
可闻香臭。

肾与声

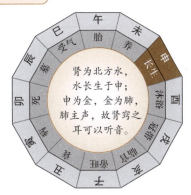

肾为北方水，
水长生于申；
申为金，金为肺，
肺主声，故肾窍之
耳可以听音。

十天干生旺死绝表

此表的内容与《难经》略有区别。本难五阴干与五阳干的旺衰过程是相同的，皆与阳干的旺衰过程相同，即五脏的旺衰过程与其相表里的五腑相同。至于为何会有这两种说法，尚待研究。

十天干旺衰过程	五阳干					五阴干				
	甲木（胆）	丙火（小肠）	戊土（胃）	庚金（大肠）	壬水（膀胱）	乙木（肝）	丁火（心）	己土（脾）	辛金（肺）	癸水（肾）
绝（受气）	申	亥	亥	寅	巳	酉	子	子	卯	午
胎	酉	子	子	卯	午	申	亥	亥	寅	巳
养	戌	丑	丑	辰	未	未	戌	戌	丑	辰
长生	亥	寅	寅	巳	申	午	酉	酉	子	卯
沐浴	子	卯	卯	午	酉	巳	申	申	亥	寅
冠带	丑	辰	辰	未	戌	辰	未	未	戌	丑
临官	寅	巳	巳	申	亥	卯	午	午	酉	子
帝旺	卯	午	午	酉	子	寅	巳	巳	申	亥
衰	辰	未	未	戌	丑	丑	辰	辰	未	戌
病	巳	申	申	亥	寅	子	卯	卯	午	酉
死	午	酉	酉	子	卯	亥	寅	寅	巳	申
墓	未	戌	戌	丑	辰	戌	丑	丑	辰	未

十二地支配人体

十二支	子	丑	寅	卯	辰	巳	午	未	申	酉	戌	亥
身体	耳	胞肚	手	指	肩胸	面咽齿	眼	脊梁	经络	精血	命门腿足	头
脏腑	膀胱三焦	脾	胆	肝	胃	心	小肠	脾	大肠	肺	胃	肾心包

第四十一难　肝脏为什么有两叶？

因草木初生皆两叶

肝为东方木，树木的叶子一般都是对生，所以肝也像叶子一样，有两叶。

● 肝有两叶

此难说：肝，属于东方木，东方木代表万物始生的春天。万物始生，在比较幼小时，意识中还不懂得应该与谁相亲，此时冬天尚近（亦喻肝离肾不远，肾为肝母，为阴中之太阴），夏天也不远（亦喻肝离心不远，心为肝之子，为阳中之太阳），就像怀有二心一样，草木甲坼只有两叶。所以肝脏亦像草木幼苗一样，分为左右两叶。

此难说肝有两叶，可下一难却说肝有七叶，对此，滑寿认为："此云两叶，举其大；言七叶，尽其详，左三右四，亦自相阴阳之义。"即此难是将肝从大的形象来分，可分为两叶。下一难讲肝左有三叶、右有四叶，属于细致的分法。

● 左肝右肺之说

中医有左肝右肺之说，在解剖学中肯定是属于错误的理论。然而，左肝右肺说是相对五脏的五行方位理论而言，不能将其等同于解剖学对肝肺的概念。

左肝右肺之说，是中医辨证的一种方法。中医五脏与五行相应，五行应五方，于是五脏便也有五方的属性。即，肝为东方木，心为南方火，脾为中央土，肺为西方金，肾为北方水。根据五行生克原理，对患者进行辨证治疗，正是中医的特色，并且具有一定的科学性，所以左肝右肺理论不可丢掉。

肝有两叶

肝有两叶原理

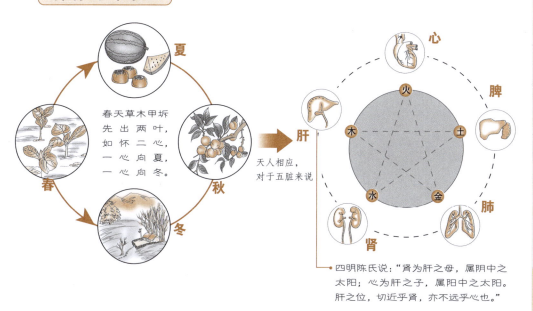

春天草木甲坼
先出两叶，
如怀二心，
一心向夏，
一心向冬。

天人相应，
对于五脏来说

四明陈氏说："肾为肝之母，属阴中之
太阳；心为肝之子，属阳中之太阳。
肝之位，切近乎肾，亦不远乎心也。"

左肝右肺之说

中医的"左肝右肺"说，并非是解剖学上的概念，而是
把五脏赋予五行之方位，以便根据生克关系来辨证论治。

第四十二难　肠胃长度与容量各是多少？

古中医的解剖知识

本难介绍了肠胃及其他器官的长度、容量与重量，这些数据的精确程度，使人不得不相信在那个遥远的年代，已存在通过解剖实践来了解人体的事实。

● 古代的度量衡

我国古代的度、量、衡制度，一直很不统一。总体来说，从古至今，尺寸变得越来越长，容积变得越来越大，重量变得越来越重。可是，如今有些研究古医书的人以现在的换算单位来理解此难，造成数据误差近一倍。

此难所使用的长度单位为尺、寸、分，容积单位为斗、升、合，重量单位为斤、两、铢，似为汉制。故此，将汉朝度量衡换算列于下。

1 尺 =10 分，1 分 =10 寸，1 寸 =2.31 厘米。

1 斗 =10 升，1 升 =10 合，1 合 =20 毫升。

1 斤 =16 两，1 两 =24 铢，1 铢 =0.65 克（东汉为 0.57 克），一斤≈ 250 克（东汉为 220 克）。

● 肠胃的长度与容量

胃：周长一尺五寸，直径五寸，长二尺六寸。最多可容纳水谷三斗五升，平时可容纳食物二斗，水液一斗五升。

小肠：周长二寸半，直径八分零三分之一分，长三丈二尺。可以容纳谷物二斗四升，水液六升三合零三分之二合。

回肠：周长四寸，直径一寸半，长二丈一尺。可以容纳谷物一斗，水液七升半。（回肠，即大肠。）

广肠：周长八寸，直径二寸半，长二尺八寸。可以容纳谷物之糟粕九升三合零八分之一合。（广肠，乙状结肠与直肠的总称。）

综上所述，肠胃的总长度为五丈八尺四寸，共可容纳水谷八斗七升六合零八分之一合（似有误，应作九斗二升一合零三分之二合）。这就是肠胃的长短和容纳水谷的容量总数。

● 五脏的相关数据

肝：重四斤四两，左三叶，右四叶，一共七叶，主藏魂。

心：重十二两，其中有七孔三毛，可储藏精汁三合，主藏神。

中国历代量制演变简表

时代	量制	统一换算（毫升）
战国	齐:1 钟 = 10 釜 , 1 釜 = 4 区 , 1 区 = 4 豆 , 1 豆 = 4 升 秦:1 斛 = 10 斗 , 1 斗 = 10 升 楚:1 筲 = 5 升 三晋:1 斛 = 10 斗 , 1 斗 = 10 升	
秦	1 斛 = 10 斗 , 1 斗 = 10 升	1 斛 = 20000, 1 斗 = 2000, 1 升 = 200
汉	1 斛 = 10 斗 , 1 斗 = 10 升 , 1 升 = 10 合 , 1 合 = 2 龠 , 1 龠 = 5 撮 , 1 撮 = 4 圭	1 斛 = 20000, 1 斗 = 2000,1 升 = 200， 1 合 = 20, 1 龠 = 10, 1 撮 = 2, 1 圭 = 0.5
三国两晋	1 斛 = 10 斗 , 1 斗 = 10 升 , 1 升 = 10 合	1 斛 = 20450, 1 斗 = 2045, 1 升 = 204.5, 1 合 = 20.45
南北朝	1 斛 = 10 斗 , 1 斗 = 10 升 , 1 升 = 10 合	1 斛 = 30000, 1 斗 = 3000, 1 升 = 300, 1 合 = 30
隋	1 斛 = 10 斗 , 1 斗 = 10 升 , 1 升 = 10 合	开皇: 1 斛 = 60000, 1 斗 = 6000, 1 升 = 600, 1 合 = 60 大业: 1 斛 = 20000, 1 斗 = 2000, 1 升 = 200, 1 合 = 20
唐	1 斛 = 10 斗 , 1 斗 = 10 升 , 1 升 = 10 合	大: 1 斛 = 60000, 1 斗 = 6000, 1 升 = 600, 1 合 = 60 小: 1 斛 = 20000, 1 斗 = 2000, 1 升 = 200, 1 合 = 20
宋	1 石 = 2 斛 , 1 斛 = 5 斗 , 1 斗 = 10 升 , 1 升 = 10 合	1 石 = 67000, 1 斛 = 33500, 1 斗 = 6700, 1 升 = 670, 1 合 = 67
元	1 石 = 2 斛 , 1 斛 = 5 斗 , 1 斗 = 10 升 , 1 升 = 10 合	1 石 = 95000, 1 斛 = 47500, 1 斗 = 9500, 1 升 = 950, 1 合 = 95
明	1 石 = 2 斛 , 1 斛 = 5 斗 , 1 斗 = 10 升 , 1 升 = 10 合	1 石 = 100000, 1 斛 = 50000, 1 斗 = 10000, 1 升 = 1000, 1 合 = 100
清	1 石 = 2 斛 , 1 斛 = 5 斗 , 1 斗 = 10 升 , 1 升 = 10 合	1 石 = 100000, 1 斛 = 50000, 1 斗 = 10000, 1 升 = 1000, 1 合 = 100

脾：重二斤三两，扁宽三寸，长五寸，储藏散膏状物半斤，主统摄血液、温养五脏，脾藏意，有助于人的意念、记忆与思虑。

肺：重三斤三两，有六叶二耳，共八叶，主藏魄。

肾：有两枚，重一斤二两，主藏志。

● **五腑的相关数据**

胆：位于肝脏的短叶之间，重三两三铢，可储藏精汁三合。

胃：重二斤十四两；将胃的弯曲处伸直测量，长二尺六寸；周长为一尺五寸，直径五寸；可容纳谷物二斗，水液一斗五升。

小肠：重二斤十四两；长三丈二尺，周长二寸半，直径八分零少半分，向左旋转盘绕形成十六道弯；可容纳谷物二斗四升，水液六升三合零多半合。

大肠：重二斤十二两，长两丈一尺，周长四寸，直径一寸半，从脐处开始向右旋转盘绕形成十六道弯；可容纳谷物一斗，水液七升半。

膀胱：重九两二铢，长宽均为九寸，可储藏尿液九升九合。

● **其他相关数据**

口：宽二寸半，从唇至齿长九分，从齿至会厌的深度为三寸半，最大容量为五合。（会厌：①即吸门。《难经·四十四难》："会厌为吸门。"丁德用注："会厌为吸门者，咽喉为水谷下时厌按呼吸也。"会厌是掩盖以保护气管的器官，也是呼吸纳气的枢纽，故称之为吸门。②《儒门事亲》卷三认为："会厌之下为吸门。"故吸门包括今之声带、会厌等部。）

舌：重十两，长七寸，宽二寸半。

咽门：重十二两，宽二寸半，从咽门至胃的长度为一尺六寸。（咽门：在喉腔内，为咽入之门，饮食通过咽门下入食管。《灵枢·肠胃》："咽门重十两，广一寸半。"）

喉咙：重十二两，宽二寸，长一尺二寸，有九节。

肛门：重十二两；周长八寸，直径二寸零多半寸，长二尺八寸；容量为九升三合零八分之一合。

中国历代衡制演变简表

时代	衡制	统一换算（克）
战国	楚：1斤=16两，1两=24铢	1斤=250，1两=15.6，1铢=0.65
	赵：1石=120斤，1斤=16两，1两=24铢	1石=30000，1斤=250，1两=15.6，1铢=0.65
	魏：1镒=10斤，1斤=20两	1镒=315，1斤=31.5
	秦： 1石=4钧，1钧=30斤， 1斤=16两，1两=24铢	1石=30360，1钧=7590，1斤=253，1两=15.8，1铢=0.66
秦	1石=4钧，1钧=30斤，1斤=16两，1两=24铢	1石=30360，1钧=7590，1斤=253，1两=15.8，1铢=0.66
汉	1石=4钧，1钧=30斤，1斤=16两，1两=24铢	1石=29760，1钧=7440，1斤=248，1两=15.5，1铢=0.65
	1石=4钧，1钧=30斤，1斤=16两，1两=24铢	1石=26400，1钧=6600，1斤=220，1两=13.8，1铢=0.57
三国	1石=4钧，1钧=30斤，1斤=16两，1两=24铢	1石=26400，1钧=6600，1斤=220，1两=13.8，1铢=0.57
两晋	1石=4钧，1钧=30斤，1斤=16两，1两=24铢	1石=26400，1钧=6600，1斤=220，1两=13.8，1铢=0.57
南北朝	1石=4钧，1钧=30斤，1斤=16两，1两=24铢	梁、陈：1斤=220，南齐：1斤=330，北魏、北齐：1斤=440，北周：1斤=660
隋	1石=4钧，1钧=30斤，1斤=16两，1两=24铢	大：1石=79320，1钧=19830，1斤=661，1两=41.3 小：1石=26400，1钧=6600，1斤=220，1两=13.8
唐	1石=4钧，1钧=30斤，1斤=16两，1两=24铢	1石=79320，1钧=19830,1斤=661，1两=41.3，1钱=4.13，1分=0.41
宋	1石=120斤，1斤=16两，1两=10钱，1钱=10分	1石=75960，1斤=633，1两=40，1钱=4，1分=0.4
元	1石=120斤，1斤=16两，1两=10钱，1钱=10分	1石=75960，1斤=633，1两=40，1钱=4，1分=0.4
明	1石=120斤，1斤=16两，1两=10钱，1钱=10分	1石=70800，1斤=590，1两=36.9，1钱=3.69，1分=0.37
清	1石=120斤，1斤=16两，1两=10钱，1钱=10分	1石=70800，1斤=590，1两=36.9，1钱=3.69，1分=0.37

第四十三难　为何人七日不饮食则死？

七天会将水谷津液消耗竭尽

七天不吃不喝，人赖以存活的所有营养就会消耗竭尽，所以会死亡。

43

● 七日不饮食则死

人七日不饮不食为何会死亡？

此难说，人的胃里，通常可存谷物二斗（四千毫升），存水液一斗五升（三千毫升）。所以，通常健康人每天要排便两次，一次便量为二升半（五百毫升），两次一共五升（一千毫升），七天则共排便三斗五升（七千毫升），便将所有消化的水谷排泄掉了（即将胃所存水谷总和的三斗五升排泄完了）。这样，水谷津液全部没有了，所以就死了。

● 人的饥渴限度

现在，仍然有很多人同意《难经》七日不饮食则死的观点，因为人七天不吃不喝，的确会死亡。可是，此难所论述的原理却并非正确。

人七日而死不是因为粪便排完了，而是因为"不饮"。水，对维持生命有重要作用，正常人每天需水二千五百毫升，人不喝水，最多能活七天。只喝水而不吃饭，根据不同体质，有的人可活二十天，有的人甚至可以活一个月以上。

没有水的星球便不会有生命，可见水是生命之源。其实，人类的许多病症，并非是真的病了，而只是"渴了"。故此，适当饮水，保持机体不处于缺水状态，是养生的重要手段之一。

正如不要在饥饿时才去吃饭的道理一样，亦应该在还没感觉到口渴时便适量饮水。人有饥渴感时，说明人体已经发出了危急信号，机体已经陷入缺食缺水的危机中。

另外，人不睡觉大约只能活五天，人不呼吸只能活几分钟。可见睡眠与呼吸对养生更加重要。那么该怎样呼吸呢？相信通读本《难经》之后，你便会拥有一个适合你自己的答案。

人耐饥渴的限度

《难经》的说法

400毫升谷物　＋　3000毫升水　＝　胃的总容量 7000毫升　　每次排便量 500毫升　×2＝　日排便量 1000毫升

若七日不饮不食

胃的7000毫升水谷　－　日排便量 1000毫升　×7（天）＝　　胃中水谷全部排尽，所以七日不饮不食则死。

实际原因

人不喝水最多只能活7天。只喝水不吃饭，人甚至可活一个月。每天保障饮水2500毫升，就是很好的养身方法。

道家十六字养生诀

道家十六字养生诀是一种简易而有效的呼吸养生法，也称十六锭金和一秤金诀。其诀曰："一吸便提，气气归脐；一提便咽，水火相见。"意即不居住行住坐卧，舌搅华池，抵上颚，候津生时，漱然咽下有声，随即吸气一口入脐下丹田，略过之后，以意念及目力将气循督脉而上泥丸。此法与小周天有异曲同工之妙，久行之则精神旺盛，百病不生。

199

第四十四难　什么是七冲门？

消化系统的七个要冲之门

古人认为消化系统有七个要冲之门，总称为七冲门。

● 七冲门

唇如鸟翅一样自由开合，是消化道最外面的大门，所以嘴唇为飞门；饮食须经牙齿咀嚼，才能下咽，所以牙齿为户门（即屋子的门）；会厌是食管和气管的相会处，既是食物入食管之处，又是呼吸的门户，所以厌门为吸门；食物要从胃的上口进入胃中，所以胃（代指胃上口）为贲门（贲，音奔且意同，奔流而下之食物在此遇门所阻）；消化后的食物从胃下口入小肠，太仓是胃的别名，意水谷之大仓库，所以太仓下口为幽门（幽门，幽深之门，呵呵，从此消化之物要经过三十二道弯才能排出体外）；小肠吸收食物中的精微，而要将糟粕排到大肠那里，大肠与小肠衔接处要设置一个拦截的物件防止精微进入大肠，所以小肠、大肠交会处为阑门（阑，为门前的栅栏。呵呵，这个栅栏门很有用处）；最后，这些糟粕之物来到大肠最下端，总算经肛门得以排出体外，所以下极为魄门（魄，通"粕"；魄门，即糟粕之门）。

以上七门，便是人体消化系统的七个要冲之门，简称七冲门。

● 八门与命门

清朝陈修园的《医学实在易》，在七冲门的基础上，外加溺窍之气门，于是成为八门。并且，他认为气门便是人体之命门。其理论对丹家修炼很有帮助，故录之于下："人之强弱寿夭，全系命门。命门不是右肾，亦非两肾中间，更非督脉十四椎下命门之俞穴。……后读《黄庭经》云：上有黄庭下关元，后有幽门前命门。方悟其处。凡人受生之初，先天精气，聚于脐下，当关元、气海之间。其在女者，可以手扪而得，俗名产门；其在男者，于泄精之时，自有关阑知觉，此北门锁钥之司，人之生命处也。又考越人'七冲门'之说，谓……。便溺由气化而出，又增溺窍为气门。凡称之曰门，盖指出入之处而言也。况身形未生之初，父母交会之际，男之施由此门而出，女之受由此门而入，及胎元既足，复由此门而生，故于八门之外，重之曰命门也。"

七冲门

清朝陈修园在七冲门的基础上，加溺窍之气门，成为八门。陈氏并将这第八个要冲之门，称为命门，即男女生殖器的开泄之门。

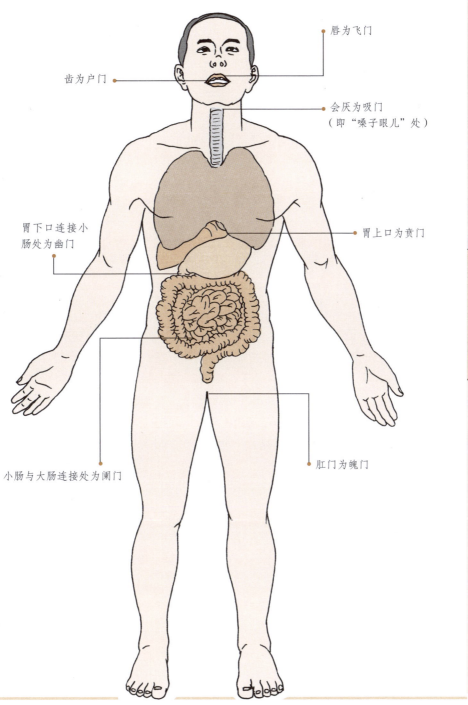

唇为飞门

齿为户门

会厌为吸门
（即"嗓子眼儿"处）

胃下口连接小肠处为幽门

胃上口为贲门

小肠与大肠连接处为阑门

肛门为魄门

第四十五难　什么是八会？

八会穴的名称与意义

八会，即腑、脏、筋、髓、血、骨、脉、气的精气分别所会聚之处的八个腧穴，也称八会穴。

45

●《难经》之八会

八会穴首载于《难经》，它与其所属的八种脏器组织的生理功能有着密切关系。

此难说，六腑之气会聚于太仓，五脏之气会聚于季胁，筋会聚于阳陵泉，髓会聚于绝骨，血会聚于膈俞，骨会聚于大杼，脉会聚于太渊，气会聚于三焦膜之外的两乳之间。凡属内热病变（今临床已不限于热病），都可以取其所属的穴位进行针疗。

● 众医家之观点

滑寿认为：六腑气会之太仓，即中脘穴，位于脐上四寸；六腑取禀于胃，所以为腑会。五脏气会之季胁，即章门穴，为脾之募，五脏取禀于脾，故为脏会。筋会之阳陵泉，为足少阳胆经之腧穴，胆与肝为配，肝者筋之合，故为筋会。髓会之绝骨，也叫阳辅，位于足外踝上四寸，辅骨前，绝骨端，如前三分；诸髓皆属于骨，故为髓会。血会之膈俞，位于背部第七椎下，去脊两旁各一寸半，为足太阳膀胱经的脉气所发处，太阳多血，又血乃水之象，故为血会。骨会之大杼，位于项后第一椎下，去脊两旁各一寸半。脉会之太渊，在掌手陷中动脉处，即所谓寸口者，脉之大会也。气会之三焦，即两乳中间的膻中穴，为气之海，位于玉堂穴下一寸六分。

《千金要方》认为，绝骨，即悬钟穴，位于足外踝上三分处。（今医学教材皆以此为准。）

四明陈氏认为：髓会之绝骨，与足少阳胆胆经无关，因脑为髓海，脑后有枕骨穴，则绝骨当为枕骨之误。血会之膈俞，位于七椎下两旁，因血者心所统、肝所藏，膈俞上为心俞，下为肝俞，故为血会。骨会之大杼，因骨者髓所养，髓自脑下注于大杼，再渗入脊心，下贯尾驱，继而渗诸骨节，故骨之气皆会于此。

元朝谢氏谢坚白认为：三焦当为上焦。

与滑寿同时代的古益袁氏认为：人能健步，以髓会绝骨也；肩能任重，以骨会大杼也。

八会穴

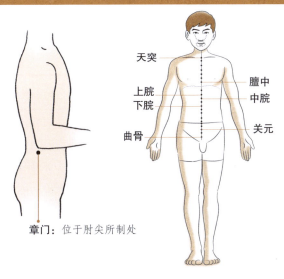

天突
膻中
上脘
中脘
下脘
关元
曲骨

大杼：第一胸椎棘突下，旁开 1.5 寸

膈俞：第七胸椎棘突下，旁开 1.5 寸

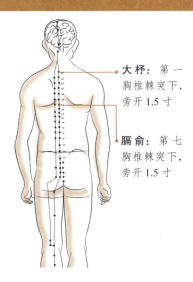

章门：位于肘尖所制处

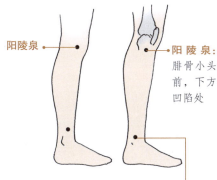

阳陵泉

阳陵泉：腓骨小头前，下方凹陷处

悬钟：外踝尖上 3 寸，腓骨前部

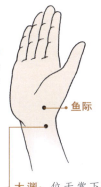

鱼际

太渊：位于掌下横纹，桡动脉搏动处

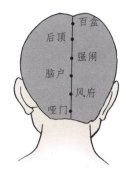

百盒
后顶
强闹
脑户
风府
哑门

四明陈氏所说的枕骨穴似乎应属于督脉，但哪一个穴位才是，我们已无从知晓。

八会穴表

八会	穴名	经属
脏会	季胁（即章门）	脾经
腑会	太仓（即中脘）	胃经
气会	膻中	心包经
血会	膈俞	膀胱经
筋会	阳陵泉	胆经
脉会	太渊	肺经
骨会	大杼	膀胱经
髓会	绝骨（一说为悬钟穴，一说为枕骨穴）	胆经（一说与胆经无关）

第四十六难　为何老少睡眠不同？

气血的盛衰

此难认为，少年人血气盛，所以睡眠质量好；老年人血气已衰，所以睡眠质量不好。

● 血气盛衰影响人的睡眠

为什么老年人躺在床上，却睡不着；年轻人却躺下就着，并且不容易醒呢？

本难说，医经上说少年和壮年人血气旺盛，肌肉滑润，经脉的气道通畅，营气与卫气的运行不会失常，所以他们白天精力充沛，夜里睡着便不易醒。老年人血气衰弱，肌肉松弛不润滑，使经脉的气道不通畅，营气与卫气无法正常运行，所以老年人白天无精打采、总想睡觉，可夜里却总是睡不着觉，有这些症状，则说明已步入老年。

● 关于老人的睡眠

有人认为，老年人因为代谢减慢，活动减少，应该减少睡眠时间。这种说法是错误的。

老年人爱打瞌睡，说明睡眠是老年人的一种主要休息方式。老年人睡觉轻、易醒，每次睡的时间可能比年轻人要少，但每天总的睡眠时间决不可少。专家指出：60～70岁的老年人每天应睡8小时左右，71～90岁者每天应睡眠9小时左右，90岁以上者每天应睡眠10～12小时；女性老年人的睡眠时间应比男性更长些。

睡眠同养生的关系也很密切，许多长寿老人睡眠时间都很充足，有的百岁老人每天要睡十多个小时。除了睡眠时间之外，古代养生家还很注重睡眠的方法。如半山翁诗云："花竹幽窗午梦长，此中与世暂相忘。华山处士如容见，不觅仙方觅睡方。"宋蔡季通《睡诀》指出：觉侧而屈，觉正而伸，早晚以时，先睡心，后睡眼。睡眠姿势与睡眠效果很有关系，一般以右侧卧睡姿势比较科学。

另外，要睡好子午觉的观点，也有一定的道理。

老年人与年轻人的睡眠

老年人

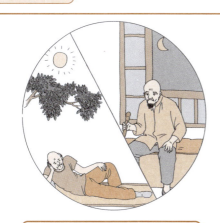

老人血气衰微，营卫失常，所以白天昏昏欲睡，夜里却睡不着觉。

年轻人血气旺盛，营卫正常，所以白天精力充沛，夜里睡眠质量好。

老年人的睡眠时间

60～70 岁	71～90 岁	90 岁以上
需 8 小时睡眠时间	需 9 小时睡眠时间	需 10～12 小时睡眠时间

女性老年人应比男性睡眠时间更长些。

正确的睡眠方法

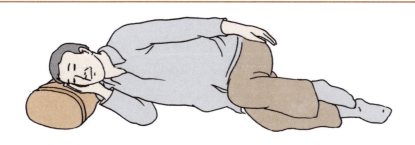

（1）右侧体位，屈身而卧；（2）五气朝元，七神归位，让身体与精神放松下来；（3）先睡心后睡眼，安然入眠；（4）睡眠中会随时段而变换卧姿，尽量做到侧则屈，正则伸；（5）睡醒起床前，要在床上做伸展动作，伸懒腰以增加呼吸量和舒展各关节。

第四十七难　人脸为什么不怕冷？

头为诸阳之会

此难认为，头部为诸阳之会，所以人面独能耐寒。

47

● 人面耐寒之理

　　此难说，人的头部，是手三阳、足三阳经脉的会聚之所。手三阴、足三阴经脉循行至颈部或胸中便返回去了，只有诸阳脉全部向上循行到头部，所以使面部能够比身体其他部位更耐寒冷。

● 诸阳之会与养生

　　其实，手足三阴经中有些经脉也上行到头部，只是头部的腧穴只有承浆一穴属于阴经的任脉，其他皆为阳经腧穴。可是手足三阴经的络脉却全部上循头面，所以说，人面耐寒与阴经也是有关系的。

　　手足三阳脉中，尤以足少阳胆经、足阳明胃经、足太阳膀胱经和手少阳三焦经的腧穴在头部排列最为密集。另外，奇经八脉中的阴阳二跷经脉与任督二脉，也在头部有很多腧穴。其中督脉的络脉在头部分部最广。这些，都使人的头部更具耐寒的功能。

　　正是在头为诸阳之会的理论下，形成了"头宜凉，脚宜暖"的养生方法。尤其是小儿身体阳盛，或是天寒季节，头部捂得过严，皆可致内热上攻于头，出现头疮、目赤等症。

　　虽然面部耐寒，但如果天气过于寒冷，还是可以使脸部冻伤的。由于人面部的毛细血管丰富，所以冻伤的脸会出现"红面血丝"的现象。所以，"头宜凉"而非"头宜寒"。

　　由于头部毛细血管丰富，并且穴位密集，所以古代养生家讲究"发宜常梳"以疏通头部脉络，"面宜常擦"以增强毛细血管中的血循环。双耳与鼻子，由于接触空气的面积较大，在冬天更是易于冻伤，所以对这两个部位，更要加强按摩。

人面独能耐寒

人面耐寒原理

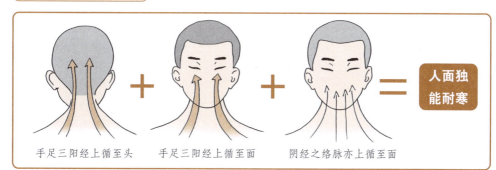

手足三阳经上循至头 + 手足三阳经上循至面 + 阴经之络脉亦上循至面 = **人面独能耐寒**

诸阳之会与养生

头宜凉，脚宜暖。

冬天千万不要让双脚受冻。

冷水洗脸，热水洗脚，有益健康。

天寒时节，小儿头部捂得过严，可出现头疮、目赤的症状。

面部也要防冻伤

低气温时，还是要带帽子与围巾的，否则，面部会冻伤而出现"红面血丝"。

耳朵与鼻子最容易冻伤，所以要经常按摩。

老人阳气衰弱，所以头部与双手双脚都要注意保暖。

207

第**肆**章

第 48 ～ 61 难

论疾病

　　《难经》第四部分，介绍的是疾病与病理知识，共 14 难。其中所论述的正经自病、五邪所伤、七传者死、间脏者生以及五种伤寒等知识，对今天的临床治疗，仍然有着极高的指导作用。这部分内容的最后一难，介绍的是古中医的望闻问切四诊，这些诊断方法与后世的中医四诊不太一样，但却极为简练而实用。

本章图版目录

第四十八难　何谓人有三虚三实？

脉象、病症与诊候

脉象有虚实之分，病症有虚实之分，诊候亦有虚实之分，这就是三虚三实。
人有三虚三实，是说人会因此三虚三实而致病。

48

● 脉象的虚实

　　脉象的虚实，即濡脉为虚，紧脉、牢脉为实。濡脉，即脉搏软弱无力；濡，即软的意思。紧脉，即绷紧的脉象；紧，本意为用丝绳缠紧的状态。牢脉，即按之坚实牢固之脉。

● 病症的虚实

　　病症的虚实，即脏腑自病于内之后向外发展，为内伤（即伤于内部），此为虚；如五邪由外侵入使人致病，为外伤（即伤于外部），此为实。内伤尚能言语的为虚；外伤而昏乱不能言语的，是邪气内郁所致，为实。病势发展缓慢的为虚，病势发展急剧的为实。

● 诊候的虚实

　　按压患者皮肤，软弱松弛的为虚，结实坚固的为实。按压患病部位，患者感觉发痒而不痛的为虚，感觉疼痛的为实。按压患病部位，如外部疼痛而内部无痛感，为外实内虚；如内部疼痛而外部无痛感，为内实外虚。

人有三虚与三实

三虚

病症虚，属脏腑自病于内之后向外发展，一般为慢性疾病。

诊候虚，按诊时，患者皮肤松软为虚，患者感觉发痒不痛的为虚。

脉象虚，即现濡脉。

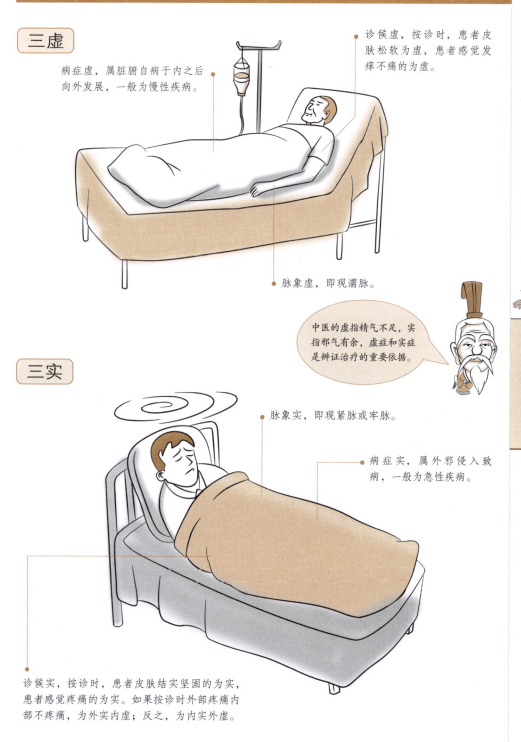

中医的虚指精气不足，实指邪气有余，虚症和实症是辨证治疗的重要依据。

三实

脉象实，即现紧脉或牢脉。

病症实，属外邪侵入致病，一般为急性疾病。

诊候实，按诊时，患者皮肤结实坚固的为实，患者感觉疼痛的为实。如果按诊时外部疼痛内部不疼痛，为外实内虚；反之，为内实外虚。

第四十九难　什么是正经自病与五邪所伤？

两类主要病因

不是正经之自病，而是来自于他经所属脏腑病邪的侵袭所致病，因为这些病症可用五行生克关系来论证，所以称为五邪所伤。

49

● 正经之自病

忧愁思虑则损伤心脏；（思虑出于心，故过用则受伤。）身体受寒、吸入冷气则伤肺；（肺脏本寒，故外受风寒则受伤。）怨恨、愤怒过度，使木气盛郁上冲则伤肝；（肝在志为怒，过郁则受伤。）饮食、劳累过度则伤脾；（脾为仓廪之官，主纳饮食，四肢皆属于脾，所以四肢劳倦、饮食过度则伤脾。）久坐湿地，用力过度而出汗后马上接触凉水，则伤肾。（湿伤于下，故湿先归肾。又肾为作强之官，水又肾之类，故强力入水则肾受伤。）以上，皆属正经之自病。（即因本经所属的脏腑自得之病，并非受其他经脉所属脏腑之病邪侵袭而致病。）

● 五邪与五邪所伤

什么是五邪？此难说，中风（即受伤于风）、伤暑、饮食劳倦、伤寒与中湿（即受伤于湿潮），此五种病称为五邪。

由于这里用言过简，所以读者很难真正理解五邪的概念。其实，中医之五邪，即木、火、土、金、水五行之气。天有五星、五气，地有五谷、五味，人有五行之体、五脏之气，这些都属于五行范畴，并且一一有着对应关系。人得五气而生，却也同样因五气太过或不及而病。所以，古人将使人致病的五气称为五邪。此五邪既包含天之邪气，又包含人体内的五脏之邪气，所以有些医家认为五邪即五脏之病邪，也有医家认为五邪即五行之邪气。其实，只要明白一气混元的道理，就会明白五邪与五气并无实质性的区别。

木、火、土、金、水五行之气，即风、暑、湿、燥、寒，简称五气。五气与五脏相配，则风配肝，暑配心，湿配脾，燥配肺，寒配肾。五气再加上火（热），则为六气。火（热）与五脏相配则为心包。暑与火（热）皆五行属火，因为心为脏腑之大主为君，所以中医将暑称为君火；心包为心之主使，所以将火（热）称为相火，以示正副之意。这样，正如《素问·五运行大论》所说"燥以干之，暑以蒸之，风以动之，湿以润之，寒以坚之，火以温之"，天之五气左右着自然界的风霜雨雪、寒来暑往，人体内的五气则左右着人体机能的正常运转。天之五气异常则会出现灾变，人体之五气异常则会出现疾

正经自病与五邪所伤

正经自病

《难经》之正经自病	触类旁通之推衍
忧愁思虑则伤心	七情之自伤（过喜伤心，过怒伤肝，过悲过忧伤肺，过思伤脾，过惊过恐伤肾）
形寒饮冷则伤肺	五邪之自伤（风伤肝，暑伤心，饮食劳倦伤脾，寒伤肺，湿伤肾）
怒气上涌则伤肝	七情之自伤
饮食疲劳则伤脾	五邪之自伤
久坐湿地，强力入水则伤肾	五邪之自伤

《难经》之五邪

五邪	五脏	五行	季节	说明
中风	肝	木	春	肝藏血又主疏泄全身之气、血、津液；肝志为怒，正常宣泄有助于肝气通达舒畅；风亦有助于肝的舒畅，但过度受风就会使筋膜失养，出现肢体麻木、运动不利、手足震颤和四肢抽搐等症，中医称之为风症。
伤暑	心	火	夏	心主血脉主神明，暑热可加速人体血液循环，有助于血脉通畅，并且体表排汗会将人体内的毒素排出。可是温度过高或长时间处于暑热中，反而会使血脉紊乱，心跳骤停而休克。并且，汗为心之液，过度出汗也会损伤血脉。
饮食劳倦	脾	土	长夏	脾在体合肉，主四肢，脾又主运化食物，所以饮食不当、劳倦过度伤脾。
伤寒	肺	金	秋	肺主气，主呼吸而外合皮毛。金性本寒，故肺喜纳入清凉之气。但肺为娇脏，过寒则病。虽寒热燥湿之邪均易侵肺，但惟寒最先。
中湿	肾	水	冬	肾主藏精主水液主纳气，肾为水火之脏，小湿小寒尚可，过湿过寒则病。

五邪本意

自然界之五气太过或不及则为邪气，会出现灾变。相对于人体，则出现病变。

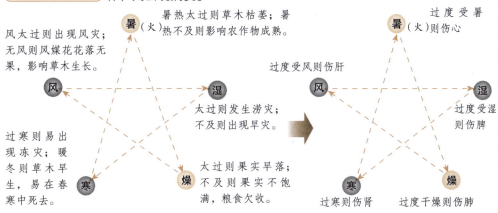

病。又由于天人相应，所以天之五气亦对人体之健康有影响。

本难所讲之五邪，表面上看似乎并非五行之邪气。其实，本难五邪中的"伤寒"、"中湿"，也是根据五行属性推导出来的：肺为金，怕火克，故喜寒而太过则伤；肾为水，具有湿的属性，亦太过则肾伤。其"饮食劳倦"，则是根据五脏配五体中的"脾在体合肉、主四肢"推导出来的。总之，五邪是与五行相关的邪气总称，从五体、五液、五气、五志等，可以推导出许多种病邪，但皆没有脱离五行的范畴。本难所称之五邪，则是作者认为最易伤人的五种病邪。而有些医家则认为最易伤人的五种病邪不是这五种，所以众医家关于五邪亦有多种说法。但只要我们明白五邪即五行之邪气这个概念，便不会面对多种说法而困惑不解了。

另外需要大家注意的是，本难将疾病分为正经自病与五邪所伤两种，实际与前面讲的"是动"与"所生病"有些相似。本难之"正经自病"，应包括七情自伤与五邪自伤等多种因素；本难之"五邪所伤"，则指的是受他脏病邪侵袭的病症，其中也包括五邪自伤。

● 五邪所伤的心病

每脏因五邪而致病，则必表现为五种病症；心因五邪而致病，肯定也是表现为五种病症。本难只列举了五邪所致的心病，其他可依此类推。

（1）心脏受伤于风（即中风）。因肝为木，风亦属木，所以肝为木为风。心脏受伤于风，则病邪来自于肝。又因为肝主颜色，所以用五色来诊疾。肝之风邪侵害肝脏，则患者面色发青（此亦属正经之自病）；肝之风邪侵害心脏，则患者面赤；肝之风邪侵害脾脏，则患者面色发黄；肝之风邪侵入肺脏，则患者面色苍白；肝之风邪侵害肾脏，则患者面色黑暗。现在肝之风邪侵害的是心脏，所以从患者面呈赤色上就可以判断出来。另外，心脏受伤于风，患者还会有浑身发烫，胁下胀痛的症状，其脉象为浮大而弦。（参考第十难内容，便会理解此处脉象的含义。）

（2）心脏受伤于暑热。心为南方火，所以此为心之火邪自侵本脏。（此亦属于正经之自病。）心主气味，心与五嗅中的焦相应，心之火邪自侵心脏，则有焦的气味；心之火邪侵害脾脏，则为香味；心之火邪侵入肝脏，则有臊（或膻）的气味；心之火邪侵入肾脏，则有腐烂的气味；心之火邪侵入肺脏，

五邪所伤的心病（1）

心脏受伤于风

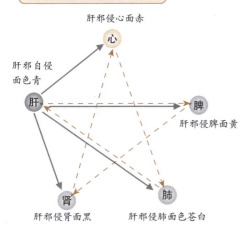

肝邪侵心面赤

肝邪自侵
面色青

肝邪侵脾面黄

肝邪侵肾面黑

肝邪侵肺面色苍白

中风为伤于肝邪，可以五色诊疾

面赤

肋下胀痛、浑身发烫

脉象浮大而弦

心脏中风的综合诊断

心脏受伤于暑热

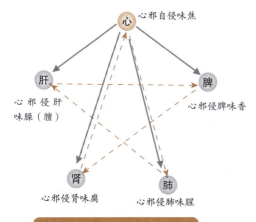

心邪自侵味焦

心邪侵肝
味臊（膻）

心邪侵脾味香

心邪侵肾味腐

心邪侵肺味腥

伤暑为伤于心邪，可以五嗅诊疾

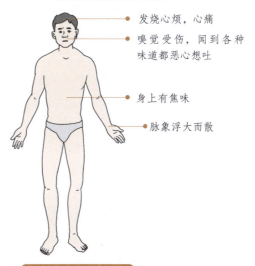

发烧心烦，心痛

嗅觉受伤，闻到各种
味道都恶心想吐

身上有焦味

脉象浮大而散

心脏伤暑的综合诊断

名词解释

五志与七情

　　我国古医学将人的情志活动按照五行归属分类法分为喜、怒、悲、思、恐五志，分别对应于心、肝、肺、脾、肾五脏，揭示出心理活动与生理活动之间的内在联系，体现了"形神统一"的思想。五志之中只有"喜"字有口无心，说明有口无心的心态有益于心脏健康，而欢喜过度，失去心神，则会使心脏受损。其他四志都有"心"字底，说明此四志都与心脏有关，情志太过了不但伤及其所对应的脏器，还会伤及心脏，因为心为脏腑之大主。

　　五志再加上"忧"与"惊"，便称为七情。"忧"与"惊"偏旁也是"心"字，只是不在底下，全在左边。"忧"与肺相对应虽然没什么分歧，但"惊"的归属却存在心、肝、胆、肾四说。虽然各说皆有道理，但其实还是将"惊"与肾相配较妥。

则有腥味。心之火邪侵害心脏，则使嗅觉受伤，所以讨厌一切味道，闻到就恶心想吐，有这种症状，则可判断为患者心脏受伤于暑热。另外，患者还会有发烧心烦、心痛的症状，其脉象为浮大而散。

（3）心脏受伤于饮食劳倦。脾为土，主味道。脾之土邪侵入肝脏，则患者喜欢酸味；脾之土邪侵害心脏，则患者喜欢苦味；脾之土邪侵害肺脏，则患者喜欢辛辣的味道；脾之土邪侵入肾脏，则患者喜欢咸味；脾之土邪侵害脾脏，则患者喜欢甘甜的味道（此亦属正经之自病）。所以从患者喜欢苦味上，即可判断心脏受伤于饮食劳倦。另外，患者还会有发烧，身体沉重，嗜睡喜卧，四肢难以屈曲的症状，其脉象为浮大而散。这种病症，如果患者没有食欲，则为虚症；如果患者食欲旺盛，则为实症。

（4）心脏受伤于寒气。肺脏为西方金，主声音。又因为肺脏本寒，所以伤寒之症多为肺之金邪侵袭所致。肺之金邪入侵肝脏，则患者喜欢呼叫（参考第三十四难内容）；肺之金邪入侵心脏，则患者喜欢胡言乱语；肺之金邪入侵脾脏，则患者喜欢唱歌；肺之金邪侵入肾脏，则患者喜欢呻吟；肺之金邪侵害肺脏，则患者喜欢哭泣（此亦属正经之自病）。如果患者胡言乱语，则可判断为心脏受伤于寒气。另外，患者还会有发烧怕冷，严重的还会喘咳，其脉象为浮大而涩。

（5）心脏受伤于湿潮。肾主液，为北方水。肾之水邪侵害肝脏，则患者易流泪（泣）；肾之水邪侵入心脏，则患者汗出不止；肾之水邪侵入脾脏，则患者总是流口水（涎）；肾之水邪侵害肺脏，则患者流鼻涕；肾之水邪侵入肾脏，则患者总想吐唾沫（此亦属正经之自病）。如果患者汗出不止，则可判断是心脏受伤于湿潮。另外，患者还会有发烧，小腹疼痛，足胫畏寒而逆冷的症状，其脉象为沉濡而大。

以上，便是判断五邪致病的方法。

五邪所伤的心病 (2)

心脏伤于饮食疲倦

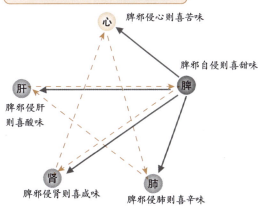

- 心 脾邪侵心则喜苦味
- 脾邪自侵则喜甜味
- 肝 脾
- 脾邪侵肝则喜酸味
- 肾 肺
- 脾邪侵肾则喜咸味 脾邪侵肺则喜辛味

饮食劳倦为伤于脾邪，可以五味诊疾

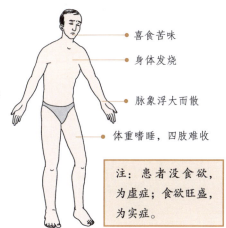

- 喜食苦味
- 身体发烧
- 脉象浮大而散
- 体重嗜睡，四肢难收

注：患者没食欲，为虚症；食欲旺盛，为实症。

心脏伤于饮食劳倦的综合诊断

心脏伤于寒气

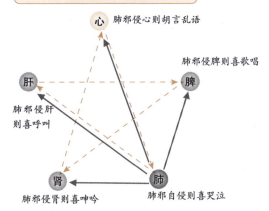

- 心 肺邪侵心则胡言乱语
- 肺邪侵脾则喜歌唱
- 肝 脾
- 肺邪侵肝则喜呼叫
- 肾 肺
- 肺邪侵肾则喜呻吟 肺邪自侵喜哭泣

寒气先伤肺，故伤寒为肺邪，可以五声诊疾

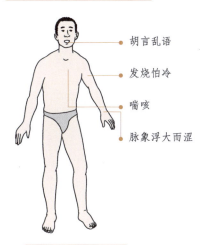

- 胡言乱语
- 发烧怕冷
- 喘咳
- 脉象浮大而涩

心伤于寒的综合诊断

心脏伤于湿潮

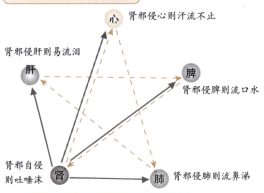

- 心 肾邪侵心则汗流不止
- 肾邪侵肝则易流泪
- 肝 脾
- 肾邪侵脾则流口水
- 肾邪自侵则吐唾沫 肾 肺 肾邪侵肺则流鼻涕

肾主液，故中湿属肾邪，可以五液诊疾

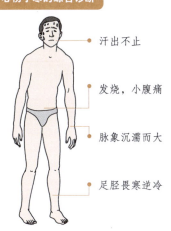

- 汗出不止
- 发烧，小腹痛
- 脉象沉濡而大
- 足胫畏寒逆冷

心伤于湿潮的综合诊断

第五十难　如何从生克关系区分五邪？

五邪的名称与传变

此难根据五行之生克关系不同，将病症分为虚邪、实邪、贼邪、微邪和正邪五种。

● 五种生克关系

此难以五种五行生克关系来对五邪进行解释。五种生克关系分别为：从后来者、从前来者、从所不胜来者、从所胜来者、自病。

这种说法往往令人难以理解。其实，作者是按照五行生克圆图中的"邻者顺而相生，相间为克"的图示，以一种浅显直白的方式来解释五行的五种生克关系。可是，这种浅显与直白，反而令我们摸不着头脑了。

五行五种生克关系，有三种说法。现在列表以解释，相信大家会看明白的。

含义	生我者	我生者	我克者	克我者	同气（比和）者
第一种（命学常用）	父母	子孙	妻财	官鬼	兄弟
第二种（医学常用）	母	子	友	敌	兄
第三种（古医所用）	从后来者	从前来者	从所胜方来者	从所不胜方来者	从本方来者
五邪	虚邪	实邪	微邪	贼邪	正邪

如果你还看不懂这张表格，那么就对照着表格往下读。

● 五邪的区别

此难说，从后来者（即生我者），为虚邪；从前来者（即我生者），为实邪；从所不胜方来者，为贼邪；从所胜方来者，为微邪；从本方来者，为正邪。

如，以上一难五邪所致的心病为例：（1）心脏受伤于风（即中风），即肝之风邪侵袭心脏，肝木生心火，为"从后来者"，所以此症为虚邪；（2）心脏受伤于暑热，心火与心火同气，为"从本方来者"，所以此症为正邪；（3）心脏受伤于饮食劳倦，即脾之土邪侵袭心脏，心火生脾土，为"从前来者"，所以此症为实邪；（4）心脏受伤于寒气，即肺之金邪侵袭心脏，心火克肺金，为"从所胜方来者"，所以此症为微症；（5）心脏受伤于湿潮，即肾之水邪侵袭心脏，肾水克心火，为"从所不胜方来者"，所以此症为贼邪。

其余脏病之邪，亦依此类推。

正经自病与五邪所伤

五邪区分表

五邪	虚邪（母）	实邪（子）	微邪（友）	贼邪（敌）	正邪（兄）
心（火）	肝（木）	脾（土）	肺（金）	肾（水）	心（火）
肝（木）	肾（水）	心（火）	脾（土）	肺（金）	肝（木）
脾（土）	心（火）	肺（金）	肾（水）	肝（木）	脾（土）
肺（金）	脾（土）	肾（水）	肝（木）	心（火）	肺（金）
肾（水）	肺（金）	肝（木）	心（火）	脾（土）	肾（水）

五邪区分圆图

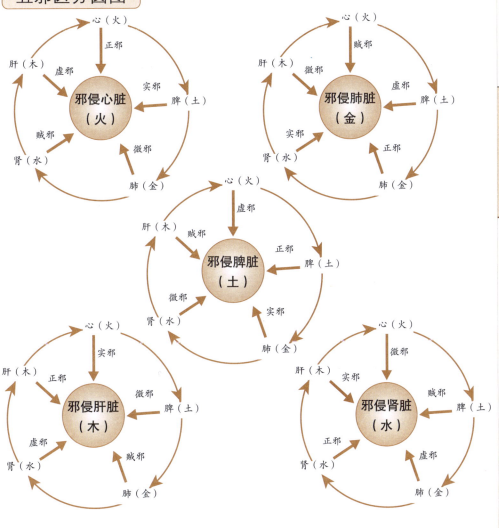

第五十一难　怎样识别脏病与腑病？

脏病与腑病的区别

本难根据阴阳理论，从病人的喜恶、形体与姿态，以判断是病在五脏，还是病在六腑。

● 病在五脏

患者喜欢温热而恶寒凉，且不愿意见人，则病在五脏。因为五脏属阴，阴病多寒，所以患者喜欢温热，即喜欢吃温热的食物、喝热的饮料及穿厚衣盖厚被等；由于阴主静，所以患者不愿意讲话也不愿意听到别人的声音，总是把自己独自关在屋子里。

● 病在六腑

患者喜欢寒凉而恶温热，且愿意见到人，则病在六腑。因为六腑属阳，阳病多热，所以患者喜欢寒凉，即喜欢吃寒凉的食物、喝冷饮及穿薄衣盖薄被等；由于阳主动，所以患者有焦躁不安的表现，喜欢与人交谈，愿意见到人。

在实际临床中，往往患者不单表现为寒症与热症，还会有真寒假热、真热假寒和寒热交错的现象，所以诊断疾病时，应当综合分析，详加辨证。

脏病与腑病的识别

病在五脏

喜欢温热而恶寒凉；不愿意讲话也不愿意听到别人的声音，总是把自己关在屋子里。

病在六腑

喜寒凉而恶温热；愿意见别人，喜欢与人交谈，且有焦躁不安的表现。

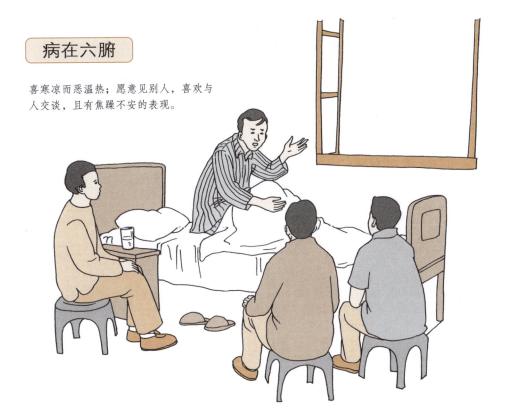

221

第五十二难　按诊如何判断脏病与腑病？

脏病与腑病的阴阳属性

按诊时，病痛部位固定的为脏病；病痛部位游移不定的为腑病。

● 按诊脏腑病变

此难说，如果因五脏的原因而致病，则按诊患者病痛部位会有明显的固定处所，不会到处游走；如果因六腑的原因而致病，按诊患者病痛部位则没有明显的固定处所，病痛部位就好像气行奔走而有声响，上下流动游移不定。

此难所说的病症，指的是腹中或胸腔中结有硬块等属于有形质的疾病。中医认为，五脏没有出纳的功能，所以脏体受伤或脏气受损，其表现的病症亦常居其所，不四处移动；六腑则有泄而不藏的特性，所以因六腑受伤所致的腹中积结硬块，则会游走不定。

● 中医的按诊

按诊属于中医的切诊范畴，一般医家往往重视脉诊而忽略了按诊的作用，其实按诊比脉诊易于掌握，是准确诊断疾病不可或缺的方法之一。

本难所讲的似乎只是胸腹按诊。其实，按诊可分为肌表按诊、头颈按诊、胸腹按诊、手足按诊、脊背按诊、腧穴按诊等多种方法。其中的腧穴按诊多配合其他按诊法同时进行，根据经脉的循行与脏腑归属，即可诊断出疾病所在。

肌表的寒热、燥润、肿胀、疮疡、硬结等，都是按诊所要检查的对象。尤其是经络腧穴的检查，对确诊更有帮助。如，胆病可在胆俞出现压痛，肝病在肝俞和期门穴有压痛，肺病在肺俞可摸到结节，胃痛可在胃俞和足三里穴有压痛，慢性结肠炎在天枢穴有压痛，肾及输尿管结石在京门穴有压痛，膀胱炎在中极穴有压痛，慢性前列腺炎在石门穴有压痛，等等。

可以说，中医的按诊在现代医学领域中，仍然具有很大价值。

按诊脏腑病变

脏病	病痛部位固定	腑病	病痛部位上下游移行走，不固定
	痛处即病处		病灶亦居处无常

按诊的腧穴检查

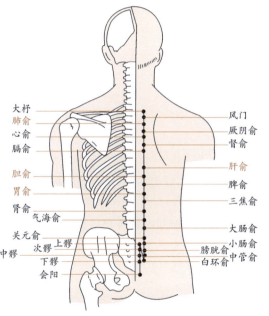

大杼
肺俞
心俞
膈俞
胆俞
胃俞
肾俞
气海俞
关元俞
中膠 次膠 上膠
下膠
会阳

风门
厥阴俞
督俞
肝俞
脾俞
三焦俞
大肠俞
小肠俞
膀胱俞 中管俞
白环俞

足三里（正坐，本人手按膝盖，食指抚于胫骨，其中指尖处为足三里），此为重要保健穴之一，另外对腹痛也很有疗效。

肺俞（背部第三胸椎棘突下，旁开1.5寸处），肺病在此穴可摸到结节。另外针刺此穴治疗咳嗽很有效；对支气管炎，疗效也不错。
肝俞（第九胸椎棘突下，旁开1.5寸处），肝病则在此有压痛。另外，取此穴治疗顽固性麦粒肿，效果很好。
胆俞（第十胸椎棘突下，旁开1.5寸处），胆病此处有压痛。
胃俞（第十二胸椎棘突下，旁开1.5寸处），胃痛则此处与足三里有压痛。

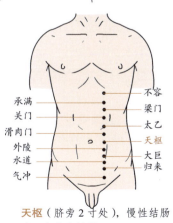

承满
关门
滑肉门
外陵
水道
气冲

不容
梁门
太乙
天枢
大巨 归来

天枢（脐旁2寸处），慢性结肠炎，在此有压痛。

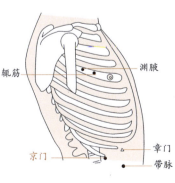

辄筋

渊腋

京门

章门
带脉

京门（肾之募穴，章门穴后1.8寸处），肾及输尿管结石，此处有压痛。

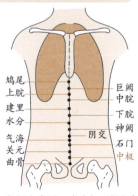

鸠尾
上脘
建里
水分
气海
关元
曲骨

巨阙
中脘
下脘
神阙
阴交 石门
中极

中极（脐下4寸处），膀胱炎在此有压痛。另外，中极对痛经与慢性前列腺炎很有疗效。

第五十三难 什么是"七传者死"？

论七传与间脏

此难认为，病邪按五行相克的顺序传播于五脏，人就会死亡；如果按五行相生的顺序传播，疾病便易于痊愈。

53

● 七传者死与间脏者生

此难所问为：医经上说七传者死，间脏者生，是什么道理呢？

答为：七传，就是病邪向其所克之脏传播；间脏，就是病邪向其所生之脏传播。比如，心病传给了肺，肺又将病传给了肝，肝又传给了脾，脾又传给肾，肾又传给了心，由于一脏难以承受再次的病邪侵害，所以心病再传给肺时，人就会死亡，这就是七传者死的道理。间脏则不是这样以相克的顺序相传，比如，心病传给了脾，脾又传给了肺，肺再传肾，肾再传肝，肝再传心，是按照五行相生的顺序传播的，这样五脏相生之气循环不已，周而复始，像圆环一样没有中断的缺口，使五脏互相得到补益，所以疾病就容易痊愈。

● 五脏的生克关系

五行就是木、火、土、金、水，代表五种物质属性，是抽象概念，是代号，不要理解具体的某种东西。中医用五行描述人体五脏系统的功能和关系，所以中医的五脏也是个功能概念，并不限于解剖上的五脏。

五脏之间的相生：肝生心就是木生火，如肝藏血以济心；心生脾就是火生土，如心之阳气可以温脾；脾生肺就是土生金，如脾运化水谷之精气可以益肺；肺生肾就是金生水，如肺气清肃则津气下行以资肾；肾生肝就是水生木，如肾藏精以滋养肝的阴血，等等。

五脏之间的相克：肺（金）的清肃下降，可抑制肝（木）阳的上亢，即金克木；肝（木）的条达，可以疏泻脾（土）的壅滞，即木克土；脾（土）的运化，可以防止肾（水）水的泛滥，即土克水；肾（水）阴的上济，可以制约心（火）阳亢烈，即水克火；心（火）的阳热，可以制约肺（金）的清肃太过，即火克金。

五脏生克关系平衡，人就健康；失衡，人就会得病。而某脏发生病变，还会旁及与其有生克关系的五脏，本难所说的，便是这种传导关系的两种典型病例。

七传者死

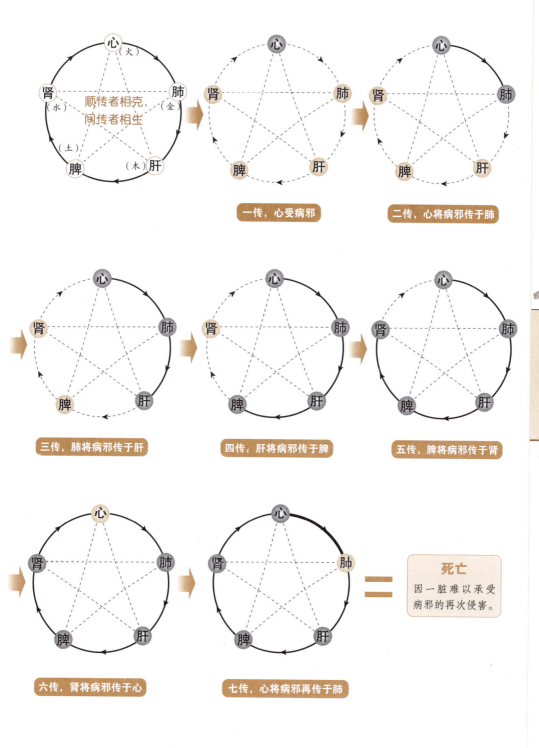

顺传者相克，
闰传者相生

一传，心受病邪

二传，心将病邪传于肺

三传，肺将病邪传于肝

四传，肝将病邪传于脾

五传，脾将病邪传于肾

六传，肾将病邪传于心

七传，心将病邪再传于肺

死亡
因一脏难以承受
病邪的再次侵害。

54

第五十四难　为何腑病好治而脏病难治？

脏病与腑病的传变规律

五脏得病，容易出现"七传"的情况，所以难治；六腑得病，则容易出现"间脏"的情况，所以易治。

● 论脏病难治与腑病易治

五脏得得病，会累及到其所克制之脏，并按相克顺序依次传递影响，所以脏病难治；六腑得病，会累及到其母脏，并按相生的顺序传递影响，所以腑病易治。这与前面讲的"七传者死"、"间脏者生"的道理是一样的。

《黄帝内经》中说："五脏相通，移皆有次。五脏有病，则各传其所胜。"可见此难之原理也出自于《黄帝内经》。

四明陈氏对此难的解释是：五脏者，七神内守，则邪之微者不易传，若大气之入，则神亦失守而病深，故病难治，亦或至于死矣。六腑为转输传化者，其气常通，况胆又清净之处，虽邪入之，终难深留，故腑病易治也。

虽然在临床上，脏病不一定都难治，腑病也不一定都好治，但此难却说明了保养五脏的重要性。所以下面，我们便谈一谈对五脏的保养。

● 五脏与养生

五脏为阴，六腑为阳；五脏为里，六腑为表。所以，保养好五脏，是最正确的养生方法。人只有心好、肝好、脾好、肺好、肾也好，才叫健康；从生理年龄来说，只有心、肝、脾、肺、肾都年轻的人，才叫真正的年轻。

保养五脏，最关键的便是加强修养，调养情志，防止喜、怒、忧、思、悲、恐、惊七情对五脏的伤害。周瑜受诸葛亮三气而死，是过怒伤肝的典型例子；犯进中举而精神失常，则是过喜伤心的典型例子。所以，加强修养，调养七情，是保养五脏的关键。

保养肝脏，就要保持心情愉快；保养心脏，就要避免惊喜过度；保养脾脏，就要避免思虑劳倦；保养肺脏，就要保持内心平静，不要过度悲伤；保养肾脏，就要少受惊吓，避免房劳。

此外，还应注意顺应四时。正如张景岳所说："春应肝而养生，夏应心而养长，长夏应脾而养化，秋应肺而养收，冬应肾而养藏。"

另外，根据五脏相生之理，将肾脏作为重点进行保养，不失为聪明的选择。

脏病难治、腑病易治

脏病难治

脏病难治，是因为易出现"七传者死"的情况。

腑病易治

腑病易治，是因为易出现"间传者生"的情况。

情志保养五脏法

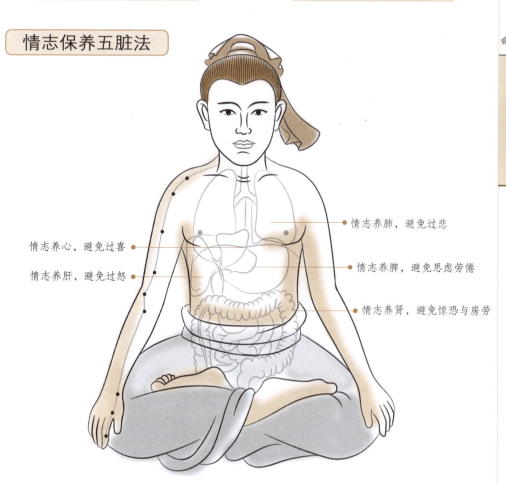

情志养心，避免过喜

情志养肝，避免过怒

情志养肺，避免过悲

情志养脾，避免思虑劳倦

情志养肾，避免惊恐与房劳

第五十五难　什么是脏积腑聚？

积病与聚病的区别

腹内固定不移的硬块为积，此为五脏之阴气不畅所积；腹内游移无常的硬块为聚，此为六腑之阳气不畅所聚。

55

● 脏积腑聚

　　此难说，积，是阴气运营不畅而积蓄所形成的病症；聚，是阳气运营不畅而聚集所形成的病症。所以积病便具有阴的沉、伏属性，聚病则具有阳的浮、动属性；阴气积蓄的为积，阳气聚集的为聚。故此，积病，来自于五脏的病变；聚病，来自于六腑的病变。积病，属于阴气形成的疾病，所以其积蓄的腹中硬块有固地的位置，疼痛部位不离硬块左右，患病部位有可以按诊寻查的范围；聚，属于阳气形成的疾病，其没有实质性的患病部位，按诊时查不出固定的病区，其疼痛部位也不固定。根据这些特征就可以识别是积病还是聚病了。

　　此难的原理，与第五十二难相同。而第十八难的部分内容，亦与此难有关，所以也应互相参照。

● 积聚的病因

　　积聚是以腹内结块，或胀或痛为主要临床特征的病变。情志抑郁，酒食内伤，邪毒内侵及他病转归是引起积聚的主要原因。病机主要为气滞、血瘀、痰结及正气亏虚。

　　聚症以气滞为主；积症以血瘀为主。聚症常见肝气郁滞、食浊阻滞等症状；积症常见气滞血阻、气结血瘀、血虚瘀结等症状。《诸病源候论·积聚病诸候》对积聚的病因病机有较详细的论述，并认为积聚一般有一个渐积成病的过程，"诸脏受邪，初未能为积聚，留滞不去，乃成积聚"。

　　在治疗方面，聚症重在调气，积症重在活血。《素问·至真要大论》提出"坚者削之"，"结者散之，留者攻之"等原则，具有一定的指导作用。

脏积与腑聚

脏积如积水

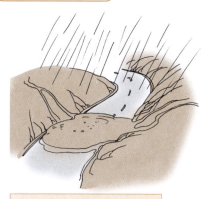

脏积为阴气之积蓄，如雨下水积，堵塞了道路。

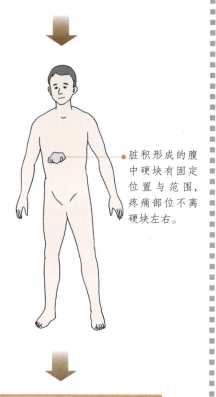

脏积形成的腹中硬块有固定位置与范围，疼痛部位不离硬块左右。

积症以血瘀为主，治疗重在活血。

腑聚如聚云

腑聚为阳气之聚集，如乌云满天，郁郁不畅。

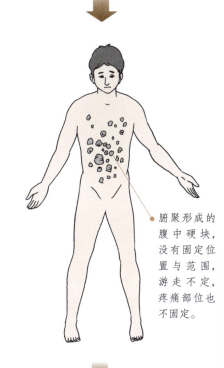

腑聚形成的腹中硬块，没有固定位置与范围，游走不定，疼痛部位也不固定。

聚疾以气滞为主，治疗重在调气。

第五十六难　什么是五积？

形成积病的原因

五脏的各脏之积症状不同，名称亦不同。五脏之积的总称，叫做五积。

56

● 五行之旺相休囚死

要想理解此难的内容，则必须明白五行的旺相休囚死。虽然这是象数易学的内容之一，但却也是中医辨证理论的一部分。

"旺相休囚死"和四季密切相关，并且是命理学家谈得较多的一个问题。其理论是在春、夏、秋、冬四个季节里，每个季节都有一个五行当令而处于"旺"的状态，接下来，"旺"生者为"相"，生"旺"者为"休"，克"旺"者为"囚"，"旺"克者为"死"。这五种状态的含义是——

旺：处于旺盛状态。

相：处于次旺状态。

休：休然无事，亦即退休。

囚：衰落被囚禁。

死：被克制而生气全无。

由于五脏与五行有着一一对应的关系，所以五脏与五行一样，在不同季节里，会存在不同的衰旺状态。一般情况下，旺盛之脏只要不存在太过的现象，就会因旺盛而不受病邪的侵袭；而衰弱之脏则较易遭受病邪的侵袭。又由于五脏之病一般向其友方（所克之方）传递，所以五脏的某些疾病带有明显的季节性。本难所讲的病例，就是与季节相关的积病。

● 肝脏之积

肝脏之积，叫做肥气（气盛之意）。常发生于左侧肋下，硬块上大下小像杯子一样，有明显的范围与界限。如果此病久延不愈，就会发生咳嗽气逆和疟疾的病症，一两年也难以治好。

此病一般在夏季的戊、己日发作。为什么呢？因为肺病则下传于肝，肝病则下传于脾，夏季最后一个月脾功能最旺盛，由于旺不受邪，使弱肝木无法克脾之旺土，所以肝邪无法传给脾。于是肝邪便欲返还给肺，可是肺金有脾土相生，为相，所以亦属旺不受邪。这样，肝邪无处可去便只得滞留于肝而成积。由于戊己日五行属土，此日脾最旺盛，所以可以知道"肥气"是在这两个日子中得的病。

五行旺相休囚表

春	木旺	火相	水休	金囚	土死
夏	火旺	土相	木休	水囚	金死
秋	金旺	水相	土休	火囚	木死
冬	水旺	木相	金休	土囚	火死
四季（每季最后一个月）	土旺	金相	火休	木囚	水死

肝脏之积

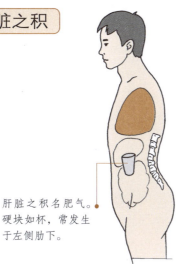

肝脏之积名肥气。硬块如杯，常发生于左侧肋下。

肝脏之积易在季夏戊己日发作。

（心（火休）、肺（金相）、肝（木囚）、脾（土旺）、肾（水死））

季夏脾旺肺相，肝受肺传来之病邪，却无法下传于旺脾，故季夏土日易患肝积。

心脏之积

心脏之积易在秋季庚辛日发作。

（心（火囚）、肺（金旺）、肝（木死）、脾（土休）、肾（水相））

秋季肺旺肾相，心受肾传来之病邪，却无法下传于旺肺，故秋季金日易患心积。

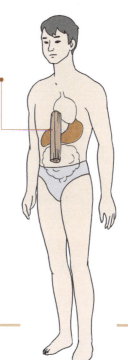

心脏之积名伏梁。常发生于脐上至心下，大小如手臂。

● 心脏之积

心脏之积，叫做伏梁（伏而不动如梁木之意）。常发生在脐上至心下这一范围，大小如同手臂。此病很久不愈，病人则会烦躁不安。

此病一般在秋季的庚辛日发作。因为肾病则下传给心，心病则下传给肺，可秋季庚辛日肺最旺，旺不受邪，于是心便欲将病邪返还给肾，可肾得肺生为相，亦旺不受邪。这样，病邪便滞留于心而成积。所以，"伏梁"肯定是在秋季的庚辛两日中得的病。

● 脾脏之积

脾脏之积，叫做痞气（痞塞不通之意）。常位于胃的内腔，大小如盘子。如果此病久延不愈，可使人四肢不能弯曲，发生黄疸，饮食不能荣养肌肤。

此病一般在冬季的壬癸日发作。因为，肝病则下传给脾，脾病则下传给肾，可冬季壬癸日肾最旺，旺不受邪，于是脾便欲将病邪返还给肝，可肝得肾生为相，亦旺不受邪。这样，病邪便滞留于脾而成积。所以，"痞气"是在冬季的壬癸日中得的病。

● 肺脏之积

肺脏之积，叫做息贲（或增长或奔走、游移不定之意）。常位于右胁下，大小如倒扣的杯子。久不治愈，则令人身热畏冷，气喘咳嗽，发生肺痈。

此病一般在春季甲乙日发作。因为，心病则下传给肺，肺病则下传给肝，可是春季甲乙日肝最旺，旺不受邪，于是肺便欲将病邪返还给心，可心得肝生助为相，亦旺不受邪。这样，病邪便滞留于肺而成积。所以，"息贲"是在春季的甲乙日得的病。

● 肾脏之积

肾脏之积，叫做贲豚（奔突不定像小猪一样性躁之意）。常位于小腹部，上端可达到心脏下面，像小猪一样不安分，上下游走不定。久不治愈，则令人逆气而喘，骨骼痿弱，倦怠无力。

此病一般在夏季丙丁日发作。因为，脾病则下传给肾，肾病则下传给心，可心在夏季丙丁日最旺，旺不受邪，于是肾便欲将病邪返还给脾，可脾得心生助为相，亦旺不受邪。这样，病邪便滞留于肾而成积。所以，"贲豚"是在夏季丙丁日得的病。

五脏之五积（2）

脾脏之积

脾脏之积易在冬季壬癸日发作。

冬季肾旺肝相，脾受肝传来之病邪，却无法下传于旺肾，故冬季水日易患脾积。

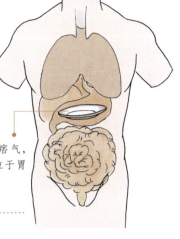

脾脏之积，名痞气，大小如盘子，位于胃的内腔。

肺脏之积

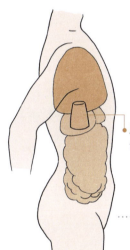

肺脏之积，名息贲。大小如倒扣的杯子，位于右胁下。

肺脏之积易在春季甲乙日发作。

春季肝旺心相，肺受心传来之病邪，却无法下传于旺肝，故春季木日易患肺积。

肾脏之积

肾脏之积易在夏季丙丁日发作。

夏季心旺脾相，肾受脾传来之病邪，却无法下传于旺心，故夏季火日易患肾积。

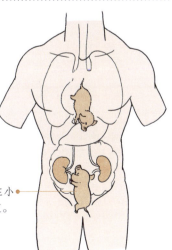

肾脏之积，名贲豚。在小腹与心下之间游走不定。

57

第五十七难 什么是五泄？

腹泻的分类与症状

胃泄、脾泄、大肠泄、小肠泄和痢疾，总称为五泄。

● 五泄的不同症状

此难认为，腹泻病可分为五种，并有五种不同的名称，即胃泄、脾泄、大肠泄、小肠泄和大瘕泄（即痢疾）。

胃泄的症状是：因胃发生病变而导致饮食不能消化，泄出之便为黄色。

脾泄症状为：腹部胀满，腹泻急，如水下注，一吃饭就想吐，胃气上逆。

大肠泄症状：刚吃完东西就发生腹泻，泄出之便为白色，肠中鸣响，腹中剧痛难忍。

小肠泄症状：尿频尿急，或小便失控，泄出的大便带有脓血，小腹疼痛。

大瘕泄（痢疾）症状：腹中急迫欲泄，肛门如坠重物，屡次去厕所大便却排不出多少，并伴有阴茎中间疼痛。

以上，便是识别五泄的方法。

其实，很多慢性疾病或身体发烧，都会引起腹泻，此难所说的五泄，只是腹泻病因的几种。上古人类，由于饮食不卫生，腹泻是一种非常普遍的疾病，所以我国古人很早便对此病积累了相当多的经验。

● 大瘕泄与疟疾

大瘕泄，众医家认为即肠澼，也就是现在所说的痢疾。也有些医家认为，五泄中的小肠泄与大瘕泄均应属于痢疾病，针灸小肠俞穴即可治愈，其穴位于第十六椎下，两旁各一寸五分处，非常有效。

我国古医书中还有疟病，即现在所说的疟疾。疟疾与痢疾都有腹泻的现象，然而却是两种不同的疾病。

痢疾是一种传染病，按病原体的不同，主要分为细菌性痢疾和阿米巴痢疾两种，症状为肚子痛，大便次数增多，粪便稀薄，有的黏稠，有的如水状，大多因为吃了不洁的食物，或肚子受了凉。

疟疾是一种急性传染病，病原体是疟原虫，传染媒介是蚊子，周期性发作。由于疟原虫的不同，或隔一日发作，或隔二日发作，也有的不定期发作。症状是先发冷，冷过后就发热，热后大量出汗，头痛，口渴，全身无力。

所以说，加强饮食卫生，即可预防痢疾；消蚊子，便可预防疟疾。

五泄

五泄的症状

胃泄：饮食不化，大便色黄。

脾泄：腹胀泄急，食即呕吐。

大肠泄：食后即泄，肠鸣腹痛，大便色白。

小肠泄：小便频急而失控，大便带脓血，小腹痛。

大瘕泄：即痢疾。腹中欲泄，肛门如坠重物，入厕却便不出多少，阴茎中疼痛。

痢疾与疟疾

痢疾：
因吃了不洁食物或肚子受凉引起的传染病，主要症状为拉肚子。

疟疾：
被蚊子叮咬而传染的急性病症。主要症状为先发冷，之后发热并大量出汗，头痛口渴，全身乏力。

235

中医的伤寒概念

此难认为，从致病原因上分析，伤寒可分为五种类型，并且各自有不同的脉象。

● 五种伤寒

此难认为，中风、伤寒、湿温、热病、温病，五种病症皆属于伤寒病。

也许你会说，这五种伤寒怎么和前面所讲的五邪有点像呢？

对，这里讲的五种伤寒，确实和五邪所伤差不多。在古人眼里，伤寒并不是什么复杂的疾病。"伤寒"的意思，和今天的"受寒"、"着凉"差不多。也就是说，伤寒病，就是因为着凉而得的疾病。

古人认为，人类大多数疾病，都是因为受凉引起的。《素问·热论》说："今夫热病者，皆伤寒之类也。"意思是说，现今人们身体发热（发烧）的病症，都属于受凉引起的疾病。

现在中医课本，一般将《素问·热论》所说归为广义伤寒，是一切外感热病的总称；本难所问"伤寒有几"的"伤寒"含义，也是相对于广义伤寒而言，而本难所列出的五种伤寒中的"伤寒"，则属于狭义伤寒，单指伤于秋寒。所以说，中医的伤寒，有狭义与广义之分。

此难所说的"中风"，即因风而受凉之意。风具有迅速降温的作用，可是降得太厉害，人就受不了了。一着凉，身体就要得病。这就是伤寒病中的"中风"。正因为这样，我国古代养生学才有"避风如避箭"的说法。

此难的"伤寒"，指的是受伤于秋季的寒风（请参考第四十九难内容），只是后世医家多认为是伤于冬天之冰寒。此两说皆可。对于古人疾病的分类，不可过于拘泥，明白道理是主要的。

"湿温"，指的是在寒冬所受的寒湿之邪。温，古通瘟。而在温暖的雨季，人们也会因湿而受凉，从而致病，所以后世医家将湿温解释为长夏季节的易发病。

"热病"，夏天的感冒发烧，大都是因为贪凉贪风引起的，所以也属于受凉引起的疾病。夏天中暑，肯定不属于伤寒。

"温病"，即瘟病，发作没有固定的季节，只要气候反常（如，春不温而反寒，夏不热而反凉，秋不凉而反热，冬不寒而反温），四季皆可发病，本

关于伤寒病

五邪与五种伤寒

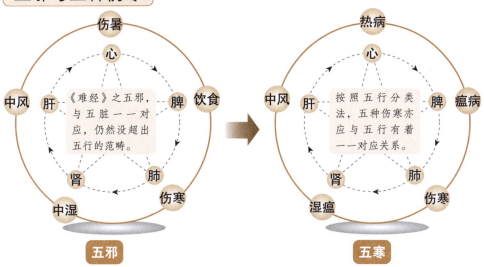

五邪

伤暑 / 心 / 中风 / 肝 / 脾 / 饮食 / 肾 / 肺 / 伤寒 / 中湿

《难经》之五邪，与五脏一一对应，仍然没超出五行的范畴。

五寒

热病 / 心 / 中风 / 肝 / 脾 / 瘟病 / 肾 / 肺 / 伤寒 / 湿瘟

按照五行分类法，五种伤寒亦应与五行有着一一对应关系。

从五邪与五寒两图对比可知，一年四季大部分病邪，皆属于伤寒病，正如《素问·热论》所说："今夫热病者，皆伤寒之类也。"

在"白骨露于野，千里无鸡鸣"的东汉末年，瘟疫大行，所以张仲景著《伤寒杂病论》以济世。其书以药方灵验而称著，其医理即源自《内经》、《难经》，而又有所发挥。

其对伤寒之分类：温病、伤暑、热病、湿病、伤燥、伤风、寒病。

其对伤寒的观点：伤寒为伤于冬之严寒，若不即病则至春变为湿病，至夏变为暑病。

其对温病的观点：温病有春温、秋温和冬温，皆发于伏气，夏则病暑，不病温；冬伤于寒，至春发为春温；夏伤于湿，至秋发为秋温；冬至后，天应寒而反温，发为冬温。

由于《伤寒杂病论》具有极高地位，所以后人一谈及伤寒，必依仲景之学。

滑寿之《难经本义》中，亦引用仲景之学注解本难。

其纪氏曰：汗出恶风者，谓之伤风；无汗恶寒者，谓之伤寒；一身尽痛，不可转侧者，谓之湿温；冬伤于寒，至夏而发，谓之热病；非其时而有其气，一岁之中，病多相似者，谓之温病。

谢氏曰：《仲景伤寒例》云，冬时严寒，万类收藏，君子周密则不伤于寒，触冒者乃名伤寒耳。……中而即病者，名曰伤寒；不即病者，寒毒藏于肌肤，至春变为温病，至夏变为暑病。

应与脾土相应。但《伤寒杂病论》中却认为温病有春温、秋温和冬温三种，皆发于伏气（伏于经脉中的病邪），夏天因伏气而发作的疾病称为暑病，不属于温病。后医家大都以仲景之说为准。

58

● 五种伤寒病的脉象

因受风所致的伤寒病，尺部脉象浮而滑，寸部脉象濡而弱。湿温所致的伤寒病，尺部脉象浮而弱，寸部脉象小而急。因寒冷所致的伤寒病，尺部与寸部的脉象俱盛且紧、涩。因热所致的伤寒病，尺部与寸部皆为浮脉，轻按兼见滑象，沉取则见散、涩的脉象。温（瘟）病的脉象，因温邪流行于各个经脉而不固定，所以病在何经，则对该经的脉象进行分析。

● 伤寒病的误治

中医治疗疾病的方法，包括"汗、吐、下、和、温、清、补、消"八种方法。治疗伤寒病，则一般采用"汗法"或"下法"。

汗法就是解表发汗，适用于病邪初侵，病邪在表皮、肌肉间的伤寒病。比如伤风感冒初起，喝些姜汤发发汗就好了。

下法也称泻下法，即运用具有泻下作用的药物，攻逐体内积滞，通泻大便，以逐邪外出的治疗方法。一般病邪在里则采用下法。

可是，治疗伤寒病，有的用汗法可以治愈，结果用下法治疗，病人却死了；有的用下法可以治愈，结果用汗法治疗，也把病人治死了。这是怎么回事呢？

此难回答说，属于阴盛阳虚的，即病邪在体表使阳气受损而虚弱，体内之阴气因旺盛所以没被病邪侵害，这种伤寒病以汗法即可治愈，可是如果用下法，则会使患者阴阳俱虚，病邪进而侵犯全身内外，所以会死亡。属于阳盛阴虚的，即病邪在体内使体内阴气受损而虚弱，体表之阳气因旺盛而未遭侵害，这种伤寒病以下法即可治愈，可是如果用汗法，则会使阴阳俱衰而病邪猖獗，所以患者会死亡。

这里讲的是以汗法、下法医治伤寒，要辨证论治。否则，则如同杀人。

一般来说，汗法只适用于表症，若表邪未尽，又有里症，则须用表里双解法。若病邪已全部入里，则不可用汗法。另外，对于自汗、盗汗、吐泻失水、热病后期津亏、失血等症，均不宜使用汗法。

下法则一般只适用于里症。在表邪未解、里实证不具备的情况下，不宜

伤寒病的脉象与误治

五种伤寒的脉象

五寒	脉象	说明
中风	阳浮而滑,阴濡而弱。	此脉象所言之阴与阳,有医家认为指阴经与阳经。今从滑寿之观点,即阴阳代表寸、尺。
湿温	阳浮而弱,阴小而急。	
伤寒	阴阳俱盛而紧涩。	
热病	阴阳俱浮,轻取兼见滑脉,沉取则见散、涩之脉象。	
温病	因温邪不固定于某经脉中,故病在何经,则对该经具体分析。	

伤寒病的误治

　　治疗伤寒病,一般采用汗法或下法,如果该用汗法却用了下法,或该用下法却用了汗法,则会因误治而导致患者死亡。

病邪在体内使阴气受损,体表未遭侵害而旺盛,为阳盛阴虚。这种伤寒病以下法即可治愈,如果用汗法,会导致患者死亡。

病邪在体表使阳气受损,体内没有病邪侵袭而旺盛,为阴盛阳虚。这种伤寒病以汗法即可治愈,如果用下法,则会死亡。

附:中医治病立论八法（确诊后,医者要从八法中选择适合患者的治疗方法。）

八法	说明
1 汗法	即解表发汗法,是用汤药或物理方法开泄毛孔,驱逐病邪的治疗方法。
2 吐法	即催吐法,是用药物使患者呕吐,从而吐出有害物质的治疗方法。
3 下法	即泻下法或攻下法,是用泻药排便,以攻克体内积滞的治疗方法。
4 和法	即和解法,是利用药物的疏通、和解作用来消除疾病的方法。
5 温法	即温里法或祛寒法,是用温性或热性药物振奋阳气,祛除寒邪的治疗方法。
6 清法	即清热法或泻火法,是一种用寒凉药物治疗热性病的方法。
7 补法	即滋补法,是用有滋补作用的药物提高人体抗病能力,从而达到扶正祛邪的治疗方法。
8 消法	即消导法,是用消散破积的药物,消散体内气滞、血淤、食积、肿块等症的治疗方法。

使用。若表邪未解而里实症已具时，宜先解表后攻里，或表里双解。而对于年老体虚，产后亏血，病后伤津，虚症等，不可专事攻邪，若必须用该法时，应配合益气、养血、养阴等药物并用。

● "寒热病"的三种症状

此难最后一部分，所问为：寒热之病如何诊察呢？

所答为：皮寒热者，皮肤灼热不能接触凉席，毛发枯干，鼻孔干燥不润泽，身体无汗；肌寒热者，肌肉疼痛，舌干唇燥，身体无汗；骨寒热者，全身没有一处不为病痛所折磨，大汗淋淋无休无止，牙齿根部干枯而没有津液。

此部分内容似乎与前面关联不大，尤其是这个突然出现的"寒热病"，令后世医家顿为困惑。有人认为指的是乍寒乍热的一种病；有人认为这里讲的是三种不同程度的"寒热病"，与前面的伤寒病无关，是错简的衍文；还有人认为五脏六腑皆有寒热病，此处只讲了肺、脾、肾三脏；还有人认为这三种"寒热病"皆属于内伤杂病，列在文末，是为了让人们懂得"寒热病"与伤寒病的区别，以防止误诊误治。

其实，这一部分内容，引用的是《灵枢》第二十一篇的部分经文。《灵枢》原文是："皮寒热者，不可附席，毛发焦，鼻槁腊，不得汗，取三阳之络，以补手太阴。肌寒热者，肌痛，毛发焦而唇槁腊，不得汗，取三阳于下以去其血者，补足太阴以出其汗。骨寒热者，病无所安，汗注不休，齿未槁，取其少阴于阴股之络；齿已槁，死不治。骨厥亦然。骨痹举节不用而痛，汗注烦心，取三阳之经补之。"

《难经》引用《灵枢》的经文想说明什么呢？其想说明的便是：正确区别伤寒病属于阴盛阳虚还是属于阳盛阴虚，以便正确采用汗法与下法进行治疗。所谓"寒热之病"，指的便是因受寒受凉而使身体发烧的疾病，当人的体温升高时，反而会感觉很冷，所以恶寒。

中医认为，人得病的内因，大多为七情所致；外因，则大多为着凉。所以《素问·热论》说："今夫热病者，皆伤寒之类也。"

由于治疗伤寒病时，汗法与下法使用不当会使病人因误治而亡。所以本难最后，以三种症状来说明伤寒病的表里特征。

丁锦在《古本难经阐注》中说："皮寒热者，即仲景所谓太阳之表；风用

"寒热病"的三种症状

寒热病

属乍热乍寒的一种病；

三种不同程度的"寒热病"，与伤寒无关，为衍文；

五脏六腑皆有寒热病，此难只讲了肺、脾、肾三脏；

皆属内伤杂病，列在文末以示与伤寒的区别，防止误治。

即受寒而导致的热病，也即伤寒病。放于文末，是要说明区别阴盛阳衰与阳盛阴衰的方法，以防误治。

皮寒热者 ——→ 皮不可近席，皮发焦，鼻槁，无汗。

《灵枢》说，取三阳之络，以补手太阴，包好！
《伤寒论》说，风用桂枝汤，寒用麻黄汤，汗出即愈！

肌寒热者 ——→ 肌肉疼痛，唇舌槁，无汗。

《灵枢》说，取三阳经以去其血，补足太阴以出其汗，包好！
《伤寒论》说，用小柴胡汤，药到病除啊！

骨寒热者 ——→ 浑身不适，汗流不止，齿未槁，骨痛。

《灵枢》说，齿未槁，取少阴于阴股之络可治；骨痹骨痛，汗注烦心，可取三阳经补之。如齿槁骨厥，那可没救了！
《伤寒论》说，承气汤肯定管用！不过，此药为猛峻攻下之剂，一定要中病即止！！

桂枝汤，寒用麻黄汤，汗之而愈。肌寒热者，即仲景所谓邪在半表半里；用小柴胡汤，和解而愈。骨发寒热者，里发寒热也。即仲景谓阳明里症；用承气汤下之而愈也。"应以丁锦所说为是。

● 伤寒杆菌

1853-1856 年，欧洲爆发了著名的克里米亚战争。这是世界上第一次现代化战争，然而死于现代热兵器的士兵只有五万人左右，近四十五万人则死亡于传染病。这场战争使"提灯女神"南丁格尔成为历史上最伟大的护士。而致使四十五万人因高烧、腹泻而死的病菌，直到 1880 年才首次被发现。这种细菌的名称翻译成中文，就叫伤寒杆菌。

由伤寒杆菌引起的伤寒病，是经消化道传播的急性传染病。临床特征有长时间发烧，严重腹泻，并有玫瑰疹及白细胞减少等症状。主要并发症为肠出血、肠穿孔。这种伤寒病与我国中医伤寒病中的温（瘟）病很接近，但与中医的伤寒，概念上还是有区别的，二者不可混淆。

自从张仲景本着《内经》、《难经》著《伤寒杂病论》之后，历代医家皆以《内经》、《难经》及《伤寒杂病论》的方法治疗四时热病。至金元四大家之一的刘守真，才开始提出温（瘟）病与伤寒不同的见解，创立双解散，表里双解。明代吴又可著《瘟疫论》，正式将急性传染病与伤寒病区分开来。接着，明末清初众医家将急性传染病统称为急性热病，使中医急性热病学又有了进一步的发展。

其实，中医的所有伤寒病，都有身体发烧的现象，也就是说有细菌或病毒感染的症状。所以说，急性传染病也只是伤寒的一种。而将这些属于温（瘟）病的急性传染病与传统伤寒病分离出来，加大重视程度，则有助于加强急性传染病的研究，以减少急性传染病对人类生命的威胁。

西医与中医的理论不同，疾病诊断、分类亦不同。比如，在西医中，肺炎、感冒和伤寒，是三种不同的疾病，而在中医则皆属于伤寒的范畴。对此，我们不可不知。

伤寒杆菌

西医领域伤寒

伤寒是战争和贫穷的帮凶，它甚至远远超出了战火和饥饿对人类的威胁。1880年，埃伯斯（Eberth）终于在实验室里揪出了这个令人谈虎色变的家伙——伤寒杆菌。

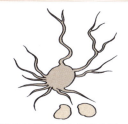

随着医学家对伤寒病的进一步研究，又发现了引起副伤寒病的副伤寒杆菌。这两种病菌均为沙门氏菌属，而沙门氏菌则是地球上最大、传播最广的菌种群之一，人类根本无法消灭掉它们。

伤寒杆菌经消化道传播而使人致病。伤寒杆菌在胃里会被胃酸杀死，如果胃酸PH值出现问题，伤寒杆菌就会闯过这道生死关而进入小肠。

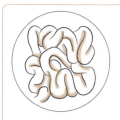

伤寒杆菌来到小肠，就要进入黏膜层继而进入血液中。此时，肠道里淋巴结中的白细胞便开始抗击入侵者。如果白细胞不能将正在大量繁殖的伤寒杆菌吞噬，部分伤寒杆菌就会侵入血液中。

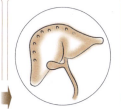

伤寒杆菌进入血液后，并不能使人出现伤寒症状，因为这些杆菌通常会被肝和脾中的白细胞吞噬掉。

可是，如果消化系统中的伤寒杆菌太多并且繁殖太快，那么病菌会一次又一次地侵入血液中。杆菌与白细胞的激战释放出的毒素使人体机能紊乱，伤寒症状开始逐渐严重，患者甚至会死亡。

发病三周至一个月左右，侥幸的患者的免疫系统会重新振作起来，辨认出杆菌并将其摧毁。不经治疗而痊愈的患者，大概有5%的人会成为终身杆菌携带者。

中、西医伤寒的区别

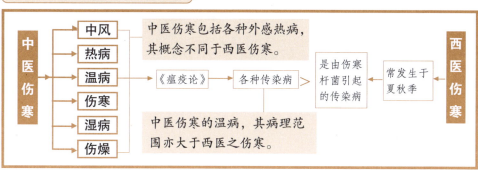

● 伤寒病的预防

西医预防伤寒的方法，主要是杜绝病源传染。

伤寒病人和伤寒杆菌携带者的粪便与尿液中含有大量的伤寒杆菌，如果污染了水、食物和环境，则会通过手、苍蝇、蟑螂等以病从口入的方式传染给健康人。所以预防伤寒的方法是：

首先，要养成饭前便后洗手的好习惯，并且尽量避免接触伤寒病人或携带病菌者以及他们的物品。

其次，要加强饮食卫生。不可吃伤寒病人或带菌者接触的食物，尽量吃热食喝热饮，因为伤寒杆菌在六十摄氏度以上的环境下持续三十分钟便会死亡；沸水中会即刻死亡。

第三，要搞好居住环境的卫生。居室要经常通风透光，并保持适度的干燥，适时喷洒杀毒剂，因为伤寒杆菌虽然耐低温，却对光、热、干燥和消毒剂抵抗力较弱。此外，还要灭蝇灭蚊灭蟑螂。

中医预防伤寒的方法，主要是防止受寒。这个方法虽然简单，却可以使人一生拥有健康。

防止受寒有两种方法，一种是适时加衣，不当风而眠，不食寒饮凉，不居湿寒之地，不立雪卧冰，合理规避四时之寒邪，尤其要免受严冬之寒毒；另一种是薄衣单被，适度劳作运动，凉水洗面，引导吐纳，适度滋补，以增强耐寒能力，修成寒邪不侵之体。两种方法既矛盾又统一，关键在于适度无过。保暖太过或不足、受寒太过或不足，皆对身体有害。

伤寒病的预防

西医预防伤寒

养成饭前便后洗手的好习惯，是预防伤寒的好办法。

要吃热食喝热饮，因为高温可以迅速杀死伤寒杆菌。

注意居室的干燥卫生，消灭蚊蝇与蟑螂也是预伤寒的有效方法。

中医预防伤寒

中医预防伤寒的方法，主要是防止身体受寒。严冬时节多穿衣服可以御寒，而加强锻炼，提高身体免疫力，更是有效的御寒之法。

59

第五十九难　如何鉴别狂癫病？

狂病与癫病的区别

狂癫病就相当于现在所谓的精神病，不过，古人认为狂与癫分别为两种不同的精神症。

● 狂病的鉴别

此难认为，患者狂病初发作时，躺下休息的时间很少，并且也不知道饥饿，自以为是高人贤士，自以为善辩聪明，自以为尊贵无比，经常狂妄地大笑，喜欢大声唱歌和玩耍，整天狂妄的行为无休无止。

这些描述很有意思，生活中有些没病的人似乎也有这些特征。不过，具备这些特征的人，即使还没有患精神病，也应当注意调摄一下精神，因为很可能再往下发展，就会患有精神病了。

金元四大家之一的刘守真在《河间六书·狂越》中说："心火旺，肾阳衰，乃失志而狂越。"言之非常有理。所以说，有这种狂症之人，应当先去补补肾，再调摄一下精神，便会大为改观。

● 癫病的鉴别

此难认为，癫病开始发作时，患者会心境不好，有些闷闷不乐，当心情极度不快时会两眼发直，然后突然昏倒而不省人事。

患有癫狂病的人，其脉象左右尺部与寸部都很强盛。

滑寿认为：狂病属阳，所以其状自负而好动；癫病属阴，所以其状自卑而主静。狂病为三部之阳脉脉象俱盛，癫病为三部之阴脉脉象俱盛。

滑寿还认为第二十难中的"重阳者狂，重阴者癫，脱阳者见鬼，脱阴者目盲"四句，应放于此难的最后。所以，学习此难，亦应参考二十难的相关内容。

狂病与癫病

狂病

天地之间，唯我独尊；茫茫人海，唯我独能，哈哈哈……

如此狂妄？快补肾阳以制心火！

狂病之人，不饥不困，自认为高贤尊贵，妄笑如歌，妄行不休。其寸关尺三部阳脉俱盛。

癫病

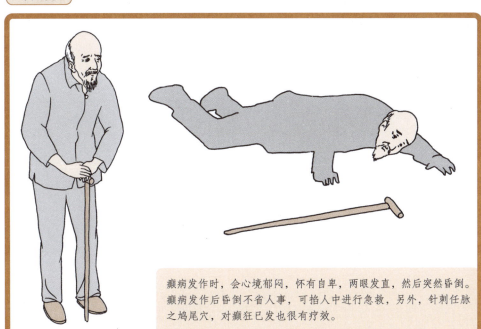

癫病发作时，会心境郁网，怀有自卑，两眼发直，然后突然昏倒。癫病发作后昏倒不省人事，可掐人中进行急救，另外，针刺任脉之鸠尾穴，对癫狂已发也很有疗效。

第六十难　何为心脑疾病的厥痛与真痛？

厥痛可治，真痛必死

头痛与心痛，有厥痛与真痛之分。一般厥痛可针治，真痛则会死亡。

60

● 厥痛

手三阳经脉（小肠、大肠、三焦经）从手上循至头，所以手三阳经脉如果有风寒滞留，就会影响到头部而出现头痛的症状。这种头痛就叫厥头痛。

五脏邪气的侵害，可使心脏感到疼痛，由于这种疼痛并非来自于心脏本身病变，所以叫做厥心痛。

厥头痛与厥心痛，都是可以医治的厥痛。这里所讲的内容，来自于《内经·厥病篇》。《厥病篇》对厥痛的治疗方法介绍得比较详细，由于此难重点在于让人明白无法治疗的真痛，所以并没有介绍厥痛的具体治疗方法。

● 真痛

手三阳经脉有风寒滞留，如果没有治愈，便会随着经脉的通道进入大脑，受风寒之邪侵害的整个大脑便会剧痛。这种病邪入脑的头痛，就称为真头痛。

如果病邪侵入心脏，使心脏产生剧痛，并且手足发青（注：滑寿认为"手足青"之"青"指"冷清"之意，即手足冰凉），那么这种不是来自于他脏影响的心脏剧痛，则称为真心痛。

此难认为，如果患者真心痛早晨发作，晚上就会死亡；晚上发作，早晨就会死亡。是无法治愈的。

此难并没有说真头痛会使人死亡。但滑寿认为此难经文存在缺漏现象，真头痛亦应为不治之症。

《内经·厥病篇》说："真头痛，头痛甚，脑尽痛，手足寒至节，死不治。"应以滑寿及《内经》所说为是。

厥痛与真痛

厥痛

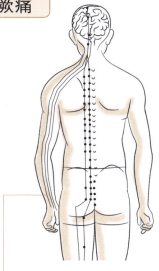

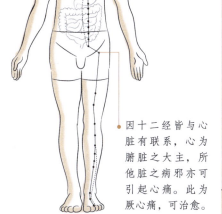

手三阳上循至头，所以手三阳经受风寒，会引起头痛，此为厥头痛，此病可治愈。

因十二经皆与心脏有联系，心为腑脏之大主，所他脏之病邪亦可引起心痛。此为厥心痛，可治愈。

真痛

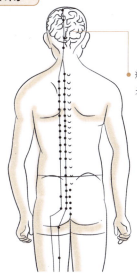

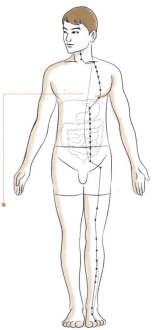

病灶在脑的头痛为真头痛，会使人死亡。

病灶在心的心痛是真心痛，会使人死亡。

真头痛与真心痛发作时，患者手足冰凉（一说为手足色青），并且旦发夕死，夕发旦死，无法治愈。这主要是因为头为诸阳之会，心为脏腑之大主，不能受邪，受邪则死。当然，这也与当时的医疗水平有关。

249

第六十一难 什么是望闻问切?

早期中医四诊的内容

通过望肤色、听声音、问五味和切脉,即可洞悉患者病情,这就是《难经》所说的望、闻、问、切四诊。

61

● 医师的四个级别

古医书上记载说,通过望诊即可洞悉患者病情的医师,可以称为神医;通过听诊即可洞悉患者病情的,可以称为医圣;通过问诊即可洞悉患者病情的,可以称为工医(即精通医术的医师);通过切诊即可洞悉患者病情的,可以称为巧医(即已掌握诊断技巧的医师)。

那么,望、闻、切四诊都有哪些具体内容呢?本难回答的正是这一问题。

● 望诊

此难说,用望诊来诊断病情,指的就是观察病人五种肤色的变化,以了解疾病的状况。

此处所说的五种肤色,并非单指面色,还包括十二皮部、手足及尺寸部位的肤色。由于通过察看面色的方法最常用,所以在望诊中占有重要地位。

《素问·五脏生成篇》中说,脸青得像草汁一样的人会死亡,黄如枳实的人会死亡,黑如煤烟子的人会死亡,赤如紫黑色的淤血的人会死亡,白如枯骨的人会死亡。如果青如翠羽,或赤如鸡冠,或黄如蟹腹,或白如猪脂,或黑如乌羽,则生命旺盛不会死亡。心脏旺盛的健康人,则面色白里透朱红;肺脏旺盛的健康人,则面色白里透粉红;肝脏旺盛的健康人,则面色白里透绀青色;脾脏旺盛的健康人,则面色白里透黄;肾脏旺盛的健康人,则面色白里透紫。

《灵枢·五色篇》中说,青色、黑色主疼痛,黄色、赤色主身热,白色主寒。又说,赤色出现于两颧,大如拇指者,病虽小愈,必猝死;黑色出现于天庭,大如拇指,必不病而卒。

另外,《灵枢·论疾诊尺篇》对尺部肤色的望诊,也有较为详细的论述。这说明我国很早便积累了相当丰富而宝贵的望诊经验,并且,这些望诊知识,最终还形成了中国的相面学。

● 闻诊

此难说,通过闻诊以诊断病情,指的便是听闻患者的呼、言、歌、哭、呻五声及宫、商、角、徵、羽五音,从而判断出疾病状况。

望闻问切（1）

医师的四个级别

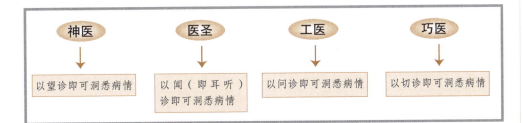

神医 → 以望诊即可洞悉病情

医圣 → 以闻（即耳听）诊即可洞悉病情

工医 → 以问诊即可洞悉病情

巧医 → 以切诊即可洞悉病情

望诊

"黑色出于庭，大于拇指，必不病而猝死。"此为元气严重衰微，故主死。

双眉中间为"阙"，是肺脏的反应区，外感风寒等肺疾，此处当现病色。

天庭下，眉心上为阙上，如现病色，则说明咽喉部有病变。

鼻根也称"山根"，为心脏的反应区，心有疾，当见病色。

"赤色出于两颧，大如拇指者，病虽小愈，必猝死。"两侧颧骨现赤色，也叫"东西两岳现赤霞"，主猝死。

五色诊断表

	必死	不死	健康色
青（主痛）	脸青如草汁	脸青如翠羽	面色白里透绀青色，肝脏旺盛
黄（主热）	脸黄如枳实	脸黄如蟹腹	面色白里透黄，脾脏旺盛
黑（主痛）	脸黑如煤烟子	脸黑如乌羽	面色白里透紫，肾脏旺盛
赤（主热）	脸赤如血瘀	脸赤如鸡冠	面色白里透朱红，心脏旺盛
白（主寒）	脸白如枯骨	脸白如猪脂	面色白里透粉红，肺脏旺盛

中医认为，人的五脏有各自所属的声音与声调。

一般肝在声为呼，音调为角，音性平直；如果人的声音与声调相应，清晰而不浑浊，不嘶哑，则属健康；如果病人角音杂乱，则说明病在肝脏。

心在声为笑，音调为徵，音性和缓而长；如果声音与声调相应，则主健康；如果病人徵音混乱，则病在心。

脾在声为歌，音调为宫，音大而缓和；如果声音与声调相应，则主健康；如果病人宫调混乱，则病在脾。

肺在声为哭，音调为商，音高而有力；如果声音与声调相应，则主健康；如果病人商调混乱，则病在肺。

肾在声为呻，音调为羽，音性深沉浑厚；如果声音与声调相应，则主健康；如病人羽音混乱，则病在肾。

除此之外，后世的中医闻诊还包括闻嗅患者身体的五嗅、听患者的呼吸、肠鸣、痰气等各种听嗅内容，以判断病情。

● **问诊**

此难说，问诊就是询问病人对酸、苦、甘、辛、咸五味的嗜好，从而了解疾病的起因与病变部位。

《灵枢·五味篇》中说："五味入口，各有所走，各有所病。酸走筋，多食之，令人癃。咸走血，多食之，令人渴。辛走气，多食之，令人洞心。辛与气俱行，故辛入心而与汗俱出。苦走骨，多食之，令人变呕。甘走肉，多食之，令人悗心。"

所以，了解病人对五味的偏爱，便可以推断出五脏之间的平衡状况及生克盛衰。

后世中医的问诊内容，则更为全面，其最具代表性的便是《十问歌》所概括的内容："一问寒热二问汗，三问头身四问便，五问饮食六问胸，七聋八渴俱当辨，九问旧病十问因。"

● **切诊**

此难说，切诊就是对寸口部位进行脉诊，通过脉象的虚实来了解病情，以确定病在哪一脏或哪一腑。

此难虽未谈及，但其实按诊亦属于切诊范畴。另外切脉时，只要牢记五脏本脉，即肾沉、心洪、脾缓、肺浮、肝弦，便算掌握了要领。脉象虽有千变万化，却总离不开浮、沉、迟、数、滑、涩六纲。明白此理，则脉象易察。

闻诊

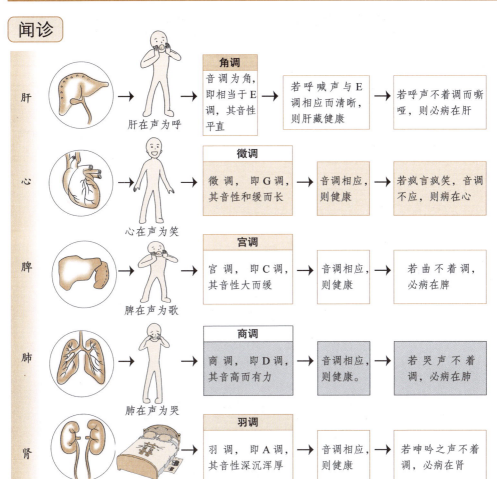

肝	肝在声为呼	**角调** 音调为角，即相当于E调，其音性平直	若呼喊声与E调相应而清晰，则肝藏健康	若呼声不着调而嘶哑，则必病在肝
心	心在声为笑	**徵调** 徵调，即G调，其音性和缓而长	音调相应，则健康	若疯言疯笑，音调不应，则病在心
脾	脾在声为歌	**宫调** 宫调，即C调，其音性大而缓	音调相应，则健康	若曲不着调，必病在脾
肺	肺在声为哭	**商调** 商调，即D调，其音高而有力	音调相应，则健康。	若哭声不着调，必病在肺
肾	肾在声为呻	**羽调** 羽调，即A调，其音性深沉浑厚	音调相应，则健康	若呻吟之声不着调，必病在肾

问诊　问诊即问五味嗜好

嗜酸	嗜咸	嗜辛	嗜苦	嗜甘
多食令人癃	多食令人喝	多食伤肺，且汗出而伤心	多食令人呕	多食令人悗心

切诊　五脏本脉

五脏	心	肺	脾	肝	肾
本脉	洪脉（钩脉）	浮脉	缓脉	弦脉	沉脉

六纲脉

浮脉	沉脉	迟脉	数脉	滑脉	涩脉
主表症	主里症	主寒症	主热症	主虚症	主实症

第四章

论疾病

第六十一难

什么是望闻问切？

253

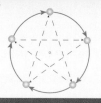

第伍章

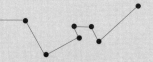

第 62 ～ 68 难

论腧穴

　　《难经》第五部分，介绍的是腧穴知识，严格来说，这里只讲了关于五输穴的知识，然而这却是《难经》以针灸治病的重要方法。这部分内容只有 7 难，但学针灸人士却需要细读慢品，仔细领会才行。

　　这部分内容还讲述了十二原穴，这是对完整的十二原穴最早记录。另外，这一章还讲述了募穴与背俞穴的理论知识，只是没有把穴位名称全部记载下来。

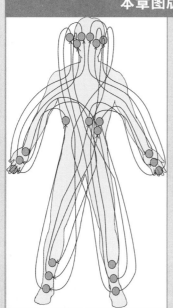

本章图版目录

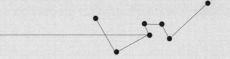

第六十二难　为何阳经的井荥穴数有六个？

阳经五输另加一穴为原穴

属于五脏的阴经，各有井、荥、输、经、合五穴，而属于六腑的阳经却多出一个"原"穴，所以每条阳经有六个井荥穴。

● 六腑经脉的原穴

井荥穴是井、荥、输、经、合五穴的总称，也称为五输穴，简称五输，是十二经脉各经分布于肘膝关节以下的五个重要腧穴。五脏的经脉只有五个井荥穴，可六腑的经脉，却有六个穴，这是怎么回事呢？

此难说，六腑的经脉，全是阳经，三焦之气运行在各阳经之间，所以在其与诸阳经相通的地方增加了一个穴位，名叫原穴。这样，每一腑的经脉都有六个井荥穴，六腑经脉上的原穴使六腑之气贯通为一气，也就是说五腑之气通过原穴与三焦之气互相贯通。

此难由于过于简短，使有些医家认为存在缺误。所以应结合后面第六十六难理解此文。

从第六十六难可以看出，五脏的经脉也有原穴。与六腑经脉不同的是，五脏经脉的原穴与五输中的输穴同名同穴同部位，实为一穴，而六腑经脉的原穴则是在五输之外另有一穴。

● 输、腧、俞

人体的穴位，是人体脏腑经络之气输注出入的特殊部位，既是疾病的反应点，又是针灸临床的刺激点。穴位可称为输穴、腧穴、俞穴，也可称为气穴、孔穴、穴道等。

输、腧、俞三字在中国古文中是可以通用的，在经络学中一直存在混用的现象，其意均为输注、输送之意，也就是说穴位具有输注经气的作用。

现今中医课本认为：腧穴，指的是所有穴位的通称；输穴，指五个井荥穴中的第三个穴位，五个井荥穴，亦可总称为五输；俞穴，则指的是募俞穴中的背俞穴，即脏腑之气输注于背部的穴位。其实，这只是后世医家的一种用字习惯，不可过于拘泥。阅读古医书，一定明白"输"、"腧"、"俞"三字是可以通用的，否则将造成阅读和理解上的困难。

另外，今现代汉语常用"俞"来代替"腧"字，这种简化法不妥，因为"腧"字为经络学中的专用字。

阳经的五输穴

五输穴分布示意图

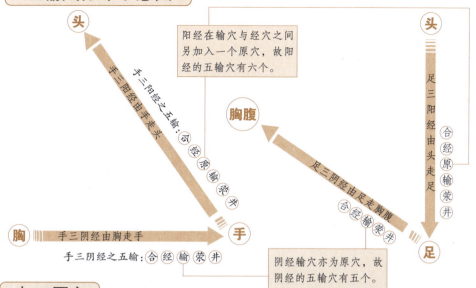

阳经在输穴与经穴之间另加入一个原穴，故阳经的五输穴有六个。

足三阳经由头走足　合经原输荥井

手三阳经由手走头　手三阳经之五输：合经原输荥井

手三阴经由胸走手　手三阴经之五输：合经输荥井

阴经输穴亦为原穴，故阴经的五输穴有五个。

十二原穴

本难之原穴，属于五输穴之一，而今天的中医教材中往往将五输穴与原穴列为两种不同的概念，将两者与络穴、郄穴、八会穴、下合穴、背俞穴与募穴等一起归类为特定穴。

原穴是脏腑原气输注和留止的部位，一般位于腕、踝关节附近，是人体重要穴位，可诊断和诊疗与脏腑有关的各种疾病，现将其穴位与主治列表如下：

	经脉	原穴	定位	主治
手三阴	手太阴肺经	太渊	腕横纹桡侧，桡动脉搏动处	主治咳嗽、哮喘、遗尿、肺痨等肺虚症
	手少阴心经	神门	尺侧腕屈肌腱的桡侧凹陷处	可治各种心病，如癫症、痴呆症等
	手厥阴心包经	大陵	腕横纹的中点处	主治心火实证症，如口舌生疮、心烦、失眠、尿血、口臭等
足三阴	足太阴脾经	太白	足大趾本节后下方，赤白肉际凹陷处	主治脾虚诸症，如肠鸣泄泻等
	足少阴肾经	太溪	内踝尖与跟腱肌的凹陷处	主治肾虚诸症
	足厥阴肝经	太冲	足背第一、二跖骨间隙的后方凹陷处	主治诸肝病
手三阳	手阳明大肠经	合谷	拇、食指并拢，肌肉隆起最高处	伤寒解表可泄合谷，汗多则补合谷，另外面瘫、牙痛等，皆可取针合谷
	手太阳小肠经	腕骨	腕下，第五掌骨基底与钩骨之间的凹陷处	主治与小肠经有关的诸症，另外，治疗落枕、腰痛也很有效
	手少阳三焦经	阳池	腕背横纹中点处	通达三焦阳气，且对足踝痛有疗效
足三阳	足阳明胃经	冲阳	足背最高处的动脉搏动处	主治各种胃病
	足太阳膀胱经	京骨	足外侧第五跖骨粗隆下方，赤白肉际处	可治膀胱经诸症
	足少阳胆经	丘墟	足外踝的前下方	主治与胆有关诸症，对胆绞痛很有疗效

第六十三难　为何五输穴皆始于井穴？

井穴为脉气始生之处

井穴为各经脉之脉气始生的地方，所以五输穴中第一个穴位是井穴。

63

● 井穴为始的原理

此难所问为：古医经《十变》上说，五脏六腑各经脉的荥、合等穴，都以井穴作为第一个穴位，为什么呢？

所答为：井成水出，就像东方木的生长和春天来临施化万物一样，是万物萌发生长的象征。冬天蛰伏的各种动物在春天开始喘息行动，会飞的开始飞翔，会爬的开始爬行，一切当恢复生机的生物，没有一个不在春天获得了生机。所以，岁数的增长以春天作为开始，日数以天干的甲日作为开始，井穴也因这个道理而成为五输穴的开始。

此难欲用天人合一的思想来解释经脉穴位与大自然的对应关系，不过所论过简，难以使人领悟。其实只以五输穴名称及作用（见第六十八难）即可回答此问题，根本用不着与春天万物始生联系起来。

不过，五输穴和五行相配属后，肯定会具有与之对应的季节、方位等关系。此难并没有阐述此方面的内容，因为作者想在这里说明的是：春天为一年四季的开始，甲日为天数的开始，井穴则为脉气的开始。

● 徐大椿的说法

徐大椿是清代著名医学家，曾名大业，字灵胎，晚号洄溪老人，江苏吴江人。他出身名门望族，博学多才，兼通天文、地理、数学、水利、文词、音乐、武艺，靠刻苦自学而精通医学，尤以医学著称于世。他除了著有《难经经释》之外，还有《神农本草经百种录》、《医学源流论》、《伤寒类方》、《洄溪医案》等名著传世。

徐大椿对此难的观点是："《灵枢·本输篇》云，脏之井皆属木，腑之井皆属金，即下节（即第六十四难）亦明言之，今总释五脏六腑之井皆属木，则背经语，且与下文亦相矛盾。若云惟脏之井属木而腑不与焉，则腑之亦始于井而又不属木，义当何居？下语疏漏之至。"

徐氏的这种看法，似乎也有一定道理，但只属于一家之说，并未被众医家所接受。对此，将在第六十五难论述。

五输穴始于井穴原理

一旬十日

春天草木生长，万物皆自此增长一岁。

日子十天一旬，周而复始，每次逢甲日，新的一旬又开始了。

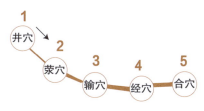

井亦如春天，亦如东方甲木，是水源的开始。

井穴亦如春天，亦如东方甲木，是脉气流注的开始。所以，五输穴皆以井穴为始。

徐大椿的观点

《灵枢·本输篇》云"脏之井皆属木"，故脏之五输可始于井。

＋

《灵枢·本输篇》云："腑之井皆属金。"

脏井属木，腑井属金。此与本难五脏六腑皆始于井的观点相矛盾，徐大椿的想法值得我们思考。

259

第六十四难　五输穴与五行是怎样配置的？

五输与五行的关系

易学中的天干化合五行，广泛应用于中医领域，五输穴的五行配置，即根据此原理。

● 五输与五行

古医经《十变》上说，阴经的井穴为木，阳经的井穴为金；阴经的荥穴为火，阳经的荥穴为水；阴经的输穴为土，阳经的输穴为木；阴经的经穴为金，阳经的经穴为火；阴经的合穴为水，阳经的合穴为土。阴阳经脉的五输穴所属五行都不一样，是什么意思呢？

此难回答说，这是因为应用了阳刚与阴柔的相合之理。阴经井穴属于乙木，阳经井穴属于庚金。阳经井穴之庚，是阴经井穴的阳刚（即以夫妻喻之，庚金为乙木之夫）；阴经井穴之乙，是阳经井穴的阴柔（亦以夫妻设喻）。乙为木，所以阴经井穴五行属木；庚为金，所以阳经井穴五行属金。其余皆可依此类推。

将以上的知识用两张表格表示则为：

（1）五输配天干

五行	木		火		土		金		水	
天干	甲	乙	丙	丁	戊	己	庚	辛	壬	癸
阴经五输		①井		②荥		③输		④经		⑤合
阳经五输	③输		④经		⑤合		①井		②荥	

（2）五行化合配五输

五行化合	乙庚化合金	丁壬化合木	甲己化合土	丙辛化合水	戊癸化合火
阴经五输	井（乙木）	荥（丁火）	输（己土）	经（辛金）	合（癸水）
阳经五输	井（庚金）	荥（壬水）	输（甲木）	经（丙火）	合（戊土）

● 五输穴的生克关系

从上面的两个表格可以看出，五输穴依次皆为相生的五行关系。即阴经五输为：井木生荥火，荥火生输土，输土生经金，经金生合水，合水生井水。阳经五输为：井金生荥水，荥水生输木，输木生经火，经火生合土，合土生井金。

这种相生的顺序，正好反映了脉气沿着五输穴由小而大，由浅而深的流

五输配五行

五输相生图

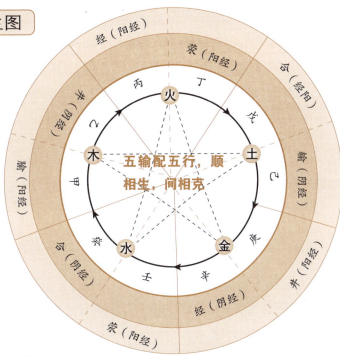

五输配五行，顺相生，间相克

五输相克图

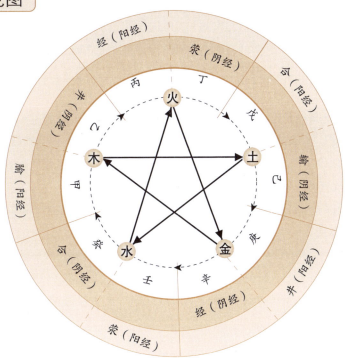

注走向。井穴如同水的源头，是脉气所出的地方；荥穴指的是脉气从井穴流出，像刚出泉源的微小水流；输穴指的是脉气流注渐盛，像水流渐渐输注于深处；经穴指的是渐盛的脉气行走之处，像水在通畅的河道中急速流过；合穴指的是脉气汇聚而进入脏腑，如同百川汇合入海。五输穴的先后顺序，反映着经脉的走向，可以说是经脉脉气流注走向的五个坐标。

五输穴除了存在相生的关系，阴经五输与阳经五输还存在着相克的关系。这些生克关系与经脉及脏腑的五行形成错综复杂的辨证关系，是医家辨证论治的重要依据。

● 五输穴的应用方法

五输穴在经络学中占有非常重要的地位，是医家必须掌握的知识。根据五输穴的五行生克关系，临床上主要有以下几种应用方法：

（1）采用"实则泻其子，虚则补其母"的原则，用本经的子穴或母穴来治疗疾病，这种方法也称为五输穴的本经母子补泻法。例如，治疗肺虚症，可取手太阴肺经（五行属金）的原穴（即输穴，因阴经五输的原穴即输穴）太渊（五行属土），由于太渊之土生肺脏之金，所以这种方法属于虚则补其母；如治疗肺实症，则可以取肺经五输穴的合穴尺泽穴（五行属水），由于肺金生尺泽之水，所以用泻的手法刺尺泽穴，则会使肺金更多地生助尺泽之水，就达到了泻肺之实的目的，这种方法就是实则泻其子。

（2）用异经的子穴或母穴来治疗疾病，这种方法也称为五输穴的异经母子补泻法。例如，治疗肺虚症，可取足太阴脾经（五行属土）的原穴太白（五行属土）或足阳明胃经（五行属土）的合穴足三里（五行属土），由于土生金，所以这种方法属于虚则补其母；如治疗肺实症，则取足少阴肾经（五行属水）的合穴阴谷（五行属水）或足太阳膀胱经的荥穴通谷（五行属水），因金生水，所以这种方法属于实则泻其子。

（3）按季节取穴治病。这种方法一般是春夏取井、荥，秋冬取经、合；每季最后一个月取原（输）穴。

（4）按五输穴的主治特点治病。一般井主心下满，荥主身热，输主体重节痛，经主喘咳寒热，合主逆气而泻。根据不同病症，即可取相应的穴位进行治疗。

总之，五输穴在临床上具有极高的价值，但根据不同病症，则要辨证论治，灵活掌握。

五输穴的应用方法

本经补母泄子取穴表

五行	金		水		木		火				土	
							君火		相火			
经脉	手太阴肺经	手阳明大肠经	足少阴肾经	足太阳膀胱经	足厥阴肝经	足少阳胆经	手少阴心经	手太阳小肠经	手厥阴心包经	手少阳三焦经	足太阴脾经	足阳明胃经
母穴	太渊	曲池	复溜	至阴	曲泉	侠溪	少冲	后溪	中冲	中渚	大都	解溪
子穴	尺泽	二间	涌泉	束骨	行间	阳辅	神门	小海	大陵	天井	商丘	厉兑

异经补母泄子取穴表

五行	金		水		木		火				土	
							君火		相火			
经脉	手太阴肺经	手阳明大肠经	足少阴肾经	足太阳膀胱经	足少阳胆经	足厥阴肝经	手少阴心经	手太阳小肠经	手厥阴心包经	手少阳三焦经	足太阴脾经	足阳明胃经
母经母穴	太白	足三里	经渠	商阳	阴谷	足通谷	大敦	足临泣	大敦	足临泣	少府（劳宫）	阳谷（支沟）
子经子穴	阴谷	足通谷	大敦	足临泣	少府（劳宫）	阳谷（支沟）	太白	足三里	太白	足三里	经渠	商阳

季节取穴表

季节	春	夏	秋	冬	四季（每季最后一个月）
应取之穴	井	荥	经	合	输
泄其子法取穴	荥	输	合	井	经
补其母法取穴	合	井	输	经	荥

五输穴主治特点

五输	井	荥	输	经	合
主治	心下满	身热	体重节痛	喘咳寒热	逆气而泻

263

第六十五难　什么是"所出为井，所入为合"？

脉气自井穴出，自合穴入脏腑

所出为井，指的是经脉脉气从井穴而出；所入为合，指的是经脉脉气从合穴而入脏腑。

● 出井入合原理

此难说，之所以说所出为井，是因为井穴相当于与五行相应的东方木和春天，春天万物始生，井穴则为脉气始生之处，所以说所出为井。之所以说所入为合，是因为合穴相当于与五行相应的北方水和冬天，冬天阳气潜藏，合穴则为脉气汇合深入脏腑之处，所以说所入为合。

● 阳经五输与四季

此难论述所出为井的原理，与第六十三难的内容基本相同。于是便出现了一个徐大椿所提出的问题：五脏经脉的井穴属木，可以与春天相应；六腑经脉的井穴属金，也与春天相应吗？

其实，《难经》作者之所以在此又重复六十三难的内容，只是想强调：井穴为脉气的始生处，即相当于春天是一年的开始，是万物生长的开始，所以，井穴即相当于春天，春天配五行属木，那么井穴亦属木；即使六腑阳经的井穴属金，但其大的属性依然属木，并与春天相对应。因为，六腑阳经五输穴的五行属性，只是在以母子补泻法辨证论治时使用的。而在季节属性上，六腑阳经的五输穴与阴经五输穴相同。即第七十四难所说的"春刺井，夏刺荥，季夏刺输，秋刺经，冬刺合"，是相对脏腑所有经脉而言的。

虽然如此，但在临床上一般采用较为谨慎的施针态度，仍然只以阴经的五输穴配合四季的理论治疗各种疾病。

所出为井，所入为合

脏腑经脉五输穴总图

五输穴	井	荥	输	原	经	合
天干	乙	丁	己	己	辛	癸
五行	木	火	土	土	金	水
出入	所出	所流	所注	所过	所行	所入
手太阴肺经（金）	少商	鱼际	太渊	太渊	经渠	尺泽
手少阴心经（火）	少冲	少府	神门	神门	灵道	少海
足太阴脾经（土）	隐白	大都	太白	太白	商丘	阴陵泉
足厥阴肝经（木）	大敦	行间	太冲	太冲	中封	曲泉
足少阴肾经（水）	涌泉	然谷	太溪	太溪	复溜	阴谷
手厥阴心包经（相火）	中冲	劳宫	大陵	大陵	间使	曲泽

（阴）

五输穴	井	荥	输	原	经	合
天干	庚	壬	甲	甲	丙	戊
五行	金	水	木	木	火	土
出入	所出	所流	所注	所过	所行	所入
手阳明大肠经（金）	商阳	二间	三间	合谷	阳溪	曲池
手太阳小肠经（火）	少泽	前谷	后溪	腕骨	阳谷	小海
足阳明胃经（土）	厉兑	内庭	陷谷	冲阳	解溪	三里
足少阳胆经（木）	窍阴	侠溪	临泣	丘墟	阳辅	阳陵泉
足太阳膀胱经（水）	至阴	通谷	束骨	京骨	昆仑	委中
手少阳三焦经（相火）	关冲	液门	中渚	阳池	支沟	天井

（阳）

第六十六难　什么是十二经之原穴？

十二原穴的名称

此难认为，脏腑十二经脉各有一个原穴，是三焦之气经过之处。

● 十二经脉的原穴

此难有两问两答。第一问为："肺经原穴，是太渊；心包经原穴，是大陵；肝经原穴，是太冲；脾经原穴，是太白；肾经原穴，是太溪；心经原穴，是神门；胆经原穴，是丘墟；胃经原穴，是冲阳；三焦经原穴在阳池；膀胱经原穴，是京骨；大肠经原穴，是合谷；小肠经原穴，是腕骨。十二经皆以输穴为原穴（有误，实际只有阴经以输为原），为什么呢？"

所答为："这是因为五脏各经脉的输穴，是三焦之气运行和停留的地方。"

这个回答是否正确，值得我们思考。因为，三焦经并没有在腕、踝附近与五脏之阴经相联系。

另外需要说明的是，《灵枢·九针十二原篇》的十二原穴是五脏之阴经的十个原穴，再加上膏（应为膈，即胸膈膜）之原鸠尾和肓（即下肓，腹膜处）之原脖胦（气海穴），共十二原；《灵枢·本输篇》记载了五脏六腑十一个原穴，但与《九针十二原篇》皆隐去了心经之原而以手厥阴心包经之原代之，并且没有手厥阴经的名称。在《灵枢·邪客篇》中，始指出手少阴心经的输穴在掌后锐骨之端，但却没有记录心经的井荥经合穴。本难所说的十二经原穴，应是完整的十二经原穴的最早记录。而完整的十二经五输穴，则到晋代皇甫谧的《针灸甲乙经》中才有所记录。

● 三焦与原穴

此难第二问为："为何将三焦之气运行停留之处定为原穴呢？"

所答为："脐下肾间动气，是人体的生命所在，也是十二经的根本，所以称为原。三焦，是输送原气的使者，通行上、中、下三焦之气，行经五脏六腑（此与上问所答矛盾）。原，是三焦的尊号，所以把三焦之气运行与停留之处定为原穴。五脏六腑有病，皆可选取相应的原穴进行治疗。"

由于我们无法知晓三焦之气通行于十二原穴的循行线路，所以无法确知所答正确与否。但极可能原穴是经脉源头之意，十二原穴是有别于五输穴的一种诊断、治疗脏腑疾病的腧穴。

十二经的原穴

《九针十二原篇》之原穴

关于十二原穴，《内经》中便有三种说法，这说明十二原穴的定义，当时存在争议。由于《灵枢·九针十二原篇》的十二原与《难经》十二原差别最大，故列表如下，以便读者研究。

肺之原	心之原	肝之原	脾之原	肾之原	膏之原	肓之原
太渊（2穴）	大陵（2穴）	太冲（2穴）	太白（2穴）	太溪（2穴）	鸠尾（1穴）	脖胦（1穴）

十二原穴配络表

临床上，原穴经常配合络穴使用，即以疾病所属经脉的原穴为主，以相表里经脉的络穴为客，两者互相配合，兼治表里相合之脏腑疾病。这种方法也称原络配穴法或主客配穴法。

经脉	原穴	络穴	表里经脉
手太阴肺经	太渊	偏历	手阳明大肠经
手阳明大肠经	合谷	列缺	手太阴肺经
手少阴心经	神门	支正	手太阳小肠经
手太阳小肠经	腕骨	通里	手少阴心经
手厥阴心包经	大陵	外关	手少阳三焦经
手少阳三焦经	阳池	内关	手厥阴心包经
足太阴脾经	太白	丰隆	足阳明胃经
足阳明胃经	冲阳	公孙	足太阴脾经
足少阴肾经	太溪	飞扬	足太阳膀胱经
足太阳膀胱经	京骨	大钟	足少阴肾经
足厥阴肝经	太冲	光明	足少阳胆经
足少阳胆经	丘墟	蠡沟	足厥阴肝经

井荥输原经合歌

少商鱼际与太渊，经渠尺泽肺相连；商阳二三间合谷，阳溪曲池大肠牵；
隐白大都太白脾，商丘阴陵泉要知；厉兑内庭陷谷胃，冲阳解溪三里随；
少冲少府属于心，神门灵道少海寻；少泽前谷后溪腕，阳谷小海小肠经；
涌泉然谷与太溪，复溜阴谷肾所宜；至阴通谷来京骨，昆仑委中膀胱知；
中冲劳宫心包络，大陵间使传曲泽；关冲液门中渚焦，阳池支沟天井索；
大敦行间太冲看，中封曲泉属于肝；窍阴侠门临泣胆，丘墟阳辅阳陵泉。

第六十七难　什么叫阴募阳俞？

阴病行阳，阳病行阴

人体背部为阳，胸腹为阴。由于脏腑之募穴都位于胸腹部，所以称为阴募；由于脏腑的背俞穴都位于腰背部，所以称为阳俞。

● 募穴与背俞穴

募穴与背俞穴，是脏腑之气聚集、输注于胸背部的特定穴。

背俞穴位于腰背部足太阳膀胱经的第一侧线上，主要依据其接近某脏腑的部位来命名，如肺俞、心俞等。

募穴位于胸腹部，命名即经脉所属的穴位名称；但募穴不一定分布在脏腑所属的经脉上，其分布于任脉上的为单穴，分布于其他经脉上的为双穴。

募穴与背俞穴可以治疗与之对应的脏腑疾病。某一脏腑发生病变时，与之对应的募穴与背俞穴就会有压痛感，所以募俞穴还具有诊断疾病的作用。

临床中，募穴与背俞穴往往配合使用（即俞募配穴治疗法），以提高治疗效果。

● 阴募阳俞原理

为什么募穴都位于胸腹部，背俞穴都位于背部呢？这正是本难所要回答的问题。

此难说，这是因为阴经虽然都位于胸腹（即阴部），但其转输的处所却是背部的背俞穴，所以阴经发生病变，就会在背部的阳处显现出来；阳经虽然都位于背部（即阳部），但其汇聚之处却是胸腹处的募穴，所以阳经发生病变，就会在胸腹部的阴处有所显现。这就是募穴都位于胸腹部、背俞穴都位于背部的原因。

此难说明了募穴、背俞穴是脏腑脉气汇聚、转输之枢纽的道理。由于经络互相贯通，致使病邪之气亦在经脉中互相流转，会出现"阴病行阳，阳病行阴"的现象，所以，针刺背俞穴可以治疗内脏及阴经的疾病，如针刺肝俞可治肝炎、眼病，针刺脾俞可治消化不良、贫血，针刺肾俞可治肾炎、遗精、阳痿，等等；同样，针刺胸腹部的募穴则可以治疗体表及阳经的疾病，如针刺中脘可治胃下垂、胃痛、腹胀，针刺中府可治咳嗽、肩背痛，等等。

需要说明的是，《难经》中虽然记载了阴募阳俞的理论，却并没有详细记录这些穴位，直到晋代皇甫谧的《针灸甲乙经》中，才首次有完整的记录。

阴募阳俞穴位表

募穴表

脏腑	募穴	经属	定位	主治
肺	中府	肺经	胸前壁外上方，云门下1寸	咳嗽气喘，胸、肩、背痛
心	巨阙	任脉	脐上6寸处	胸痛心悸，癫狂，胃痛吞酸呕吐
脾	章门	肝经	合腋曲肘，肘尖所止处	肠鸣泄泻，腹胀，痞块，胁痛，黄疸
肝	期门	肝经	乳头直下，第六肋间隙处	胸胁胀痛，乳痛，腹胀吐酸，肝炎
肾	京门	胆经	侧腰部，第十二肋游离端下方	肾炎，肾虚腰痛，小便不利，水肿，肠鸣泄泻等
心包	膻中	任脉	两乳之中	胸闷气短，咳嗽气喘，呃逆呕吐，乳痛乳少
大肠	天枢	胃经	脐中旁开2寸处	急慢性肠炎，腹痛腹胀，腹泻，痢疾等等
小肠	关元	任脉	脐下3寸处	虚劳羸瘦，中风，眩晕，阳痿，痛经不孕，腹泻遗尿等等
胃	中脘	任脉	脐上4寸处	胃痛吞酸，呕吐泄泻，黄疸，咳喘痰多，癫痫失眠
胆	日月	胆经	乳头直下，第七肋间隙处	胆囊炎，肝炎，黄疸呕吐，胃脘痛，胁肋胀痛
膀胱	中极	任脉	脐下4寸处	癃闭，遗尿，尿频，痛经崩漏，遗精阳痿
三焦	石门	任脉	脐下2寸处	遗精阳痿，带下崩漏，腹痛腹泻，水肿疝气等

背俞穴表

脏腑	背俞穴	定位	主治
肺	肺俞	第三胸椎棘突下，旁开1.5寸	肺炎，支气管哮喘，支气管炎，鼻塞，皮肤瘙痒等
心	心俞	第五胸椎棘突下，旁开1.5寸	冠心病，心绞痛，心烦失眠，健忘梦遗，盗汗，癫狂等
脾	脾俞	第十一胸椎棘突下，旁开1.5寸	胃炎，肠炎，泄泻痢疾，食不化，羸瘦等
肝	肝俞	第九胸椎棘突下，旁开1.5寸	肝炎，胆囊炎，结膜炎，夜盲近视，黄疸，眩晕，癫狂等
肾	肾俞	第二腰椎棘突下，旁开1.5寸	肾炎，遗精阳痿，月经不调，带下，小便不利，腰痛等
心包	厥阴俞	第四胸椎棘突下，旁开1.5寸	心绞痛，心肌炎，神经衰弱，风湿性心脏病等
大肠	大肠俞	第四腰椎棘突下，旁开1.5寸	肠炎，痢疾，痔疮，便秘，腹胀，腰腿痛等
小肠	小肠俞	骶部正中嵴旁1.5寸，平第一骶后孔	肠炎，痢疾，盆腔炎，遗精尿血，带下，腰骶痛等
胃	胃俞	第十二胸椎棘突下，旁开1.5寸	胃炎，肠炎，胰腺炎，胃痛呕吐，腹胀肠鸣等
胆	胆俞	第十胸椎棘突下，旁开1.5寸	胆囊炎，胆石症，肝炎，胃炎，肺痨，潮热等
膀胱	膀胱俞	骶部正中嵴旁1.5寸，平第二骶后孔	膀胱炎，前列腺炎，小便不利，泄泻，便秘，腰脊强痛等
三焦	三焦俞	第一腰椎棘突下，旁开1.5寸	肾炎，胃炎，水肿，小便不利，泄泻，腰背强痛等

第六十八难　五输穴主治哪些疾病？

五输穴的名称含义与功能

本难论述了五输穴名称含义与主治的疾病。

68

● 五输穴的名称含义

《难经》以沟渠比喻十二经与十五络，以湖泊比喻奇经八脉，本难则以山泉流水来比喻脉气循行，以说明五输穴的含义。

此难引用古医经的说法，认为脉气始出的地方，就像可以出水的水井，所以称为井穴；脉气从井穴流出，微弱如同刚出泉源的小溪，所以称为荥穴；脉气所灌注的地方，如同水流由浅处向深处输注，所以称为输穴；脉气畅流通过之处，如水流经通渠，所以称经穴；脉气汇聚深入脏腑之处如百川入海，所以称为合穴。

此部分内容来自于《灵枢·九针十二原篇》："所出为井，所溜为荥，所注为输，所行为经，所入为合，二十七气所行皆在五输也。"

可是，五输穴所描述的循经走向，却与十二经的循行线路有矛盾的地方，因为十二经脉并非全部始于手指与足趾端。虽然五输穴皆属于十二经上的穴位，但其由井至合的循行特点，却与人体静脉血管的循行极为相似。也许，完整的五输穴循经线路有别于十二经，但这些知识已经失传；也许，五输穴真的与人体静脉有很大关系。但愿研究经络的学者最终能够解开这个谜团。

● 五输穴主治的疾病

井穴主治心下胀满，荥穴主治身热发烧，输穴主治身体困重、关节疼痛，经穴主治气喘咳嗽、畏寒身热，合穴主治气血上逆、津液外泄。这些就是五脏六腑十二经脉的五输穴所主治的疾病。

一般后世医家认为，此难所列举的主治疾病，仅限于五脏。井穴主治心下胀满，即为肝病，因为井属木与肝相应；荥穴主治身热发烧，即为心火病，因为荥属火与心相应；输穴主治身体困重、关节疼痛，即为脾湿病，因为输属土，与脾相应；经穴主治气喘咳嗽，即为肺病，因为经穴属金，与肺相应；合穴主治气血上逆、津液外泄，即为肾病，因为合穴属水，与肾相应。

中医认为"井、荥、输、经、合，法五行，应五脏"，所以灵活运用五行生克之理，即可达到辨证论治的目的。

五输穴主治的疾病

五输穴的名称含义

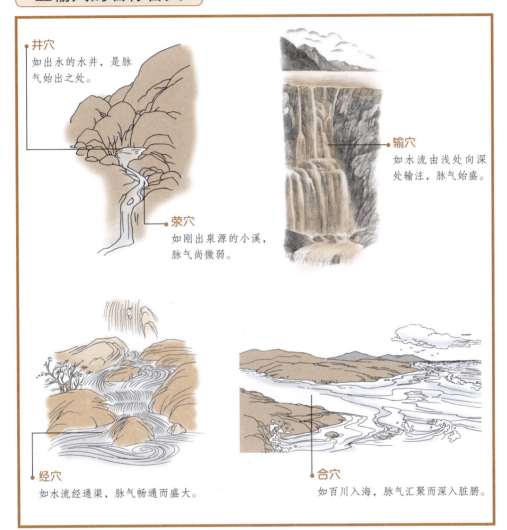

井穴
如出水的水井，是脉气始出之处。

输穴
如水流由浅处向深处输注，脉气始盛。

荥穴
如刚出泉源的小溪，脉气尚微弱。

经穴
如水流经通渠，脉气畅通而盛大。

合穴
如百川入海，脉气汇聚而深入脏腑。

五输穴主治疾病

五行	木	火	土	金	水
五脏	肝	心	脾	肺	肾
五输	所出为井	所流为荥	所注为输	所行为经	所入为合
主治疾病	心下胀满	身热发烧	身体困重，关节疼痛	气喘咳嗽，受寒身热	气血上逆，津液外泄

271

第陆章（69～81难）

第 69 ～ 81 难

论针法

《难经》第六部分（即最后一部分），论述的是各种施针方法，共13难。其最重要的知识是补母泻子针法，这是中医辨证论治最精彩的理论。其次，施针取穴与季节的关系也很有特色，对后世医学影响较大。第三，介绍了许多实用的补泻手法，如随迎调气法、双手配合补泻法、插补摇泻法，等等，这些方法，在今天的临床上仍然广泛应用。

本章图版目录

69

第六十九难　什么是补母泻子针法？

五行原理在针法上的应用

《内经》中说"虚则补之，实则泻之"，此难所讲的便是一种根据五行生克关系进行补泻的方法。

● 母、子、乘、侮

五脏六腑配属五行，于是脏腑之间便具有了相生相克的关系。在第五十难中，已经讲过了五行的五种生克关系。本难要涉及的知识是"母"和"子"的概念，所以在这里再次略述一下母和子的关系。

母，即生我者；子，即我生者。相对于五脏来说，比如，肾水生肝木，则肾为肝之母；肝木生心火，则心为肝之子。如果肝脏虚弱，则补其母（即肾脏），使肾水旺盛可以更多地生助肝木，肝木也就不虚了。如果肝脏过于旺盛，木盛则焚，所以会有肝火。怎么泻肝火呢？便是泻肝之子的心火，心火虚则肝会补救，这样肝不再过盛，心也不会过虚。这就是补母泻子法。依此类推，则每一脏、每一腑皆有一母一子；每一脏腑皆可根据虚实情况采用补母泻子方法治疗。

一般五脏病变都是相互影响的，具体表现为：

（1）母病及子：母脏先病，然后累及子脏。

（2）子病及母：子脏先病，然后累及母脏。

（3）相乘：即相克太过。或者是克者太旺，或者被克者太虚造成。

（4）相侮：即克制不足，反被其克。可能是被克者太旺，或者克者太虚造成。

采用补母泻子法，亦应根据这四种病变情况进行辨证论治。

● 补其母，泻其子

此难说，对于虚症，应根据五行相生理论，采取补益其母的方法；对于实症，则根据五行相生理论，采用泻减其子的方法。在治疗顺序上，应当先补其母，再泻其子。不虚不实的病症，属于本经自生之病，没有受到他经的病邪影响，应当从本经选取腧穴进行针刺治疗。

补母泄子法

母子敌友图

我永远会扶助我的儿子，所以我扶助的，为子方。

我和兄弟既可互相帮助，却又同性相斥，所以这种关系为兄方。

我能克制住妻子，所以我克制的，是友方。

我的母亲总是扶助我，所以生助我的，是母方。

我的长官总是克制我，所以克制我的是敌方。

任何事物都存在这五种关系

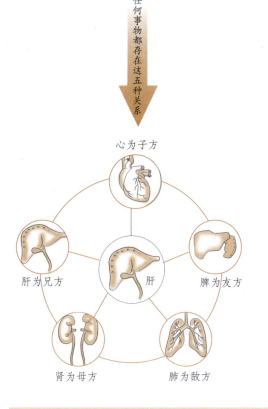

心为子方

肝为兄方　脾为友方

肝

肾为母方　肺为敌方

补其母，泻其子

虚则补其母

心虚则补肝。

脾虚则补心。

顺者相生，逆方为其母

肝虚则补肾。

肾虚则补肺。

肺虚则补脾。

实则泄其子（先补其母）

心实先补肝，再泄脾。

顺者相生，顺方为子，逆方为母

肝实先补肾，再泄心。

脾实先补心，再泄肺。

肺实先补脾，再泄肾。

肾实先补肺，再泄肝。

不虚不实，以经 取之

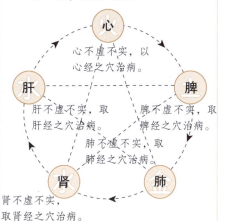

心不虚不实，以心经之穴治病。

肝不虚不实，取肝经之穴治病。

脾不虚不实，取脾经之穴治病。

肺不虚不实，取肺经之穴治病。

肾不虚不实，取肾经之穴治病。

275

第七十难　为何春夏刺浅、秋冬刺深?

春夏阳升，秋冬阳潜

春夏阳气在上，所以宜刺浅；秋冬阳气在下，所以宜刺深。

● 浅刺深刺之原理

　　此难说，春季与夏季，天地的阳气上升，人体与天地相应，经脉中的阳气亦接近于肌肤表层，所以应当浅刺取穴；秋季与冬季，天地的阳气潜伏于下，人体与天地相应，经脉中的阳气亦潜藏于筋骨深层，所以应当深刺取穴。

● 浅刺与深刺之具体针法

　　春夏季应当浅刺，但并非只是将针刺入肌肤表层，也要引取一阴之气。春夏温暖，为使阴阳和合，所以针刺时要引一阴气。具体方法是，初下针要深，直达肝肾所主的筋骨部位，得气之后，再将针向上提举至肌肤表层，将一阴之气引至阳气所居之位。

　　同样，秋冬的深刺，也要引取一阳之气。具体方法是，初下针要浅，只达到心肺所主的皮肤浅层，得气之后，再将针深入推进，以送心肺的阳气深入内部。

　　所以说，春夏的浅刺，应当引一阴之气到表层；秋冬的深刺，亦应送一阳之气至深处。

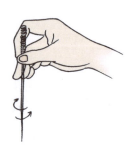

春夏刺浅，秋冬刺深

春夏刺浅原理

春夏大地上，阳气旺盛，地下之阳气亦上升至表层。

秋冬刺深原理

秋冬大地上阴气旺盛，地下阳气则潜藏于深处。

人体与天地相应，春夏时阳气亦升至肌肤表层，故春夏施针应浅刺。

肺心之皮毛、血脉层

脾之肌肉层

肝肾之筋骨层

人体与天地相应，秋冬时阳气亦潜藏于筋骨深处，故秋冬施针应深刺。

肺心之毛皮、血脉层

脾之肌肉层

肝肾之筋骨层

春夏浅刺方法

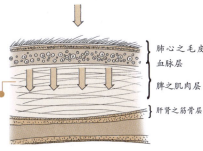

① ② ③

春夏浅刺，主要是要引一阴之气到表层。具体方法为：①初下针至深层；②得气后，向上提针；③提针至表层，引一阴气与表层阳气结合。

秋冬刺深原理

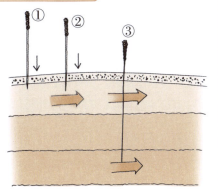

① ② ③

秋冬深刺，主要是要引一阳气至深处。具体方法为：①初下针至浅层；②得气后向下进针；③进针至深处，引一阳气与深层阴气结合。

第七十一难　针刺营卫有何说法？

刺营不伤卫，刺卫不伤营

古医书上说，针刺营气之穴，则不要伤及卫气；针刺卫气之穴，不要伤及营气。如何才能做到这两点？本难回答的就是这个问题。

● 刺卫不伤营，刺营不伤卫

此难说，针刺经脉属于卫气部分（位于营气之上）的穴位，应当以横刺的手法用针，以防止用针过深而伤及营气；针刺经脉营气部位（位于卫气之下）的穴位，应当先用左手指按压取穴部位，然后用拇指和食指将此处的皮肤捏住轻轻提起，使卫气散开再将针刺入。这就是刺卫不伤营，刺营不伤卫的针刺手法。

《素问·刺齐论》中说："刺骨者无伤筋，刺筋者无伤肉，刺肉者无伤脉，刺脉者无伤皮；刺皮者无伤肉，刺肉者无伤筋，刺筋者无伤骨。"所说与本难同一道理。由此可以看出，用针取穴必须准确，否则，就会出现医疗事故。

另外，《标幽赋》中说："左手重而多按，欲令气散；右手轻而徐，不痛之因。"可见，刺前重压穴位，刺时用针轻而徐缓，则病人不会感到疼痛。

● 横刺、斜刺与直刺

此难讲解刺卫不伤营的手法时所用的横刺（原经文为"卧针而刺之"），并非是将针身与表皮平行入针，而是将针身与表皮呈 15°～25°角沿皮斜刺，直达穴位。

此外，用针还有斜刺与直刺的方法。

斜刺，即将针身与表皮呈 45°角沿皮斜刺，适用于既不能深刺又不能浅刺的穴位。

直刺，即将针身与表皮呈 90°角垂直刺入。这是临床上应用较多的手法，优点是刺穴准确，尤其适合肌肉厚实部位的取穴治疗。

总之，正确掌握用针的角度、方向与深度，是准确取穴、提高疗效的关键。

针刺营卫的方法

刺卫不伤营

针刺卫气层的腧穴，若直刺而下，极易因进针过度而伤及营气。

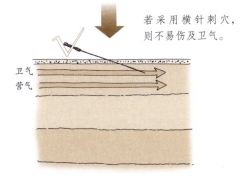

心肺 表层

脾之中层

肝肾之深层

卫气
营气

若采用横针刺穴，则不易伤及卫气。

卫气
营气

刺卫不伤营

1. 先用手指按压取穴部位。

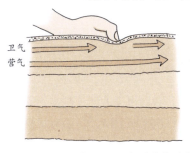

卫气
营气

2. 用左手食指和拇指将皮肤提起，使卫气散开，再用右手施针直刺。

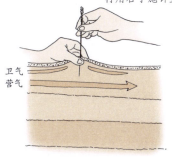

卫气
营气

横刺、斜刺与直刺

直刺，即将针身与表皮垂直刺入。因刺穴准确，且适合肌肉厚实部位用针，所以临床应用较多。

斜刺，即将针身与表皮呈45°角刺入，适用于既不能深刺又不能浅刺的穴位。

横刺，也叫平刺，即将针身与表皮呈15°～25°角刺入，适用浅处穴位。

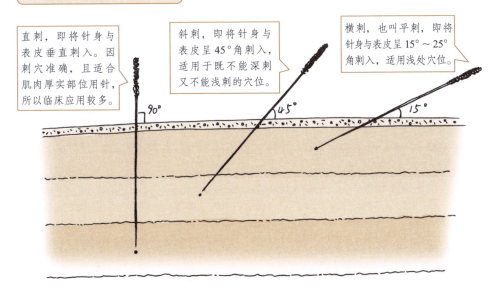

第七十二难　什么是迎随调气法？

随补迎泻

用针方向与经脉流向相逆，为迎，为泻法；用针方向与经脉流向相顺，为随，为补法。

● 迎随调气法

此难说，迎随之法，就是知晓营卫之气运行部位，经脉流注往来方向，然后根据方向之顺逆来取穴用针，达到补虚泻实的目的。而施用迎随的手法调整脉气时，一定要根据阴阳的原理：明白表里的关系，阴虚阳实则补阴泻阳，阳虚阴实则补阳泻阴，用针要懂得从阳引阴，从阴引阳；且要明白阳病治阴，阴病治阳的道理。只有这样，才能正确调气，使人体阴阳平衡。

关于阴阳之理，即前面已经讲过的内容，根据不同病症辨证论治即可。可是，十二经脉的迎随用针法，本难没有详述。故此，将王叔和《图注难经》的注解列于下，以便大家能够明白每条经脉的迎法与随法。

● 十二经的迎法与随法

王叔和在《图注难经》中说："手三阳从手至头，针芒（尖）从外往上为随，针芒从内往下为迎；足三阳从头至足，针芒从内往下为随，针芒从外往上为迎；足三阴从足至腹，针芒从外往上为随，针芒从内往下为迎；手三阴从胸至手，针芒从内往下为随，针芒从外往上为迎。"

总之，逆行用针为迎，迎法具有泻的作用；顺行用针为随，随法具有补的作用。

第六十九难所讲的补母泻子法所说的补与泻，当以此难用针法为标准。

迎随调气法

随法与迎法

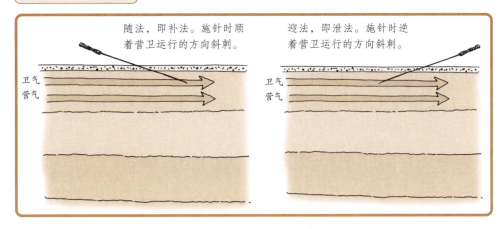

随法，即补法。施针时顺着营卫运行的方向斜刺。

迎法，即泄法。施针时逆着营卫运行的方向斜刺。

卫气
营气

卫气
营气

十二经的随迎补泄法

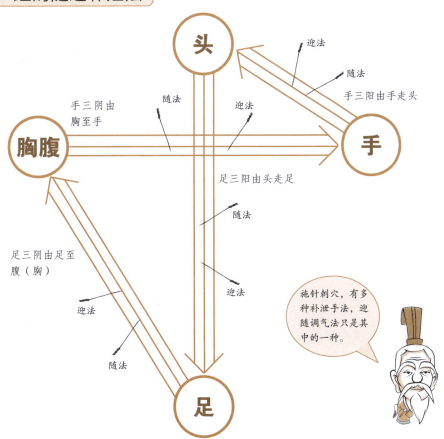

头

迎法

随法

手三阳由手走头

手三阴由胸至手

随法

迎法

胸腹

手

足三阳由头走足

随法

足三阴由足至腹（胸）

迎法

随法

迎法

足

施针刺穴，有多种补泄手法，迎随调气法只是其中的一种。

281

泻井须泻荥，补井当补合

不用对井穴用针，只对荥穴施以泻的针法，即可使井穴达到泻的目的。这就是刺荥泻井法。

● 刺荥可泻井

诸经脉中的井穴，都位于手指、足趾的端部，这里肌肉浅薄，脉气微弱，针刺传感效果差，该怎样针刺取穴呢？

此难回答说，诸井穴，皆五行属木；荥穴，皆五行属火。火是木之子，所以，当以泻法针刺井穴时，可以用泻法针刺荥穴。泻荥，即可达到泻井的效果。所以医经上说，当补的不可以用泻法，当泻的不可以用补法，说的就是这个意思。

"当补的不可以用泻法，当泻不可以用补法"的意思，即是说对于难以施展随迎、捻转、提插等补泻手法的井穴，仍然要该补则补，该泻则泻。怎么补泻？就是用虚则补其母的方法来补，用实则泻其子的方法来泻。

由于本难只谈了井穴的泻法，并未谈及补法，所以明代汪机在《针灸问对》中说："此者为泻井者言也，若当补井，则当补其合。"所以后来有"泻井须泻荥，补井当补合"的说法。

● 井穴与养生

据说，现今临床上已突破井穴不宜用针的说法，对于各种实症、热症及经络不畅所致的疼痛，以三棱针刺破井穴，点刺出血后可达到通经活络、开窍泻热及消肿止痛的疗效。

其实，这实在算不上什么突破。因为在经络学说还没形成以前，人类便懂得了刺破指尖出血以达到治病的目的。在今天的民间，这种方法仍然较为普遍。这种放血疗法由于操作简单，且不需任何费用，所以为贫困地区人民的健康作出了不少贡献。

井穴由于分布于手指、脚趾的端部，又是五输穴之始，其附近又是毛细血管最纤细的末端，所以只要经常按摩这里，即使不放血，也有助于脉气的畅通和改善血液循环，从而达到养生保健的目的。

每天多搓手，多揉捏手指、脚趾直到发热发烫，坚持下来，就会收到意想不到的保健效果。这个方法简单易行，而且没有副作用，效果极佳。试试吧？

刺荥泻井法

泻井须泻荥

顺者相生，顺为子方，逆为母方，欲泻井穴，则泻其子方之荥穴即可。

补井当补合

顺者相生，顺为子方，逆为母方。欲补井当补其母方之合穴。

井穴与养生

有效的养生保健运动往往并不复杂，甚至只是动动手指、脚趾，即可达到惊人的效果。

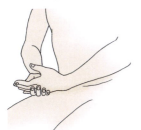

干洗手： 双手用力揉搓，使每一部位均受到按摩，直至发热发烫为止。优点是任何时间地点均可进行。

刮指头： 用食指与中指住另一手的指根向指尖方向刮动，这是按摩保健必做的一个项目。我们洗完手涂上擦手油后，正好可以做刮指。

伸掌握拳： 反复做伸掌握拳的动作，伸掌要尽力张开至最大，握拳要尽力握紧。这项运动不但有很好的保健功能，还可以使女孩子的手形变得更加漂亮。

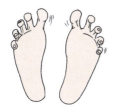

干洗脚： 虽然可以不用水，但洗脚或洗脚后更适合做这项运动。捶搓至双脚发烫为止。

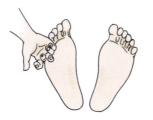

刮脚趾： 像刮手指一样刮脚趾，保健效果非常明显。

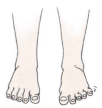

抓抬脚趾： 十趾用力抓地，然后依次向上抬起。这项运动可以穿着鞋子进行，可能你永远无法让脚趾像手指一样灵活，但身体却会一天比一天健康。

283

第七十四难　不同季节，如何对五输穴用针？

五输穴与季节的关系

此难认为对五输穴施针，应春刺井，夏刺荥，季夏刺输，秋刺经，冬刺合，并说明了为什么要这样用针。

74

● 五输穴四时用针原理

此难说，春天宜刺井，是因为病邪在肝；夏天宜刺荥，是因为病邪在心；季夏（夏天最后一个月，即夏秋之间的雨季）宜刺输，是因为病邪在脾；秋天宜刺经，是因为病邪在肺；冬天宜刺合，是因为病邪在肾。

之所以说春天宜刺井，是因为根据五行旺相休囚原理，春天肝木得令旺，容易出现肝火过盛的病症，这就是病邪在肝。所以春天要心情高兴以疏通肝气，如果出现肝火过盛，则要对井穴施以泻法。其他五输穴的四时用针原理，可依此类推。读懂此难，必须要懂得五生旺相休囚的原理，由于前面已经讲过，在此就不多述了。

然而，《灵枢·本输篇》中却说："藏主冬，冬刺井；色主春，春刺荥；时主夏，夏刺输；音主长夏，长夏刺经；味主秋，秋刺合。是谓五变以主五输。"怎么在《本输篇》中，成了春刺荥，夏刺输，长夏刺经，秋刺合，冬刺井了呢？

其实，两者所说的一点都不矛盾。第六十九难与第七十三难，都讲了补其母与泻其子的用针原则。根据五行旺相休囚原理，与季节相应的脏腑必然容易出现过于旺盛的病症，所以要对之施以泻法。怎么泻呢？即泻其子。《灵枢·本输篇》所说的正是泻其子法所应当施针之穴。而本难所说，则是本应施泻之穴，由于此难前面已讲过泻其子的方法，所以并没有在这里指出具体应当施针的穴位。

● 五脏与季节的关系

为什么要将五脏与季节关联起来呢？

本难说，五脏配五行而应四季，有利于诊断疾病。有一脏发生病变，则可以从五个方面得到确诊。比如肝有病，患者面部会呈青色，身上会有臊臭味，喜欢吃酸味的食物，常发出呼叫声，双眼爱流泪。有这五种症状，肯定说明病在肝。五脏的疾病说也说不完，可一年只有四个季节，五输穴配合五行与四季，则可以化繁就简地诊断疾病。针刺的微妙之处，就在这里。

针刺五输穴的季节宜禁

五输配四季

春肝易过旺而病，故宜刺井泄之。夏心易过旺而病，故宜刺荥泄之。长夏脾易过旺而病，故宜刺输以泄之。秋肺易过旺而病，故宜刺经以泄之。冬肾易过旺而病，故宜刺合以泄之。

本难之五输配四季，其宜刺之穴并非实际施针之穴。实际施针还应遵照补母泄子法辨证论治。

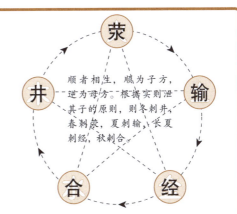

顺者相生，顺为子方，逆为母方。根据实则泄其子的原则，则冬刺井，春刺荥，夏刺输，长夏刺经，秋刺合。

《灵枢·本输篇》之五输配四季，采用的实则泄其子针法。然而在临床中，切不可完全拘泥此法。应根据病症虚实情况辨证施针。

五脏之病与五行的关系

所病之脏	病在肝	病在心	病在脾	病在肺	病在肾
五色	面青	面赤	面黄	面色苍白	面黑
五嗅	身上有臊臭味	身上有焦臭味	身上有香臭味	身上有腥臭味	身上有腐臭味
五味	嗜酸	嗜苦	嗜甜	嗜辛辣	嗜咸
五声	喜呼叫	妄言妄语	喜歌唱	常哭号	呻吟不止
五液	流眼泪	出汗不止	流口水	流鼻涕	爱吐唾沫
季节	春	夏	长夏	秋	冬
五输应刺穴	井	荥	输	经	合
补母法	合	井	荥	输	经
泄子法	荥	输	经	合	井

第七十五难　如何调整五脏失衡？

补母泻子法原理

肝脏过盛而肺脏虚弱，则需要采用对心脏施泻、对肾脏施补的手法治疗。明白此理，才可真正学会中医的辨证论治。

● 五行相克与平衡

金、木、水、火、土之间，应当在互相制约中保持相对平衡；失衡就会出现有虚有实的现象而致病。东方木（即肝脏）过盛，则需要西方金（即肺脏）的克制来保持平衡；南方火（即心脏）过盛，则需要北方水（即肾脏）的克制来保持平衡；中央土（即脾脏）过盛，则需要东方木（即肝脏）的克制来保持平衡；西方金（即肺脏）过盛，则需要南方火（即心脏）来克制以保持平衡；北方水（即肾脏）过盛，则需要中央土（即脾脏）来克制以保持平衡。

这就是通过五行之间相互克制而保持平衡的方法。其实，世间万物都需要这种制约而得到平衡，一旦因克制太过或克制不足造成失衡，便会陷于混乱。相对人体而言，五脏失衡就会得病。

● "泻火补水"平肝法

本难所问为：医经上说"东方实西方虚，泻南方补北方"，是什么意思呢？

本难说，东方实西方虚，说的便是肝脏过盛，而肺脏虚弱无法克制肝盛以保持平衡。出现这种情况，则要以"泻南方补北方"的方法治疗，也就是泻心补肾法。

为什么要泻心？因为，东方木生南方火，南方火克西方金。泻心，可使肝木更多补益心火，正是泻其子之法；另一方面，减弱了心火对肺金的克制，使肺金可以不再因受克而过度虚弱。肺金盛，则可克制肝木的过盛。

为什么要补肾？因为，西方金生北方水，北方水克南方火。补肾，可减少肺金对肾水的补益，使肺金得到增强；另一方面，肾旺可以克制心火，使肝木更多的补益心火，以消弱肝木之过盛。此外，肝木既然已经过盛，则肾水不会过多补益肝木而增强其盛。这就是"泻火补水"的高明之处。

其实，本难所说的泻火补水平肝法，不过是第六十九难"实则泻其子，当先补之（即补其母），然后泻之（即泻其子）"的一个实例，说明了先补后泻的道理。

"泻火补水" 平肝法

五行制约平衡图

水克火，平衡则火不至太炎，水不至太寒。克制太过为相乘，水多则火熄，克制不足则反受其侮，亦如杯水车薪，水不制火。

金克木，平衡则木得到金克而成材，金得到木助而势利（如斧、矛皆为木柄）。若克制太过，则金重木毁；若克制不足，则反受其侮，亦如木硬则斧伤。

木克土，平衡则木茂土沃。若克制太过，则林密土虚而陷；若克制不足则反受其侮，亦如土过实而草木不生。

土克水，平衡则土挡水而成库，水润土而不干。若克制太过，则土多而水无；若克制不足则反受其侮，亦如黄河之决堤。

火克金，平衡则金得火炼而愈精，火因炼金而愈炽。若克制太过，则火猛而金焦；若克制不及，则反受其侮，亦如举烛炼鼎，火势愈显衰微。

五行之间顺者相生，形成生生不息的生命之环。五行之间间者相克，形成势均力敌的平衡格局。

火　木　土　水　金

泻火补水平肝法

心实则补肝泄脾

肝实则补肾泄心

脾实则补心泄肺

肾实则补肺泄肝

肺实则补脾泄肾

顺者相生，顺为子方，逆为每方，此难之泻火补水法，即六十九难之泻子法。

心　肝　脾　肾　肺

特别提示

五行中土的位置

五行之中，土的位置永远位于中部，可是图一与图二这两个五行图中，为什么"土"的位置不一样呢？为什么图一的"土"不在中央呢？

其实，图二是五行方位图，表示的是五行在一个平面上的方位概念；图一则是五行时序图，表示的是五行在一个环线上的时序概念。如果我们将图一用一条线表示，则成为木火土金水，"土"则正好处于这一时间段的中部。如果将"土"定义为每季的最后一个月，则正好两季的中间为土。所以说，土在五行之中永远居中，只是有方位与时序的区别，亦即平面与线的区别。

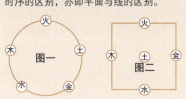

火　木　土　水　金　图一

火　木　土　金　水　图二

287

第七十六难　补泻的原则是什么？

保障营卫的正常营运

此难认为，用补法施针，应从卫处取气；用泻法施针，应从营处泻气。

● 补泻的原则

本难说，当采用补法施针时，应当针刺卫气分布的浅层取气；当采用泻法施针时，应当针刺营气分布的深层引气，以泻其气之有余。

如果患者阳气不足而阴气有余，则应当先补其阳气，然后再泻其有余的阴气；如果患者阴气不足而阳气有余，则应当先补其阴气，然后再泻其有余的阳气。使营气与卫气阳阴平衡能够正常营运，这是针刺补泻之法的重要原则。

本难所论的补泻原则有三：一、卫宜补，营宜泻，这是一般原则；二、无论阴虚阳盛与阴盛阳虚，皆宜先补再泻，这是具体原则；三、实施补泻的目的，便是要让营气与卫气运行正常，这是总原则。

虽然这里讲的是补泻原则，但后世医家却将其整理成提插补泻针法，在临床中广泛应用。

● 针刺的各种补泻方法

一般有以下三大因素决定针刺的补泻效果。

（1）腧穴的双向传导功能。即当人处于疲惫、虚弱状态时，针刺腧穴可起到兴奋、补虚的作用；当人处于兴奋或有实症时，针刺腧穴则起到抑制兴奋或泻实的作用。

（2）特殊腧穴。有些腧穴本身便具有补虚功能，如足三里、气海、关元、膏肓俞等，而有些腧穴则本身具有泻实功能，如十宣、少商、曲泽等。

（3）针刺补泻手法。除了迎随补泻法，临床常用的还有：

疾徐补泻法：进针慢、退针快，少捻转为补；进针快、退针慢，多捻转为泻。

呼吸补泻法：呼气时进针，吸气时退针为补；吸气时进针，呼气时退针为泻。

开合补泻法：出针后迅速按压针孔为补；出针时摇大针孔为泻。

提插补泻法：先浅后深，重插轻提，提插幅度小，频率慢为补；先深后浅，轻插重提，提插幅度大，频率快为泻。

捻转补泻法：左转时角度小，用力轻为补；右转时角度大，用力重为泻。

此外，临床上对于虚实不明显的病症一般采用平补平泻的方法。即提插、捻转的力量、速度中等，以得气为度，然后用中等速度出针。

补泻原则

补泻的三个原则

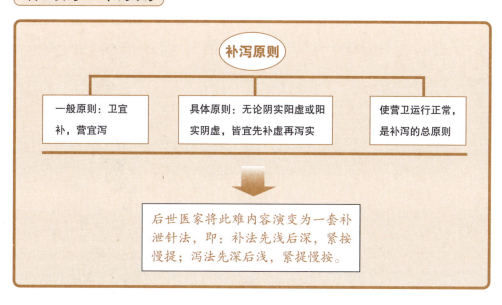

补泻原则

| 一般原则：卫宜补，营宜泻 | 具体原则：无论阴实阳虚或阳实阴虚，皆宜先补虚再泻实 | 使营卫运行正常，是补泻的总原则 |

后世医家将此难内容演变为一套补泄针法，即：补法先浅后深，紧按慢提；泻法先深后浅，紧提慢按。

各种补泻方法

利用腧穴的双向传导性补泻	症虚，刺穴则补；症实，刺穴则泻
选用特殊腧穴补泻	足三里、气海、关元、膏育腧等穴，本身具有补虚功能；十宣、少高、曲泽等穴，本身具有泻实功能
用不同的针刺手法补泻 注：各种针刺补泻手法的科学性，确实有待临床上的进一步验证。	①呼吸补泻法：呼气进针，吸气退针为补；反之为泻 ②开合补泻法：出针后按住针孔为补，出针时摇大针孔为泻 ③提插补泻法：先浅后深，重插轻提为补；先深后浅，轻插重提为泻 ④捻转补泻法：轻轻左转为补（捻针不可超过180度），重力右转为泻（捻针切不可超过360°） ⑤随迎补泻法（略） ⑥平补平泻法：提插，捻转时力量速度适中

第七十七难　上工与中工有何区别?

上工治未病，中工治已病

上工治未病，中工治已病，这就是两者的不同。

77

● 上工与中工

医经上说上工治未病，中工治已病，是什么意思呢?

此难回答说，治未病的意思，打个比方说比如肝有病，上工即明白会将病变传给脾，所以提前充实脾脏，不让其受到肝邪的侵害，这就是上工治未病的道理。中工不是很精通医理，所以他发现肝有病，只知道医治肝的疾病，而不知道肝会将病邪传给脾脏的道理，这就叫中工治已病。

其实，这只是秦越人的说法，未必是古医经原意。

● 不治已病治未病

《素问·四气调神论》中说："是故圣人不治已病治未病，不治已乱治未乱，此之谓也。夫病已成而后药之，乱已成而后治之，譬犹渴而穿井，斗而铸锥，不亦晚乎!"

这段话可以说一直是我国养生学的口头禅，一谈养生总要提及这段话。因为，在疾病还没有形成之前便开始防治，才是最好的治疗方法。得了大病甚至绝症，再高明的医师也无法保证百分之百的痊愈。疾病亦如积寒成冰的道理一样，并非一朝一夕所形成。很多大病绝症，都是十几年甚至是几十年的恶性积累造成的。病尚未形成时，不打针不吃药就可以医治好。可一旦成为重病绝症，则再也无法从根本上医治好。

中医诊断疾病与西医不同，西医诊断出的疾病，都是已病。中医却能通过气色、情绪、脉搏、声音、气味等方法，诊断出病还没有形成的未病。根据未病的状态，进行简单治疗或注意一下起居生活，未病之人便可拥有一个五脏六腑都健康的身体。

中医养生，主要是调养情志，杜绝七情内伤；其次是注意生活起居，防止六淫侵害身体；此外，还要加强身体锻炼，积蓄体内的精气神，增强抗病能力。能做到这些，基本上不会出现"已病"的情况。

未病与已病

上工与中工的区别

欲除肝邪，宜先实脾；
欲除心邪，宜先实肺；
欲除脾邪，宜先实肾；
欲除肺邪，宜先实肝；
欲除肾邪，宜先实心；

我诊病的方法是，肝虚则补肝，肝实则泻肝；心虚则补心，心实则泻心；脾虚则实脾，脾实则泻脾；肺虚则补肺，肺实则泻肺；肾虚则补肾，肾实则泻肾。

上工治未病，即欲治某脏之病前，先要巩固充实此病所波及的未病之脏，以防止病情进一步扩大与恶化。

中工只懂得治已病，往往是治好某脏之疾，又引出他脏之病。

不治已病治未病

从面色上看，似有肝火内郁，应及早调养情志，疏肝健脾，否则将患肝病。

多谢大夫指点。

啊？早期你们怎么没诊断出来，我可真命苦啊！

您的病是肺癌晚期，请配合我们治疗。

《内经》提倡"不治已病治未病"，是让人们在没得病时便做好预防，即主张预防为主，治疗为辅。

西医所诊断的疾病，大多属于已病，显然，在预防疾病上，西医还存在欠缺。

第七十八难　如何左右手配合施针？

要重视左手的作用

此难认为，施针补泻时要重视左手的作用，左右手一定要密切配合。

● 双手配合的补泻手法

此难说，针刺医师应当重视左手的作用，不能只注重右手持针的缓疾重轻等手法。在针刺之前，应先用左手按压穴位所在部位，再用手轻弹该处表皮使局部气血贯入而脉络紧张，然后再用左手爪甲向下掐切以宣导脉气，使脉气涌来如动脉搏动，此时右手再持针取穴。等得气之后，便将针向深处推进，这就是补法。如果在得气时，摇动针身引气外出，则是泻法。

如果针刺时未能得气，男子可以用浅提法留针于卫气部位，女子则用深插法留针于营气部位（另一种说法为先提针于卫分候气，若未得气再插至营分候气。不分男女。），以进行候气。如果仍不能得气，则说明营卫之气已经衰竭，此病已经无法治愈。

● 得气与候气

针刺是否能够得气，是能否取得疗效的关键。所以说，如果各种方法都不能得气，则预示为不治之症，已没有治愈的希望了。当然，没找准穴位可不算数。

得气，对于患者来说，所针刺的穴位应有酸、麻、涨、热等针感；对于医师来说，则有顺畅或涩滞等感觉。可以说，得气是医师与患者的一种相互感应。《灵枢·终始篇》中说："邪气来也紧而疾，谷气来也徐而和。"也就是说，正常脉气流经针刺之穴位时，医师可有徐缓柔和的感觉；如果得气以后，感觉指下紧涩，行针困难，则说明邪气盛实。可见医师可以通过针身感受到流注穴位的是病邪之气还是正常没病的谷气。

一般来说，得气的快慢与体质、气候等有一定的关系。凡患者体质较强，在气候温暖的情况下，针刺就容易得气；如患者体质较弱，或在气候寒冷的情况下，针刺就不容易得气。

针刺后如果不得气，则要采取一定的措施来促使得气，这种方法称为"候气"或"催气"。候气与催气的区别是：前者可根据补泻手法来候气；后者是针刺后久未得气，或得气却不充盛的情况下，采用积极手法来催动经气，以达到气至病除的目的。

双手配合的补泻手法

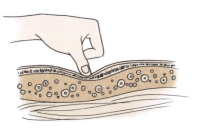

1. 施针前，先用左手按压穴位

2. 再用手指轻弹该处表皮

3. 然后用左手爪甲掐切穴位

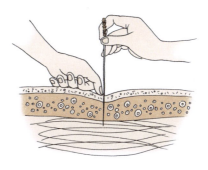

4. 右手持针取穴

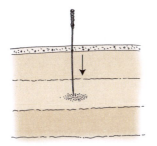

5. 得气后，将针向深推进为补

6. 得气后，摇动针身引气外出为泻

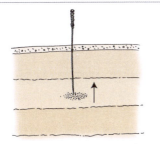

7. 如未得气，提针于卫分处候气

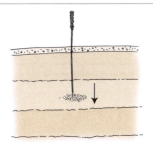

8. 仍未得气，则进针于营分处候气，若还不能得气，则说明营卫衰竭，病无法治愈。

第六章 论针法

第七十八难 如何左右手配合施针？

第七十九难　迎随手法怎样与补母泻子法结合？

随法补母，迎法泻子

此难所说，即补其母时，应使用随法；泻其子时，则使用迎法。

● 迎随手法与补母泻子法

　　此难说，迎而夺之的泻法，便是在泻其子的方法上采用迎法；随而济之的补法，便是在补其母的方法上采用随法。例如，病在心，因为心五行属火，火生土，即土为火之子，所以用迎法针刺手厥阴心包经五输穴中的输穴大陵穴（五行属土），这种泻其子的方法，就是迎而夺之的泻法。因木能生火，即木为火之母，所以用随法针刺手厥阴心包经五输穴中的井穴中冲（五行属木），这种补其母的方法，就是随而济之的补法。

　　此难所举的例子很有意义。此难原文说："假令心病，泻手心主输，是谓迎而夺之者也；补手心主井，是谓随而济之者也。"心病，却不取手少阴心经进行治疗，这正是由于古脉学上有心经禁止施针的禁忌；取手心主的输穴与井穴治心病，则说明手心主即为手厥阴心包经，而并非是命门。后世有些医家之所以认为《难经》之手心主即为命门，从而推导出《难经》之心包即为命门，主要是不知心经禁针造成的。如果这些医家读《难经》时细心一些，可能也不会出现这么大的失误。

● 补泻得气的针感

　　此难说，经书上所说的"虚之与实，若得若失"，则指的是采用随而济之的补法时，如果感觉针下脉气来时坚实有力，即为得气（即已取得补虚的疗效）。在采用迎而夺之的泻法时，如果感觉针下脉气微弱空虚，则说明已取得泻实的疗效，即为得气。

　　补泻的针感针对病人来说，则补针得气时，病人亦有正气充实、病情明显好转的感觉；泻针得气时，病人会感到体内病邪已去，会有恍然若失的轻松感。

迎随手法与补母泻子法

五输穴的补泻方法

针刺五输穴治疗脏腑疾病，是《难经》中很重要的一套医疗理论。一般对于虚症，则采用随法补其母；对于实症，则采用迎法泻其子。

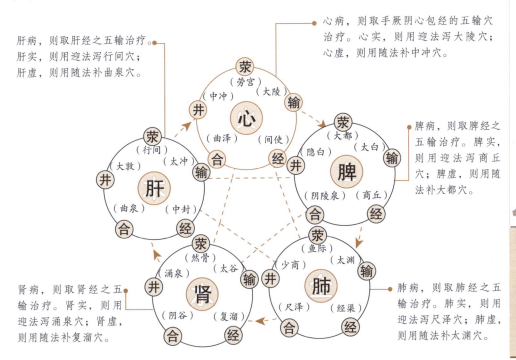

肝病，则取肝经之五输治疗。肝实，则用迎法泻行间穴；肝虚，则用随法补曲泉穴。

心病，则取手厥阴心包经的五输穴治疗。心实，则用迎法泻大陵穴；心虚，则用随法补中冲穴。

脾病，则取脾经之五输治疗。脾实，则用迎法泻商丘穴；脾虚，则用随法补大都穴。

肾病，则取肾经之五输治疗。肾实，则用迎法泻涌泉穴；肾虚，则用随法补复溜穴。

肺病，则取肺经之五输治疗。肺实，则用迎法泻尺泽穴；肺虚，则用随法补太渊穴。

补泻得气针感

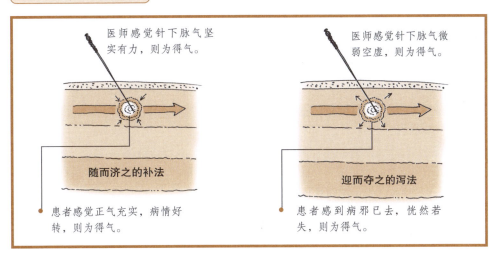

医师感觉针下脉气坚实有力，则为得气。

随而济之的补法

患者感觉正气充实，病情好转，则为得气。

医师感觉针下脉气微弱空虚，则为得气。

迎而夺之的泻法

患者感到病邪已去，恍然若失，则为得气。

施针的进出火候

有见如入，即有见而入，指在脉气来临时开始入针；有见如出，即有见而出，指在气感消失时将针拔出。

● 有见如入、有见如出

此难说，所谓有见如（同"而"字）入，就是针刺取穴前，先用左手按压穴位，当指下显现出脉气来临时，再将针刺入。有见如出，指的是针刺穴位得气后，要等到针感散尽、消失后才能出针。这就是有见如入、有见如出的意思。

● 进针、运针与出针

进针法：进针法有单手进针法和双手进针法两类。单手进针法多用于较短的毫针，操作时用右手的拇指与食指持针，中指端紧靠穴位，指腹抵住针身下段，然后拇指食指向下用力，将针刺入。双手进针法多用于长针及针刺较深的穴位，操作时左手按压穴位，右手持针刺入。可细分为爪切进针法、挟持进针法、舒张进针法、提捏进针法及管中进针法，等等。而现代临床上主要有速刺法与捻进法两种，优点是不痛且进针快。

运针法：入针后，如不得气，则需要一些手法来寻找气感；如得气，亦需要一些手法增加疗效。其主要有进法（将针由浅部深入）、捻转法（左转为泻，右转为补，一般掌握在180°左右，最大限度不可超过360°）、提插法（根据情况不时上提或下插，是很重要的手法，《针灸大成》有"治病全在提插"之说。）、退法（一种为得气后退至皮下稍作停留再出针，一种为先将针刺入深部，再分三次退出）等手法。此外，有时还需要留针法，即进针后得气便不再动针，让其一直停留在那里，短则3～5分钟，长则1～2小时，有时甚至1～2天。

出针法：即针刺后达到治疗要求后将针拔出。虽然出针有快泻慢补等诸多说法，但《针灸大全》却指出："出针贵缓，急则多伤。"此条可供参考。尤其是针下沉紧或滞针时，更不可急于出针、用力猛拔，以免引起疼痛、出血，甚至折针。

进针、运针与出针

有见如入

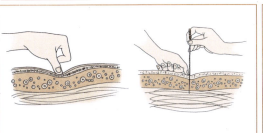

左手按压穴位。　感觉脉气来临，再右手进针。

有见如出

针下得气时，充分发挥刺激效果，不可出针。　针感散尽，则刺激效果已发挥完毕，所以应此时出针。

进针、运针与出针

进针法

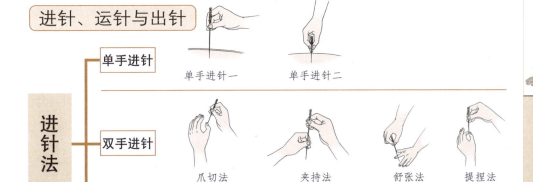

- 单手进针
  - 单手进针一　单手进针二
- 双手进针
  - 爪切法　夹持法　舒张法　提捏法
- 现代临床常用进针法
  - 速刺法　捻进法

运针法

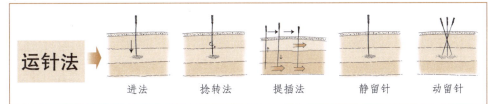

进法　捻转法　提插法　静留针　动留针

出针法

出针贵缓，急则易伤！

297

第八十一难　什么是"无实实虚虚"？

补实泻虚如同杀人

此难位于最末而总揽全书，再次强调"实实虚虚，损不足而益有余"为医家大忌。

● 无实实虚虚

什么是"无实实虚虚，损不足而益有余"呢？即"毋实实虚虚，损不足而益有余"，也就是"不要使实症更实，使虚症更虚，损减虚弱不足而补益旺盛有余"，再说明白些，就是"不能对实症用补法，对虚症用泻法，使虚弱的更加虚弱、旺盛的旺盛太过"。

需要说明的是，本难之"无实实虚虚，损不足而益有余"句，是参照《难经本义》上的文字。而在丁锦的《古本难经阐注》及徐大椿的《难经经释》中，皆写为"无实实，无虚虚，损不足而益有余"。其含义仍然是"不能对该泻的使用补法，不能对该补的使用泻法，使虚弱的更加虚弱、旺盛的更加旺盛"的意思。

总之违反了这条规则，就会因误治而导致医杀。

● 细辨虚实，以防误治

此难所问为："医经上说'无实实虚虚，损不足而益有余'，指的是寸口的脉象的虚实，还是疾病的虚实？该怎样正确应用损益之法呢？"

所答为："说的是疾病，不是寸口的脉象。假如，病人患有肝实而肺虚的疾病，肝属木，肺属金，肺金克制肝木可以互相制约而达成平衡，可弱金无法克制强木，所以治病方法就是使肺金可以克制肝木（即泻火补水平肝法，详见第七十五难）。假如病人患有肺实而肝虚的疾病，肝木之气已经很微弱了，本应采取泻肺补肝的方法医治，可如果用补法施针补益肺脏，而不是补益肝脏，则肺更强而肝更弱，病人病情更加危急。这就是不精通医理的庸医因误治而害人啊！"

细辨虚实，以防诊治

泻！

补！

切记：『损不足而益有余』会造成医杀！

《难经》第八十一难位于最末而总揽全书，再次强调"实实虚虚，损不足而益有余"为医家大忌。告诫人们如此行医，则无异于杀人。

第六章 论针法

什么是『无实实虚虚』？

第八十一难

299

附录1：

《难经》原文

本《难经》原文以元·滑寿的《难经本义》为蓝本，并参照清·徐大椿《难经经释》与清·丁锦《古本难经阐注》进行对校，对于各家提出的衍文错简及次序混乱等建议，皆一一进行标示，以方便读者精研。其首次引用各家之说时，皆标明其著者与著作，以后皆仅标注其名。此外，我们还将明·张志贤所著《图注八十一难经》的部分图表附于文中，以方便读者领会经文原意。

关于滑寿与徐大椿，前文已有介绍，故在此只对丁锦略作介绍。丁锦，字履中，云间（今上海松江）人，为清代医家。自谓尝游于武昌而获古本《难经》，用以校今本，发现谬误甚多，计三十多处，遂以此为据，编写《古本难经阐注》计二卷。丁锦的《古本难经阐注》的

一难经脉荣卫度数图

确比其他版本的脉络更清晰些，对于我们理解《难经》很有帮助。故此，我们将丁锦的校对观点，全部列于文中，相信它会对读者很有用处。

一难

一难曰：十二经皆有动脉，独取寸口，以决五脏六腑死生吉凶之法，何谓也？

然：寸口者，脉之大会，手太阴之脉动也。

人一呼脉行三寸，一吸脉行三寸，呼吸定息，脉行六寸。人一日一夜，凡一万三千五百息，脉行五十度，周于身，漏水下百刻，营卫行阳二十五度，行阴亦二十五度，为一周也，故五十度复会于手太阴。寸口者，五脏六腑之所终始，故法取于寸口也。

二难

二难曰：脉有尺寸，何谓也？

然：尺寸者，脉之大要会也。

从关至尺，是尺内，阴之所治也；从关至鱼际是寸口内，阳之所治也。故分寸为尺，分尺为寸。故阴得尺内一寸，阳得寸内九分。尺寸终始，一寸九分，故曰尺寸也。

三难（丁锦《古本难经阐注》认为第十八难应放于此。）

三难曰：脉有太过，有不及，有阴阳相乘，有覆有溢，有关有格，何谓也？

然：关之前者，阳之动也，脉当见九分而浮。过者，法曰太过；减者，法曰不及。遂上鱼为溢，为外关内格，此阴乘之脉也。关以后者，阴之动也，脉当见一寸而沉。过者，法曰太过；减者，法曰不及。遂入尺为覆，为内关外格，此阳乘之脉也。故曰覆溢，是其真脏之脉，人不病而死也。（徐大椿《难经经释》认为此难当与第三十七难合观之。）

四难

四难曰：脉有阴阳之法，何谓也？

然：呼出心与肺，吸入肾与肝。呼吸之间，脾受谷味（丁锦：别刻云"受谷味"三字亦赘辞，余谓最紧要。盖中州有谷味，能主乎呼吸也。）也，其脉在中。浮者阳也，沉者阴也，故曰阴阳也。

心肺俱浮，何以别之？

然：浮而大散者，心也；浮而短涩者，肺也。肾肝俱沉，何以别之？

然：牢而长者，肝也；按之濡，举指来实者，肾也；脾者中州，故其脉在中。是阴阳之法也。

脉有一阴一阳，一阴二阳，一阴三阳；有一阳一阴，一阳二阴，一阳三阴。如此之言，寸口有六脉俱动邪？

然：此言者，非有六脉俱动也，谓浮、沉、长、短、滑、涩也。浮者阳也，滑者阳也，长者阳也；沉者阴也，短者阴也，涩者阴也。所谓一阴一阳者，谓脉来沉而滑也；一阴二阳者，谓脉来沉滑而长也；一阴三阳者，谓脉来浮滑而长，时一沉也。所谓一阳一阴者，谓脉来浮而涩也；一阳二阴者，谓脉来长而沉涩也；一阳三阴者，谓脉来沉涩而短，时一浮也。各以其经所在，名病顺逆也。

五难

五难曰：脉有轻重，何谓也？

然：初持脉如三菽之重，与皮毛相得者，肺部也。如六菽之重，与血脉相得者，心部也。如九菽之重，与肌肉相得者，脾部也。如十二菽之重，与筋平者，肝部也。按之至骨，举指来疾者，肾部也。故曰轻重也。

六难

六难曰：脉有阴盛阳虚，阳盛阴虚，何谓也？

然：浮之损小，沉之实大，故曰阴盛阳虚。沉之损小，浮之实大，故曰阳盛阴虚。是阴阳虚实之意也。

七难

七难曰：经言少阳之至，乍大乍小，乍短乍长；阳明之至，浮大而短；太阳之至，洪大而长；太阴之至，紧大而长；少阴之至，紧细而微；厥阴之至，沉短而敦。此六者，是平脉那？将病脉耶？

然：皆王脉也。

其气以何月，各王几日？

然：冬至之后，得甲子少阳王，复得甲子阳明王，复得甲子太阳王，复得甲子太阴王，复得甲子少阴王，复得甲子厥阴王。王各六十日，六六三百六十日，以成一岁。此三阳三阴

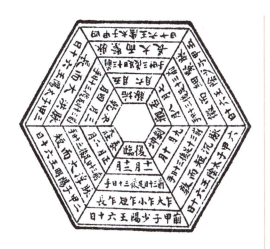

正二月阳气渐盛，其候始暄三四月阳气太盛其候巳热五六月阴气初王时候濡暑七八月阴气渐盛其候清凉九十月阴气极盛其候寒凝十一二月阳气尚微时一二月阳气尚微故脉不同也

七难六甲王脉之图

之王时日大要也。

八难

八难曰：寸口脉平而死者，何谓也？

然：诸十二经脉者，皆系于生气之原。所谓生气之原者，谓十二经之根本也，谓肾间动气也。此五脏六腑之本，十二经脉之根，呼吸之门，三焦之原，一名守邪之神。故气者，人之根本也，根绝则茎叶枯矣。寸口脉平而死者，生气独绝于内也。

九难

九难曰：何以别知脏腑之病耶？

然：数者腑也，迟者脏也。数则为热，迟则为寒。诸阳为热，诸阴为寒。故以别知脏腑之病也。

十难（丁锦：第四十八难应放于此）

十难曰：一脉为十变者，何谓也？

然：五邪刚柔相逢之意也。假令心脉急甚者，肝邪干心也；心脉微急者，胆邪干小肠也；心脉大甚者，心邪自干心也；心脉微大者，小肠

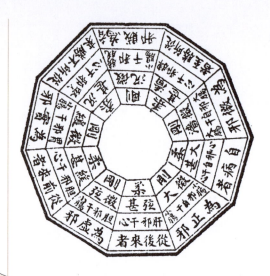

十难一脉十变之图

举心而为一部，倒则为一部，余皆可推，类以而推之也。

邪自干小肠也；心脉缓甚者，脾邪干心也；心脉微缓者，胃邪干小肠也；心脉涩甚者，肺邪干心也；心脉微涩者，大肠邪干小肠也；心脉沉甚者，肾邪干心也；心脉微沉者，膀胱邪干小肠也。五脏各有刚柔邪，故令一脉辄变为十也。

十一难

十一难曰：经言脉不满五十动而一止，一脏无气者，何脏也？

然：人吸者随阴入，呼者因阳出。今吸不能至肾，至肝而还，故知一脏无气者，肾气先尽也。

十二难（丁锦：第七十五难应放于此）

十二难曰：经言五脏脉已绝于内，用针者反实其外；五脏脉已绝于外，用针者反实其内。内外之绝，何以别之？

然：五脏脉已绝于内者，肾肝脉已绝于内也，而医反补其心肺；五脏脉已绝于外者，其心肺脉已绝于外也，而医反补其肾肝。阳绝补阴，阴绝补阳，是谓实实虚虚，损不足而益有余。如此死者，医杀之耳。

十三难

十三难曰：经言见其色而不得其脉，反得相胜之脉者，即死；得相生之脉者，病即自

己。色之与脉，当参相应，为之奈何？

然：五脏有五色，皆见于面，亦当与寸口尺内相应。假令色青，其脉当弦而急；色赤，其脉浮大而散；色黄，其脉中缓而大；色白，其脉浮涩而短；色黑，其脉沉濡而滑。此所谓五色之与脉，当参相应也。

脉数，尺之皮肤亦数；脉急，尺之皮肤亦急；脉缓，尺之皮肤亦缓；脉涩，尺之皮肤亦涩；脉滑，尺之皮肤亦滑。

五脏各有声、色、臭、味，当与寸口尺内相应，其不应者，病也。假令色青，其脉浮涩而短，若大而缓为相胜；浮大而散，若小而滑为相生也。

经言知一为下工，知二为中工，知三为上工。上工者十全九，中工者十全七，下工者十全六，此之谓也。

十四难

十四难曰：脉有损至，何谓也？

然：至之脉，一呼再至曰平，三至曰离经，四至曰夺精，五至曰死，六至曰命绝。此至之脉也。何谓损？一呼一至曰离经，再呼一至曰夺精，三呼一至曰死，四呼一至曰命绝。此损之脉也。至脉从下上，损脉从上下也。

损脉之为病，奈何？

然：一损损于皮毛，皮聚而毛落；二损损于血脉，血脉虚少，不能荣于五脏六腑；三损损

十三难五行相生相胜之图

于肌肉，肌肉消瘦，饮食不能为肌肤；四损损于筋，筋缓不能自收持；五损损于骨，骨痿不能起于床。反此者，至脉之病也。从上下者，骨痿不能起于床者死；从下上者，皮聚而毛落者死。

治损之法奈何？

然：损其肺者，益其气；损其心者，调其营卫；损其脾者，调其饮食，适其寒温；损其肝者，缓其中；损其肾者，益其精，此治损之法也。

脉有一呼再至，一吸再至；有一呼三至，一吸三至；有一呼四至，一吸四至；有一呼五至，一吸五至；一呼六至，一吸六至；有一呼一至，一吸一至；有再呼一至，再吸一至；有呼吸再至。（滑寿《难经本义》：其曰呼吸再至，即一呼一至，一吸一至之谓，疑衍文也。）脉来如此，何以别知其病也？

然：脉来一呼再至，一吸再至，不大不小，曰平。一呼三至，一吸三至，为适得其病。前大后小，即头痛目眩；前小后大，即胸满短气。一呼四至，一吸四至，病欲甚。脉洪大者，苦烦满；沉细者，腹中痛；滑者，伤热；涩者，中雾露。一呼五至，一吸五至，其人当困。沉细，夜加；浮大，昼加；不大不小，虽困可治；其有大小者，为难治。一呼六至，一吸六至，为死脉也。沉细，夜死；浮大，昼死。一呼一至，一吸一至，名曰损。人虽能行，犹当着床，所以然者，血气皆不足故也。再呼一至，再吸一至，呼吸再至，（滑寿："呼吸再至"为衍文。）名曰无魂。无魂者当死也，人虽能行，名曰行尸。

上部有脉，下部无脉，其人当吐，不吐者死。上部无脉，下部有脉，虽困无能为害也。所以然者，譬如（滑寿："譬如"二字，当在"人之有尺"下。）人之有尺，树之有根，枝叶虽枯槁，根本将自生。脉有根本，人有元气，故知不死。

十五难

十五难曰：经言春脉弦，夏脉钩，秋脉毛，冬脉石。是王脉耶？将病脉也？

然：弦、钩、毛、石者，四时之脉也。春脉弦者，肝，东方木也，万物始生，未有枝叶，故其脉之来，濡弱而长，故曰弦。夏脉钩者，心，南方火也，万物之所茂，垂枝布叶，皆下曲如钩，故其脉之来疾去迟，故曰钩。秋脉毛者，肺，西方金也，万物之所终，草木华叶，

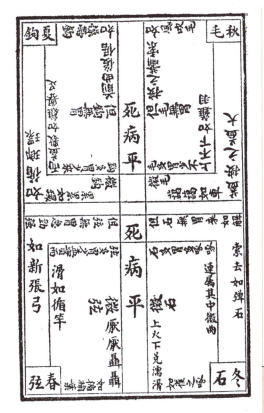

十五难四时胃气之图

皆秋而落，其枝独在，若毫毛也，故其脉之来，轻虚以浮，故曰毛。冬脉石者，肾，北方水也，万物之所藏也，盛冬之时，水凝如石，故其脉之来，沉濡而滑，故曰石。此四时之脉也。

如有变，奈何？

然：春脉弦，反者为病。

何谓反？

然：其气来实强，是谓太过，病在外；气来虚微，是谓不及，病在内。气来厌厌聂聂，如循榆叶曰平；益实而滑，如循长竿曰病；急而劲益强，如新张弓弦曰死。春脉微弦曰平，弦多胃气少曰病，但弦无胃气曰死，春以胃气为本。

夏脉钩，反者为病。何谓反？

然：其气来实强，是谓太过，病在外；气来虚微，是谓不及，病在内。其脉来累累如环，如循琅玕曰平；来而益数，如鸡举足者曰病；前曲后居，如操带钩曰死。夏脉微钩曰平，钩多胃气少曰病，但钩无胃气曰死。夏以胃气为本。

秋脉毛，反者为病。何谓反？

然：其气来实强，是谓太过，病在外；气来

虚微，是谓不及，病在内。其脉来蔼蔼如车盖，按之益大曰平；不上不下，如循鸡羽曰病；按之萧索，如风吹毛曰死。秋脉微毛曰平，毛多胃气少曰病，但毛无胃气曰死。秋以胃气为本。

冬脉石，反者为病。何谓反？

然：其气来实强，是谓太过，病在外；气来虚微，是谓不及，病在内。脉来上大下兑，濡滑如雀之喙曰平；啄啄连属，其中微曲曰病；来如解索，去如弹石曰死。冬脉微石曰平，石多胃气少曰病，但石无胃气曰死。冬以胃气为本。

胃者，水谷之海，主禀四时，皆以胃气为本，是谓四时之变病，死生之要会也。

脾者，中州也，其平和不可得见，衰乃见耳。来如雀之啄，如水之下漏，是脾衰之见也。

十六难

十六难曰：脉有三部九候，有阴阳，有轻重，有六十首，一脉变为四时，离圣久远，各自是其法，何以别之？

十六难五脏病有内外证之图

然：是其病，有内外证。

其病为之奈何？

然：假令得肝脉，其外证：善洁，面青，善怒；其内证：脐左有动气，按之牢若痛；其病：四肢满，闭淋，溲便难，转筋。有是者肝也，无是者非也。

假令得心脉，其外证：面赤，口干，喜笑；其内证：脐上有动气，按之牢若痛；其病：烦心，心痛，掌中热而口啘。有是者心也，无是者非也。

假令得脾脉，其外证：面黄，善噫，善思，善味；其内证：当脐有动气，按之牢若痛；其病：腹胀满，食不消，体重节痛，怠惰嗜卧，四肢不收。有是者脾也，无是者非也。

假令得肺脉，其外证：面白，善嚏，悲愁不乐，欲哭；其内证：脐右有动气，按之牢若痛；其病：喘咳，洒淅寒热。有是者肺也，无是者非也。

假令得肾脉，其外证：面黑，善恐、欠；其内证：脐下有动气，按之牢若痛；其病：逆气，小腹急痛，泄如下重，足胫寒而逆。有是者肾也，无是者非也。

十七难

十七难曰：经言病或有死，或有不治自愈，或连年月不已，其死生存亡，可切脉而知之耶？

然：可尽知也。

诊病若闭目不欲见人者，脉当得肝脉强急而长，而反得肺脉浮短而涩者，死也。

病若开目而渴，心下牢者，脉当得紧实而数，而反得沉涩而微者，死也。

病若吐血，复鼽衄血者，脉当沉细，而反浮大而牢者，死也。

病若谵言妄语，身当有热，脉当洪大，而反手足厥逆，脉沉细而微者，死也。

病若大腹而泄者，脉当微细而涩，反紧大而滑者，死也。

十八难（丁锦：第三难应放于此）

十八难曰：脉有三部，部有四经，手有太阴、阳明，足有太阳、少阴，为上下部，何谓也？

然：手太阴、阳明金也，足少阴、太阳水也，金生水，水流下行而不能上，故在下部也。足厥阴、少阳木也，生手太阳、少阴火，火炎上行而不能下，故在上部。手心主、少阳火，生足太阴、阳明土，土主中宫，故在中部。

十九难男女有相反图

也。此皆五行子母更相生养者也。

脉有三部九候，各何主之？

然：三部者，寸、关、尺也。九候者，浮、中、沉也。上部法天，主胸以上至头之有疾也；中部法人，主膈以下至脐之有疾也；下部法地，主脐以下至足之有疾也。审而刺之者也。（《难经本义》：谢氏曰此一节当是十六难中答辞，错简在此，而剩出"脉有三部九候，各何主之"十字。）

人病有沉滞久积聚，可切脉而知之耶？（滑寿：此下问答，亦未详所属。或曰当是十七难中"或连年月不已"答辞。）

然：诊病在右胁有积气，得肺脉结，脉结甚则积甚，结微则气微。

诊不得肺脉，而右胁有积气者何也？

然：肺脉虽不见，右手脉当沉伏。

其外痼疾同法耶？将异也？

然：结者，脉来去时一止，无常数，名曰结也。伏者，脉行筋下也。浮者，脉在肉上行也。左右表里，法皆如此。

假令脉结伏者，内无积聚，脉浮结者，外无痼疾；有积聚脉不结伏，有痼疾脉不浮结。为脉不应病，病不应脉，是为死病也。

十九难

十九难曰：经言脉有逆顺，男女有恒，而反者，何谓也？

然：男子生于寅，寅为木，阳

也。女子生于申，申为金，阴也。故男脉在关上，女脉在关下。是以男子尺脉恒弱，女子尺脉恒盛，是其常也。

反者，男得女脉，女得男脉也。其为病何如？

然：男得女脉为不足，病在内；左得之病则在左，右得之病则在右：随脉言之也。女得男脉为太过，病在四肢；左得之病在左，右得之病在右：随脉言之。此之谓也。

二十难

二十难曰：经言脉有伏匿。伏匿于何脏而言伏匿耶？

然：谓阴阳更相乘，更相伏也。脉居阴部而反阳脉见者，为阳乘阴也，脉虽时沉涩而短，此谓阳中伏阴也；脉居阳部而反阴脉见者，为阴乘阳也，脉虽时浮滑而长，此谓阴中伏阳也。

重阳者狂，重阴者癫。脱阳者，见鬼；脱阴者，目盲。（滑寿：此五十九难之文，错简在此。）

二十一难

二十一难曰：经言人形病，脉不病，曰生；脉病，形不病，曰死。何谓也？

然：人形病，脉不病，非有不病者也，谓息数不应脉数也，此大法。（《难经本义》：谢氏曰按本经答文，词意不属，似有脱误。）

二十二难

二十二难曰：经言脉有是动，有所生病。一脉辄变为二病者，何也？

然：经言是动者，气也；所生病者，血也。邪在气，气为是动；邪在血，血为所生病。气主呴之，血主濡之。气留而不行者，为气先病也；血壅而不濡者，为血后病也。故先为是动，后所生病也。

二十二难一脉变为二病之图

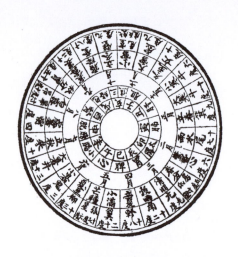

二十三难经脉丈尺之数合天文宿度始从中焦流注图

二十三难

二十三难曰：手足三阴三阳，脉之度数，可晓以不？

然：手三阳之脉，从手至头，长五尺，五六合三丈。

手三阴之脉，从手至胸中，长三尺五寸，三六一丈八尺，五六三尺，合二丈一尺。

足三阳之脉，从足至头，长八尺，六八四丈八尺。

足三阴之脉，从足至胸，长六尺五寸，六六三丈六尺，五六三尺，合三丈九尺。

人两足蹻脉，从足至目，长七尺五寸，二七一丈四尺，二五一尺，合一丈五尺。

督脉、任脉，各长四尺五寸，二四八尺，二五一尺，合九尺。

凡脉长一十六丈二尺，此所谓经脉长短之数也。

经脉十二，络脉十五，何始何穷也？

然：经脉者，行血气，通阴阳，以荣于身者也。其始从中焦，注手太阴、阳明，阳明注足阳明、太阴；太阴注手少阴、太阳；太阳注足太阳、少阴；少阴注手心主、少阳；少阳注足少阳、厥阴；厥阴复还注手太阴。

别络十五，皆因其原，如环无端，转相灌溉，朝于寸口、人迎，以处百病，而决死生也。

经云：明知始终，阴阳定矣。何谓也？

然：终始者，脉之纪也。寸口、人迎，阴阳之气通于朝使，如环无端，故曰始也。终者，三阴三阳之脉绝，绝则死，死各有形，故曰终也。

二十四难

二十四难曰：手足三阴三阳气已绝，何以为候？可知其吉凶不？

然：足少阴气绝，则骨枯。少阴者，冬脉也，伏行而温于骨髓。故骨髓不温，即肉不著骨；骨肉不相亲，即肉濡而却；肉濡而却，故齿长而枯，发无润泽；无润泽者，骨先死。戊日笃，己日死。

足太阴气绝，则脉不营其口唇。口唇者，肌肉之本也。脉不营则肌肉不滑泽；肌肉不滑泽，则肉满；（《灵枢·经脉篇》为"人中满"）。肉满，则唇反；唇反，则肉先死。甲日笃，乙日死。

足厥阴气绝，即筋缩引卵与舌卷。厥阴者，肝脉也。肝者，筋之合也。筋者，聚于阴器而络于舌本，故脉不营，则筋缩急，即引卵与舌；故舌卷卵缩，此筋先死。庚日笃，辛日死。

手太阴气绝，即皮毛焦。太阴者，肺也，行气温于皮毛者也。气弗营，则皮毛焦；皮毛焦，则津液去；津液去，则皮节伤；皮节伤，则皮枯毛折；毛折者，则毛先死。丙日笃，丁日死。

手少阴气绝，则脉不通；脉不通，则血不流；血不流，则色泽去。故面色黑如黧，此血先死。壬日笃，癸日死。

三阴气俱绝者，则目眩转、目瞑，目瞑者为失志；失志者，则志先死。死即目瞑也。

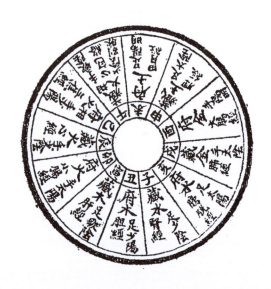

六阳气俱绝者，则阴与阳相离。阴阳相离，则腠理泄，绝汗乃出，大如贯珠，转出不流，即气先死。旦占夕死，夕占旦死。

二十五难

二十五难曰：有十二经，五脏六腑十一耳，其一经者，何等经也？

然：一经者，手少阴与心主别脉也。心主与三焦为表里，俱有名而无形，故言经有十二也。

二十六难

二十六难曰：经有十二，络有十五，余三络者，是何等络也？

然：有阳络，有阴络，有脾之大络。阳络者，阳跷之络也。阴络者，阴跷之络也。故络有十五焉。（丁锦：二十七难后一问答应放于此后。）

二十七难

二十七难曰：脉有奇经八脉者，不拘于十二经，何谓也？

然：有阳维，有阴维，有阳跷，有阴跷，有冲，有督，有任，有带之脉。凡此八脉者，皆不拘于经，故曰奇经八脉也。

经有十二，络有十五，凡二十七，气相随上下，何独不拘于经也？（丁锦：此问答应放于二十六难文末。）

然：圣人图设沟渠，通利水道，以备不虞。天雨降下，沟渠溢满，当此之时，霶霈妄行，圣人不能复图也。此络脉满溢，诸经不能复拘也。

二十八难

二十八难曰：其奇经八脉者，既不拘于十二经，皆何起何继也？

然：督脉者，起于下极之俞，并于脊里，上至风府，入属于脑。任脉者，起于中极之下，以上毛际，循腹里，上关元，至咽喉。冲脉者，起于气冲，并足阳明之经，夹脐上行，至胸中而散也。带脉者，起于季胁，回身一周。阳跷脉者，起于跟中，循外踝上行，入风池。阴跷脉者，亦起于跟中，循内踝上行，至咽喉，交贯冲脉。阳维、阴维者，维络于身，溢蓄不能环流灌溉诸经者也。故阳维起于诸阳会也，阴维起于诸阴交也。

比于圣人图设沟渠，沟渠满溢，流于深湖，故圣人不能拘通也。而人脉隆盛，入于八

二十八难奇经八脉之图

脉，而不还周，故十二经亦有不能拘之。（丁锦：此节以后应放于二十七难文末。）

其受邪气，畜则肿热，砭射之也。（滑寿：其受邪气畜云云十二字，谢氏则以为于本文上下当有缺文，然《脉经》无此，疑衍文也。或云，当在三十七难"关格不得尽其命而死矣"之下，因邪在六腑而言也。）

二十九难

二十九难曰：奇经之为病，何如？

然：阳维维于阳，阴维维于阴，阴阳不能自相维，则怅然失志，溶溶不能自收持。阳维为病苦寒热，阴维为病苦心痛。阴跷为病，阳缓而阴急；阳跷为病，阴缓而阳急。冲之为病，逆气而里急。督之为病，脊强而厥。任之为病，其内苦结，男子为七疝，妇子为瘕聚。带之为病，腹满，腰溶溶若坐水中。此奇经八脉之为病也。

三十难（丁锦：第三十一难应放于此）

三十难曰：营气之行，常与卫气相随不？

然：经言人受气于谷，谷入于胃，乃传于五脏六腑，五脏六腑皆受于气。其清者为营，浊者为卫。荣行脉中，卫行脉外，营周不息，五十而复大会，阴阳相贯，如环之无端。故知营卫相随也。

三十一难（丁锦：第三十二难应放于此）

三十一难曰；三焦者，何禀何生？何始何终？其治常在何许？可晓以不？

然：三焦者，水谷之道路，气之所终始也。上焦者，在心下，下膈，在胃上口，主内而不出；其治在膻中，玉堂下一寸六分，直两乳间陷者是。中焦者，在胃中脘，不上不下，主腐熟水谷；其治在脐傍。下焦者，当膀胱上口，主分别清浊，主出而不内，以传导也；其治在脐下一寸。故名曰三焦，其府在气街（一本作冲）。

三十二难（丁锦：第三十难应放于此）

三十二难曰；五脏俱等，而心肺独在膈上者，何也？

然：心者血，肺者气。血为营，气为卫，相随上下，谓之营卫。通行经络，营周于外，故令心肺独在膈上也。

三十三难

三十三难曰：肝青象木，肺白象金。肝得水而沉，木得水而浮；肺得水而浮，金得水而沉。其意何也？

然：肝者，非为纯木也，乙角也，庚之柔。大言阴与阳，小言夫与妇。释其微阳，而吸其微阴之气，其意乐金，又行阴道多，故令肝得水而沉也。肺者，非为纯金也，辛商也，丙之柔。大言阴与阳，小言夫与妇。释其微阴，婚而就火，其意乐火，又行阳道多，故令肺得水而浮也。肺

熟而复沉，肝熟而复浮者，何也？故知辛当归庚，乙当归甲也。

三十四难（丁锦：第三十八难应放于此）

三十四难曰：五脏各有声色臭味液，可晓知以不？

然：《十变》言：肝色青，其臭臊，其味酸，其声呼，其液泣；

三十四难五脏七神图

心色赤，其臭焦，其味苦，其声言，其液汗；脾色黄，其臭香，其味甘，其声歌，其液涎；肺色白，其臭腥，其味辛，其声哭，其液涕；肾色黑，其臭腐，其味咸，其声呻，其液唾。是五脏声色臭味液也。

五脏有七神，各何所藏耶？（丁锦：此一问答应放于第四十难文末，并与四十难全文一起移至三十九难处。）

然：脏者，人之神气所舍藏也。故肝藏魂，肺藏魄，心藏神，脾藏意与智，肾藏精与志也。

三十五难（丁锦：第三十九难应放于此）

三十五难曰：五脏各有所，腑皆相近，而心肺独去大肠、小肠远者，何也？

然：经言心营肺卫，通行阳气，故居在上；大肠、小肠，传阴气而下，故居在下。所以相去而远也。

又诸腑者，皆阳也，清净之处。今大肠、小肠、胃与膀胱，皆受不净，其意何也？

然：诸腑者，谓是非也。经言小肠者，受盛之腑也；大肠者，传泻行道之腑也；胆者，清净之腑也；胃者，水谷之腑也；膀胱者，津液之腑也。一腑犹无两名，故知非也。小肠者，心之腑；大肠者，肺之腑；胆者，肝之腑；胃者，脾之腑；膀胱者，肾之腑。

小肠谓赤肠，大肠谓白肠，胆者谓青肠，胃者谓黄肠，膀胱者谓黑肠。下焦之所治也。

三十六难

三十六难曰：脏各有一耳，肾独有两者，何也？

然：肾两者，非皆肾也。其左者为肾，右者为命门。命门者，诸精神之所舍，原气之所系也；男子以藏精，女子以系胞。故知肾有一也。（丁锦：三十七难末节应放于此后。）

三十七难

三十七难曰：五脏之气，于何发起，通于何许，可晓以不？

然：五脏者，常内阅于上九窍也。故肺气通于鼻，鼻和则知香臭矣；肝气通于目，目和则知黑白矣；脾气通于口，口和则知谷味矣；心气通于舌，舌和则知五味矣；肾气通于耳，耳和则知五音矣。

五脏不和，则九窍不通；六腑不和，则留结为痈。

邪在六腑，则阳脉不和，阳脉不和，则气留之；气留之，则阳脉盛矣。邪在五脏，则阴脉不和；阴脉不和，则血留之；血留之，则阴脉盛矣。阴气太盛，则阳气不得相营也，故曰格（丁锦：此处当为关）。阳气太盛，则阴气不得相营也，故曰关（丁锦：此处当为格）。阴阳俱盛，不得相营也，故曰关格。关格者，不得尽其命而死矣。

经言气独行于五脏，不营于六腑者，何也？（丁锦：此一问答当放于三十六难文末。）

然：夫气之所行也，如水之流，不得息也。故阴脉营于五脏，阳脉营于六腑，如环无端，莫知其纪，终而复始，其不覆溢，人气内温于脏腑，外濡于腠理。

三十八难（丁锦：第三十四难应放于此）

三十八难曰：脏唯有五，腑独有六者，何也？

然：所以腑有六者，谓三焦也。有原气之别焉，主持诸气，有名而无形，其经属手少阳。此外腑也，故言腑有六焉。

三十九难（丁锦：第四十难应放于此，并将第三十四难末节移至此处文末。）

三十九难曰：经言腑有五，脏有六者，何也？

然：六腑者，正有五腑也。五脏亦有六脏者，谓肾有两脏也。其左为肾，右为命门。命门者，精神之所舍也；男子以藏精，女子以系胞，其气与肾通，故言脏有六也。

腑有五者，何也？

然：五脏各一腑，三焦亦是一腑，然不属于五脏，故言腑有五焉。

四十难（丁锦：第三十五难应放于此）

四十难曰：经言肝主色，心主臭，脾主味，肺主声，肾主液。鼻者，肺之候，而反知香臭；耳者，肾之候，而反闻声，其意何也？

然：肺者，西方金也。金生于巳，巳者南方火也，火者心，心主臭，故令鼻知香臭；肾者，北方水也。水生于申，申者西方金，金者肺，肺主声，故令耳闻声。

四十一难（丁锦：第四十六难应放于此）

四十一难曰：肝独有两叶，以何应也？

然：肝者，东方木也，木者，春也。万物始

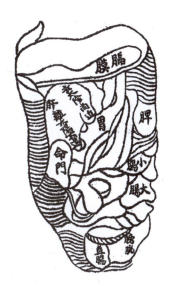

四十一难肝有两叶之图

生，其尚幼小，意无所亲，去太阴尚近，离太阳不远，犹有两心，故有两叶，亦应木叶也。

四十二难（丁锦：第四十七难应放于此）

四十二难曰：人肠胃长短，受水谷多少，各几何？

然：胃大一尺五寸，径五寸，长二尺六寸，横屈受水谷三斗五升，其中常留谷二斗，

309

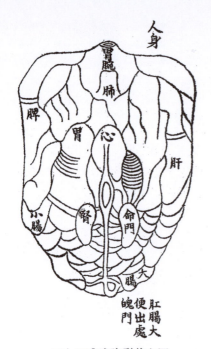

四十二难脏腑形状之图

水一斗五升。

小肠大二寸半，径八分分之少半，长三丈二尺，受谷二斗四升，水六升三合合之大半。

回肠大四寸，径一寸半，长二丈一尺，受谷一斗，水七升半。

广肠大八寸，径二寸半，长二尺八寸，受谷九升三合八分合之一。

故肠胃凡长五丈八尺四寸，合受水谷八斗七升六合八分合之一。此肠胃长短，受水谷之数也。

肝重四斤四两，左三叶，右四叶，凡七叶，主藏魂。

心重十二两，中有七孔三毛，盛精汁三合，主藏神。

脾重二斤三两，扁广三寸，长五寸，有散膏半斤，主裹血，温五脏，主藏意。

肺重三斤三两，六叶两耳，凡八叶，主藏魄。

肾有两枚，重一斤二两，主藏志。

胆在肝之短叶间，重三两三铢，盛精汁三合。

胃重二斤十两，纡曲屈伸，长二尺六寸，大一尺五寸，径五寸，盛谷二斗，水一斗五升。

小肠重二斤十四两，长三丈二尺，广二寸半，径八分分之少半，左回叠积十六曲，盛谷

二斗四升，水六升三合合之大半。

大肠重二斤十二两，长二丈一尺，广四寸，径一寸（据上文，"下"下应有"半"字。），当脐右回十六曲，盛谷一斗，水七升半。

膀胱重九两二铢，纵广九寸，盛溺九升九合。

口广二寸半，唇至齿长九分，齿以后至会厌，深三寸半，大容五合。

舌重十两，长七寸，广二寸半。

咽门重十二两，广二寸半，至胃长一尺六寸。

喉咙重十二两，广二寸，长一尺二寸，九节。

肛门重十二两，大八寸，径二寸大半，长二尺八寸，受谷九升三合八分合之一。

四十三难（丁锦：第四十一难应放于此）

四十三难曰：人不食饮，七日而死者，何也？

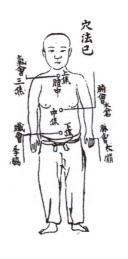

然：人胃中当留谷二斗，水一斗五升。故平人日再至圊，一行二升半，一日中五升，七日五七三斗五升，而水谷尽矣。故平人不食饮七日而死者，水谷津液俱尽，即死矣。

四十四难

四十四难曰：七冲门何在？

然：唇为飞门，齿为户门，会厌为吸门，胃为贲门，太仓下口为幽门，大肠、小肠会为阑门，下极为魄门，故曰七冲门也。

四十五难

四十五难曰：经言八会者，何也？

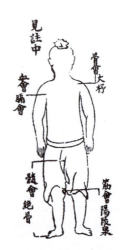

然：腑会太仓，脏会季胁，筋会阳陵泉，髓会绝骨，血会膈俞，骨会大杼，脉会太

渊，气会三焦外一筋直两乳内也。热病在内者，取其会之气穴也。

四十六难（丁锦：第五十九难应放于此）

四十六难曰：老人寤而不寐，少壮寐而不寤者，何也？

然：经言少壮者，血气盛，肌肉滑，气道通，营卫之行不失于常，故昼日精，夜不寤也。老人血气衰，肌肉不滑，营卫之道涩，故昼日不能精，夜不得寐也。故知老人不得寐也。

四十七难（丁锦：第六十难应放于此）

四十七难曰：人面独能耐寒者，何也？

然：人头者，诸阳之会也。诸阴脉皆至颈、胸中而还，独诸阳脉皆上至头耳，故令面耐寒也。

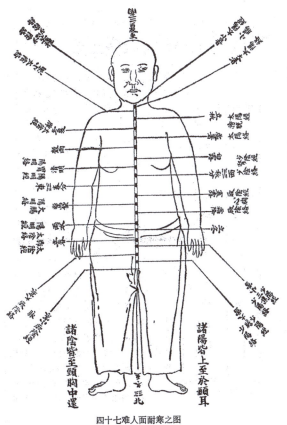

四十七难人面耐寒之图

四十八难（第十难应放于此）

四十八难曰：人有三虚三实，何谓也？

然：有脉之虚实，有病之虚实，有诊之虚实也。脉之虚实者，濡者为虚，紧牢者为实；病之虚实者，出者为虚，入者为实；言者为

虚，不言者为实；缓者为虚，急者为实。诊之虚实者，濡者为虚，牢者为实；痒者为虚，痛者为实；外痛内快，为外实内虚；内痛外快，为内实外虚。故曰虚实也。

四十九难

四十九难曰：有正经自病，有五邪所伤，何以别之？

然：经言忧愁思虑则伤心；形寒饮冷则伤肺；恚怒气逆，上而不下则伤肝；饮食劳倦则伤脾；久坐湿地，强力入水则伤肾。是正经之自病也。

何谓五邪？

然：有中风，有伤暑，有饮食劳倦，有伤寒，有中湿。此之谓五邪。

假令心病，何以知中风得之？

然：其色当赤。何以言之？肝主色，自入为青，入心为赤，入脾为黄，入肺为白，入肾为黑。肝为心邪，故知当赤色。其病身热，胁下满痛，其脉浮大而弦。

何以知伤暑得之？

然：当恶焦臭。何以言之？心主臭，自入为焦臭，入脾为香臭，入肝为臊臭，入肾为腐臭，入肺为腥臭。故知心病伤暑得之，当恶焦臭。其病身热而烦，心痛，其脉浮大而散。

何以知饮食劳倦得之？

然：当喜苦味也。虚为不欲食，实为欲

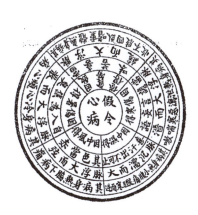

四十九难五邪为病之图

附录①

《难经》原文

311

食。何以言之？脾主味，入肝为酸，入心为苦，入肺为辛，入肾为咸，自入为甘。故知脾邪入心，为喜苦味也。其病身热而体重，嗜卧，四肢不收，其脉浮大而缓。

何以知伤寒得之？

然：当谵言妄语。何以言之？肺主声，入肝为呼，入心为言，入脾为歌，入肾为呻，自入为哭。故知肺邪入心，为谵言妄语也。其病身热，洒洒恶寒，甚则喘咳，其脉浮大而涩。

何以知中湿得之？

然：当喜汗出不可止。何以言之？肾主液，入肝为泣，入心为汗，入脾为涎，入肺为涕，自入为唾。故知肾邪入心，为汗出不可止也。其病身热而小腹痛，足胫寒而逆，其脉沉濡而大。

此五邪之法也。

五十难

五十难曰：病有虚邪，有实邪，有贼邪，有微邪，有正邪，何以别之？

然：从后来者为虚邪，从前来者为实邪，从所不胜来者为贼邪，从所胜来者为微邪，自病者为正邪。

何以言之？假令心病，中风得之为虚邪，伤暑得之为正邪，饮食劳倦得之为实邪，伤寒得之为微邪，中湿得之为贼邪。

五十一难（丁锦：第五十三难应放于此）

五十一难曰：病有欲得温者，有欲得寒者，有欲得见人者，有不欲得见人者，而各不同，病在何脏腑也？

然：病欲得寒，而欲见人者，

五十一难脏腑病异之图

病在腑也；病欲得温，而不欲见人者，病在脏也。何以言之？腑者阳也，阳病欲得寒，又欲见人；脏者阴也，阴病欲得温，又欲闭户独处，恶闻人声。故以别知脏腑之病也。

五十二难（丁锦：第五十四难应放于此）

五十二难曰：腑脏发病，根本等不？

然：不等也。

其不等奈何？

然：脏病者，止而不移，其病不离其处；腑病者，仿佛贲响，上下行流，居处无常。故以此知脏腑根本不同也。

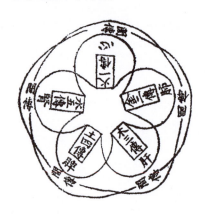

五十三难七传间传之图

五十三难（丁锦：第七十七难应放于此）

五十三难曰：经言七传者死，间脏者生，何谓也？

然：七传者，传其所胜也。间脏者，传其子也。何以言之？假令心病传肺，肺传肝，肝传脾，脾传肾，肾传心，一脏不再伤，故言七传者死也。

间脏者，传其所生也。假令心病传脾，脾传肺，肺传肾，肾传肝，肝传心，是母子相传，竟而复始，如环无端，故曰生也。

五十四难（丁锦：第五十二难应放于此）

五十四难曰：脏病难治，腑病易治，何谓也？

（图中文字）发有常处痛不离部　发无根本痛无常处

阴之气所成聚　阳之气所成积

五十五难脏积腑聚之图

五脏所生；聚者，六腑所成也。积者，阴气也，其始发有常处，其痛不离其部，上下有所终始，左右有所穷处；聚者，阳气也，其始发无根本，上下无所留止，其痛无常处，谓之聚。故以是别知积聚也。

五十六难

五十六难曰：五脏之积，各有名乎？以何月何日得之？

然：肝之积，名曰肥气，在左胁下，如覆杯，有头足。久不愈，令人发欬逆痎疟，连岁不已。以季夏戊巳日得之。何以言之？肺病传于肝，肝当传脾，脾季夏适王，王者不受邪，肝复欲还肺，肺不肯受，故留结为积。故知肥气以季夏戊巳日得之。

心之积，名曰伏梁，起脐上，大如臂，上至心下。久不愈，令人病烦心。以秋庚辛日得之。何以言之？肾病传心，心当传肺，肺以秋适王，王者不受邪，心复欲还肾，肾不肯受，故留结为积。故知伏梁以秋庚辛日得之。

脾之积，名曰痞气，在胃脘，覆大如盘。久不愈，令人四肢不收，发黄疸，饮食不为肌肤。以冬壬癸日得之。何以言之？肝病传脾，脾当传肾，肾以冬适王，王者不受邪，

然：脏病所以难治者，传其所胜也；腑病易治者，传其子也，与七传间脏同法也。

五十五难

五十五难曰：病有积有聚，何以别之？

然：积者，阴气也；聚者，阳气也。故阴沉而伏，阳浮而动。气之所积，名曰积；气之所聚，名曰聚。故积者，五脏所生；聚者，六腑所成也。积者，阴气也，

脾复欲还肝，肝不肯受，故留结为积。故知痞气以冬壬癸日得之。

肺之积，名曰息贲，在右胁下，覆大如杯。久不已，令人洒淅寒热，喘咳，发肺壅。以春甲乙日得之。何以言之？心病传肺，肺当传肝，肝以春适王，王者不受邪，肺复欲还心，心不肯受，故留结为积。故知息贲以春甲乙日得之。

肾之积，名曰贲豚，发于少腹，上至心下，若豚状，或上或下无时。久不已，令人喘逆，骨痿少气。以夏丙丁日得之。何以言之？脾病传肾，肾当传心，心以夏适王，王者不受邪，肾复欲还脾，脾不肯受，故留结为积。故知贲豚以夏丙丁日得之。

此五积之要法也。

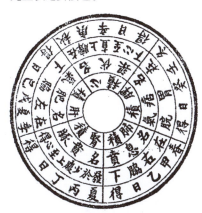

五十六难腑脏之积图

五十七难

五十七难曰：泄凡有几？皆有名不？

然：泄凡有五，其名不同。有胃泄，有脾泄，有大肠泄，有小肠泄，有大瘕泄，名曰后重。

胃泄者，饮食不化，色黄。

脾泄者，腹胀满，泄注，食即呕吐逆。

大肠泄者，食已窘迫，大便色白，肠鸣切痛。

小肠泄者，溲而便脓血，少腹痛。

大瘕泄者，里急后重，数至圊而不能便，茎中痛。

此五泄之要法也。

五十八难

五十八难曰：伤寒有几？其脉有变不？

然：伤寒有五，有中风，有伤寒，有湿温，有热病，有温病，其所苦各不同。

313

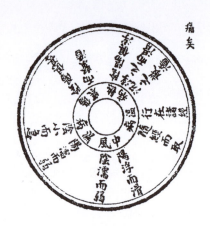

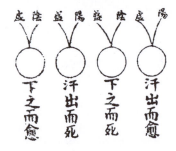

五十八难伤寒有五之图

中风之脉，阳浮而滑，阴濡而弱；湿温之脉，阳濡而弱，阴小而急；伤寒之脉，阴阳俱盛而紧涩；热病之脉，阴阳俱浮，浮之而滑，沉之散涩；温病之脉，行在诸经，不知何经之动也，各随其经所在而取之。

伤寒有汗出而愈，下之而死者；有汗出而死，下之而愈者，何也？

然：阳虚阴盛，汗出而愈，下之即死；阳盛阴虚，汗出而死，下之而愈。

寒热之病，候之如何也？

然：皮寒热者，皮不可近席，毛发焦，鼻槁，不得汗；肌寒热者，肌痛，唇舌槁，无汗；骨寒热者，病无所安，汗注不休，齿本槁痛。

五十九难（丁锦：第四十二难应放于此）

五十九难曰：狂癫之病，何以别之？

然：狂疾之始发，少卧而不饥，自高贤也，自辨智也，自贵倨也，妄笑好歌乐，妄行不休是也；癫疾始发，意不乐，直视僵仆。其脉三部阴阳俱盛是也。

六十难（丁锦：第四十三难应放于此）

六十难曰：头心之病，有厥痛，有真痛，

何谓也？

然：手三阳之脉，受风寒，伏留而不去者，则名厥头痛；入连在脑者，名真头痛。其五脏气相干，名厥心痛；其痛甚，但在心，手足青者，即名真心痛。其真心痛者，（滑寿：其真心痛者，"真"字下当欠一"头"字，盖缺文也。）旦发夕死，夕发旦死。

六十一难

六十一难曰：经言，望而知之谓之神，闻而知之谓之圣，问而知之谓之工，切脉而知之谓之巧。何谓也？

然：望而知之者，望见其五色，以知其病。闻而知之者，闻其五音，以别其病。问而知之者，问其所欲五味，以知其病所起所在也。切脉而知之者，诊其寸口，视其虚实，以知其病病在何脏腑也。经言以外知之曰圣，以内知之曰神，此之谓也。

六十二难

六十二难曰：脏井荣有五，腑独有六者，何谓也？

然：腑者，阳也。三焦行于诸阳，故置一输，名曰原。腑有六者，亦与三焦共一气也。（《难经本义》：虞氏曰此篇疑有所误，当与六十六难参考。）

六十二难脏腑井荣之图

六十三难

六十三难曰：《十变》言，五脏六腑荣合皆以井为始者，何也？

然：井者，东方春也，万物之始生。诸蚑行喘息，蜎飞蠕动，当生之物，莫不以春生。故岁数始于春，日数始于甲，故以井为始也。

六十四难

六十四难曰：《十变》又言，阴井木，阳

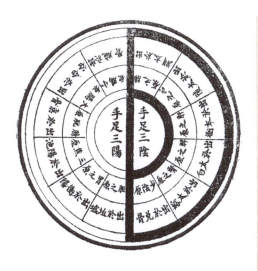

合各从其类
合阳刚阴柔配
阳经阴合配阳
配阳腧阴经配
禁配阳腧荣阴腧
阴井配阳井阴

六十四难井荣配合之图

井金；阴荥火，阳荥水；阴输土，阳输木；
阴经金，阳经火；阴合水，阳合土。阴阳皆
不同，其意何也？

然：是刚柔之事也。阴井乙木，阳井庚
金。阳井庚，庚者，乙之刚也；阴井乙，乙
者，庚之柔也。乙为木，故言阴井木也；庚为
金，故言阳井金也。余皆仿此。

六十五难

六十五难曰：经言所出为井，所入为合，
其法奈何？

然：所出为井，井者，东方春也，万物之
始生，故言所出为井也。所入为合，合者，北
方冬也，阳气入藏，故言所入为合也。

六十六难

六十六难曰：经言肺之原，出于太渊；心
之原，出于大陵；肝之原，出于太冲，脾之
原，出于太白；肾之原，出于太溪；少阴之
原，出于兑骨；胆之原，出于丘墟；胃之原，
出于冲阳；三焦之原，出于阳池；膀胱之原，
出于京骨；大肠之原，出于合谷；小肠之原，
出于腕骨。十二经皆以输为原者，何也？

然：五脏输者，三焦之所行，气之所留止也。

皆取其原也
腑之有病者
为原五脏六
号故所止辄
者三焦之尊
行三焦经历
之别使主通
三焦者原气

六十六难十二经原之图

三焦所行之输为原者，何也？

然：脐下肾间动气者，
人之生命也，十二经之根
本也，故名曰原。三焦者，
原气之别使也，主通行三
气，经历于五脏六腑。原
者，三焦之尊号也，故所
止辄为原。五脏六腑之有
病者，皆取其原也。

六十七难

六十七难曰：五脏募
皆在阴，而俞皆在阳者，
何谓也？

然：阴病行阳，阳病
行阴，故令募在阴，俞在
阳。

六十八难

六十八难曰：五脏
六腑，皆有井、荥、输、
经、合，皆何所主？

然：经言所出为井，
所流为荥，所注为输，所

六十七难
阴募阳腧之图

行为经，所入为合。井主心下满，荥主身热，输主体重节痛，经主喘咳寒热，合主逆气而泄。此五脏六腑井、荥、输、经、合所主病也。

六十九难

六十九难曰：经言虚者补之，实者泻之，不实不虚，以经取之，何谓也？

然：虚者补其母，实者泻其子，当先补之，然后泻之。不实不虚，以经取之者，是正经自生病，不中他邪也，当自取其经，故言以经取之。

七十难

七十难曰：春夏刺浅，秋冬刺深者，何谓也？

然：春夏者，阳气在上，人气亦在上，故当浅取之；秋冬者，阳气在下，人气亦在下，故当深取之。

春夏必致一阴，秋冬必致一阳者，何谓也？

然：春夏温，必致一阴者，初下针，沉之至肾肝之部，得气，引持之阴也。秋冬寒，必致一阳者，初内针，浅而浮之至心肺之部，得气，推内之阳也。是谓春夏必致一阴，秋冬必致一阳。

七十一难

七十一难曰：经言刺营无伤卫，刺卫无伤营，何谓也？

然：针阳者，卧针而刺之；刺阴者，先以左手摄按所针荥输之处，气散乃内针。是谓刺营无伤卫，刺卫无伤营也。

七十二难（丁锦：第八十难应放于此）

七十二难曰：经言能知迎随之气，可令调之；调气之方，必在阴阳。何谓也？

然：所谓迎随者，知营卫之流行，经脉之往来也。随其逆顺而取之，故曰迎随。调气之方，必在阴阳者，知其内外表里，随其阴阳而调之，故曰调气之方，必在阴阳。

七十三难

七十三难曰：诸井者，肌肉浅薄，气少不足使也，刺之奈何？

然：诸井者，木也；荥者，火也。火者，木之子，当刺井者，以荥泻之。故经言补者不可以为泻，泻者不可以为补，此之谓也。

七十四难

七十四难曰：经言春刺井，夏刺荥，季夏

七十难刺分四时图

七十三难刺井泻荥之图

七十四难因时而刺之图

刺输，秋刺经，冬刺合者，何谓也？

然：春刺井者，邪在肝；夏刺荣者，邪在心；季夏刺输者，邪在脾；秋刺经者，邪在肺；冬刺合者，邪在肾。

其肝心脾肺肾，而系于春夏秋冬者，何也？

然：五脏一病，辄有五也。假令肝病，色青者肝也，臊臭者肝也，喜酸者肝也，喜呼者肝也，喜泣者，肝也。其病众多，不可尽言也。四时有数，而并系于春夏秋冬也。针之要妙，在于秋毫者也。

七十五难（丁锦：第五十一难应放于此）

七十五难曰：经言，东方实，西方虚；泻南方，补北方，何谓也？

然：金木水火土，当更相平。东方木也，西方金也。木欲实，金当平之；火欲实，水当平之；土欲实，木当平之；金欲实，火当平之；水欲实，土当平之。

东方肝也，则知肝实；西方肺也，则知肺虚。泻南方火，补北方水。南方火，火者，木之子也；北方水，水者，木之母也。水胜火，子能令母实，母能令子虚，故泻火补水，欲令金不得平木也。经曰：不能治其虚，何问其余？此之谓也。

七十六难（丁锦：第七十八难应放于此）

七十六难曰：何谓补泻？当补之时，何所取气？当泻之时，何所置气？

然：当补之时，从卫取气；当泻之时，从荣置气。其阳气不足，阴气有余，当先补其阳，而后泻其阴；阴气不足，阳气有余，当先

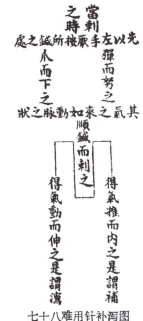

七十六难阴阳补泻之图

补其阴，而后泻其阳。营卫通行，此其要也。

七十七难（丁锦：第七十六难应放于此）

七十七难曰：经言上工治未病，中工治已病，何谓也？

然：所谓治未病者，见肝之病，则知肝当传之与脾，故先实其脾气，无令得受肝之邪，故曰治未病焉。中工治已病者，见肝之病，不晓相传，但一心治肝，故曰治已病也。

七十八难（丁锦：第十二难应放于此）

七十八难曰：针有补泻，何谓也？

然：补泻之法，非必呼吸出内针也。知为针者，信其左；不知为针者，信其右。当刺之时，先以左手压按所针荣输之处，弹而努之，爪而下之，其气之来，如动脉之状，顺针而刺之。得气，因推而内之，是谓补；动而伸之，是谓泻。不得气，乃与男外女内；不得气，是为十死不治也。

七十八难用针补泻图

七十九难
迎随补泻之图

七十九难

七十九难曰：经言迎而夺之，安得无虚？随而济之，安得无实？虚之与实，若得若失；实之与虚，若有若无。何谓也？

然：迎而夺之者，泻其子也；随而济之者，补其母也。假令心病，泻手心主输，是谓迎而夺之者也；补手心主井，是谓随而济之者也。

所谓实之与虚者，牢濡之意也。气来实牢者为得，濡虚者为失，故曰若得若失也。

八十难〔丁锦：第

七十二难应放于此〕

八十难曰：经言，有见如入，有见如出者，何谓也？

然：所谓有见如入、有见如出者，谓左手见气来至，乃内针，针入，见气尽乃出针。是谓有见如入、有见如出也。

八十一难

八十一难曰：经言无实实虚虚，损不足而益有余，是寸口脉耶？将病自有虚实耶？其损益奈何？

然：是病，非谓寸口脉也，谓病自有虚实也。假令肝实而肺虚，肝者木也，肺者金也，金木当更相平，当知金平木。假令肺实而肝虚，微少气，用针不补其肝，而反重实其肺，故曰实实虚虚，损不足而益有余。此者，中工之所害也。

附录2：

参考书目

[1] 《难经本义》，（元）滑寿著，张彦红校，北京：人民军医出版社，2006。

[2] 《古本难经阐注》，（战国）秦越人著，（清）丁锦撰，上海：上海卫生出版社，1958。

[3] 《难经经释》，（清）徐大椿著，南京：江苏科学技术出版社，1985。

[4] 《图注八十一难经》，（明）张世贤注。

[5] 《难经集注》，（吴）吕广等注，（明）王九思等辑，彭建中、魏富有点校，沈阳：辽宁科学技术出版社，1997。

[6] 《黄帝八十一难经纂图句解》，（宋）李撰，王立点校，北京：人民卫生出版社，1997。

[7] 《现代针灸腧穴学》，王玉兴主编，天津：天津人民卫生出版社，2007。

[8] 《当代针灸临床治验精粹》，王玲玲，王启才主编，北京：人民卫生出版社，2007。

[9] 《新编实用针灸临床歌诀》，孙申田，张瑞主编，北京：人民卫生出版社，2007。

[10] 《各家针灸学说》，魏稼，高希言主编，北京：中国中医药出版社，2007。

[11] 《针灸经络穴位速记手册》，黄泳，王升主编，广州：广东科技出版社，2007。

[12] 《实用躯体解剖学》，邵水金主编，上海：上海科学技术文献出版社，2006。

图书在版编目（CIP）数据

图解黄帝八十一难经/（战国）秦越人原著；阳墨春编著.
—海口：南海出版公司，2008.3
ISBN 978-7-5442-4022-2
Ⅰ.图… Ⅱ.①秦…②阳… Ⅲ.①难经-图解
IV.R221.9-64
中国版本图书馆CIP数据核字（2008）第026093号

图解经典 系列

丛书主编／黄利　监制／万夏
项目创意/设计制作/ 紫圖圖書ZITO®
插画/ 睿达点石书装

TUJIE HUANGDI BASHIYI NANJING
图 解 黄 帝 八 十 一 难 经

原　　著	(战国) 秦越人
编　　著	阳墨春
责任编辑	黄 利
封面设计	紫圖装幀
出版发行	南海出版公司 电话（0898）66568511
社　　址	海南省海口市海秀中路51号星华大厦五楼　邮编 570206
电子信箱	nanhaicbgs@yahoo.com.cn
经　　销	南海出版公司 电话（0898）66568511
印　　刷	北京佳信达艺术印刷有限公司
开　　本	787毫米×1092毫米 1/16
印　　张	20
字　　数	162千
版　　次	2008年4月第1版 2008年4月第1次印刷
书　　号	ISBN 978-7-5442-4022-2
定　　价	68元